111 GRÜNDE, RUSSLAND ZU LIEBEN

Jens Siegert

111 Gründe, **Russland** *zu lieben*

Eine Liebeserklärung an
das schönste Land der Welt

SCHWARZKOPF & SCHWARZKOPF

Inhalt

Vorwort 9

Kapitel 1: Zu Beginn – Urteile und Vorurteile 11
Weil man das Land im Gegensatz zu einem weit verbreiteten Vorurteil verstehen kann · Weil es das Land der unbegrenzten Unmöglichkeiten ist · Weil Russland so unglaublich einheitlich ist · Weil Russland so unheimlich vielfältig ist · Weil dort bei Weitem nicht nur Russen leben · Weil es nicht nur ein, sondern viele Russlands gibt

Kapitel 2: Personen und Schicksale 27
Weil es Wiktor Tschernomyrdins Aphorismen gibt · Weil es echt chinesische Russen wie Pjotr Jurjewitsch gibt · Weil ich dort meinen Freund Arsenij Roginskij gewonnen habe · Weil es den Menschenrechtsanwalt Jurij Schmidt gab · Weil es immer wieder so wunderbare warmherzige Menschen wie Aischat Magomedowa gibt · Weil es Menschen gibt, die wie ehemalige deutsche Reichspräsidenten heißen, aber nichts mit ihnen zu tun haben · Weil Alexej Balabanow so wunderbare Filme über Schmerz und Tod gemacht hat · Wegen des Lichts in Wassilij Wereschtschagins Bildern · Weil es Künstler und Gewissen wie Anna Achmatowa hervorbringt · Weil nicht alle in Russland den Kreml gesehen haben

Kapitel 3: Regionen und Völker 53
Weil es Leute gibt, die auf Rentieren reiten · Weil es zwei Hauptstädte hat · Weil Moskau keine Stadt zum Lieben ist · Weil die Tschuktschen mit Stolz und Würde die russischen Ostfriesen sind · Weil hier fast unmerklich jede Menge Tataren leben · Weil St. Petersburg

Russlands Wunder und Wunde ist · Weil es Völker gibt, die gibt's gar nicht · Weil es so völlig von Gott verlassene Orte wie die Kolyma gibt · Weil es Goldgräberstädte ohne Gold wie Bargusin gibt · Weil es noch echte Dörfer gibt (auch wenn sie am Verschwinden sind) · Weil es einen Eiffelturm, Kleinflorenz und eine Dorf-U-Bahn gibt · Weil der Altai zu Russland gehört

Kapitel 4: Arten und Unarten 83
Weil auf Fragen oft so wunderbar unkonkret geantwortet wird · Weil die Wasserwerke alljährlich im Sommer ungewollt Menschen einander näherbringen · Weil das russische Prekariat einen eigenen Namen hat · Weil ein Nein nicht unbedingt ein Nein und ein Ja nicht unbedingt ein Ja ist · Weil es in diesem Land »ehemals intelligente Menschen« gibt · Weil viele Russen so leicht gekränkt sind · Weil Innen und Außen so grundverschieden sind · Weil es das Land der unaussprechlichen Abkürzungen ist · Weil Aberglaube noch alltäglich ist · Weil es nie langweilig wird · Weil nur Säufer trinken, ohne zu essen

Kapitel 5: Alltag und Feiertag 109
Weil es keine Arbeitgeberjahre gibt · Weil man in Russland in der Stadt trampt · Weil es überall Garderoben gibt · Weil Weihnachten und Silvester virtuell auf einen Tag fallen · Weil der Jedes-Jahr-zu-Silvester-Film drei Stunden lang ist · Weil fast jeder eine Datscha hat · Weil es den russischen Ofen gibt · Weil es geriffelte Gläser gibt · Weil Masleniza den Karneval vergessen lässt · Weil die Badesaison nicht auf den Sommer beschränkt ist · Weil im Winter Filzstiefel die Füße wärmen · Weil Bahnfahren alltäglich und trotzdem etwas Besonderes ist

Kapitel 6: Leib und Seele 137
Weil hier – und nur hier – Heringe einen Pelz tragen · Weil zur russischen Sauna, der Banja, unbedingt ein »Besen« gehört · Weil

Trinksprüche (fast) nie zu Ende gehen · Weil das beste Eis der Welt überall auf den Straßen verkauft wird und selbst im Winter Eissaison ist · Weil es Wobla gibt · Weil Kaviar mitunter Grundnahrungsmittel ist · Weil es ein Teeland ist · Weil es immer und zu jedem Gericht Brot gibt · Weil Vorspeisen bis zum Schluss auf dem Tisch bleiben · Weil Teller und Gläser nie leer bleiben · Weil Salat Olivje zwar auch aus Kartoffeln besteht, aber eben KEIN Kartoffelsalat ist · Weil es so viele tolle Suppen gibt · Weil ohne Kascha nichts geht · Weil man mit Moosbeerensaft alles heilen kann · Weil die georgische Küche einfach dazugehört · Weil es immer und überall Dill gibt · Weil Wodka das Nationalgetränk ist · Weil Smetana Mund und Zunge schmeichelt

Kapitel 7: Politik und Geschichte 173
Weil sich in Russland die Dissidenten erfunden haben · Weil trotz der Verheerungen und Verbrechen der Deutschen im Krieg die Menschen nicht nachtragend sind · Weil wenig in Russland unvorhersagbarer ist als die Geschichte · Weil manche Gesellschaftsexperimente in Stein gegossen sind (das Haus an der Moskwa) · Weil es Memorial hervorgebracht hat · Weil hier manche Parteien einen Spoiler haben · Weil es eine Erfindung und unser Spiegel ist · Weil in Russland eine Straße gleich drei Namen haben kann

Kapitel 8: Individuum und Gesellschaft 193
Weil Frauen in Russland das starke Geschlecht sind · Weil Diebe ihr eigenes Gesetz haben · Weil das russische Wort für Liebe viel mehr bedeutet · Weil sogar Obdachlose und Krankenschwestern klassische Gedichte aufsagen · Weil es viel mehr Varianten der höflichen Anrede gibt, als sich zu duzen oder zu siezen · Weil jeder Russe und jede Russin einen Vatersnamen haben · Weil dort Ferkel Borja so elegisch umkam – oder doch nicht? · Weil es eine besondere Kunst ist, russische Verkäuferinnen zum Lächeln zu bringen · Weil selbst Verkehrspolizisten mitunter sehr menschlich sein können

Kapitel 9: Kultur und Sprache **217**
Weil der in Russland wohl bekannteste Deutsche nicht echt und nicht einmal ein Deutscher ist · Weil hier der Osten eine »diffizile Angelegenheit« ist · Weil man so vielen deutschen Lehnwörtern begegnet · Weil die russische Schimpfsprache so tabu wie allgegenwärtig ist · Weil der Dichter Alexander Puschkin Russlands Ein-und-alles ist · Weil es zwei Worte für Wahrheit gibt · Weil Michail Schemjakin Peter dem Großen ein Denkmal gesetzt hat · Weil an der Moskauer Prachtstraße Twerskaja gleich drei Dichterdenkmäler stehen · Weil es in Moskau gleich zwei völlig unterschiedliche Gogoldenkmäler gibt · Wegen der Dynamik des Arbeiters und der Kolchosbäuerin · Weil Russland ein Theaterland ist · Weil es so viele Wohnungen und Häuser gibt, die zu Museen umgewandelt wurden · Weil sich Russen meist sehr leicht in genau zwei Kategorien einteilen lassen: die einen lieben Dostojewskij, Tee und Käse, die anderen Tolstoj, Kaffee und Wurst · Weil Kasimir Malewitsch fünf schwarze Quadrate malte und damit berühmt wurde. · Weil ich Rachmaninow und Tschaikowsky liebe

Kapitel 10: Natur und Geografie **253**
Weil Moskaus ganz weit im Westen liegt · Weil es hier mit dem Baikalsee den ältesten und tiefsten See der Welt gibt · Weil 1000 Kilometer keine Entfernung sind · Wegen der weißen, unwirklichen Mauern des Solowki-Kolsters im Weißen Meer · Weil es Gefängnisse in Klostern gibt

Kapitel 11: Masse und Mensch **267**
Weil man für alles und jedes eine Bescheinigung braucht · Weil die Moskauer Metro mehr als eine U-Bahn ist · Weil der runde Stempel lebt! · Weil sogar Monostädte ganz verschieden sind · Weil das Verhältnis von Macht und Mensch kompliziert und einfach zugleich ist

Vorwort

Russland zu lieben und dafür gleich so viele Gründe zu finden? Das ist nicht einfach. Das Land ist schlicht zu groß. Es entzieht sich jeder Umarmung. Versucht aber schnell einen selbst zu umarmen. So ein riesiges Land ist schon schwer zu verstehen. Aber gleich lieben? Es gibt Menschen, die meinen, man könne Russland gar nicht verstehen. Man müsse an das Land einfach glauben. Auch viele Russen sagen das. Das mag stimmen, wenn man es gleich in seiner ganzen Größe von der Ostsee bis zum Pazifik, vom Schwarzen Meer bis zum Arktischen Ozean in Angriff nimmt. Einfacher geht es vielleicht tatsächlich, indem man viele kleine und große Gründe findet: die Großherzigkeit vieler Menschen, den fantastischen Baikalsee, das ständige Abenteuer oder einfach nur die mitunter unendlich scheinende Weite.

Ich werde in Russland immer wieder gefragt, ob ich denn Deutschland liebe, und antworte wie einst Gustav Heinemann: Ein Land ist einfach zu groß, um es insgesamt zu lieben. Man kann einzelne Menschen lieben, eine bestimmte Musik, die Art, sich umeinander zu kümmern, die Sprache.

Bei vielen Russinnen und Russen hat die Liebe zu ihrem Land etwas von Mutter- oder Vaterliebe. Es ist halt *ihr* Land. Sie sind hier aufgewachsen, mit Sprache, Landschaft, Kultur und Menschen eng verbunden. Da bedarf die Liebe kaum einer Erklärung. Eher schon, wenn es anders sein sollte. Mit mir als Ausländer, der zwar schon sehr lange in Russland lebt, aber zu spät hierhergekommen ist, um eine sozusagen noch kindliche Zuneigung fassen zu können, ist das weit schwieriger. Eher so wie zwischen Erwachsenen. Es gab eine schnelle Verliebtheit. Man gewöhnte sich aneinander, lernte sich näher kennen. Dann aber kamen auch Krisen und Zweifel. Und wenn ich heute meinen Beziehungsstatus in Facebook Russland gegenüber bestimmten sollte, würde ich wahrscheinlich »es ist kompliziert« auswählen. Ich liebe Russland, auch weil ich es oft nicht verstehe. Und manchmal verzweifele ich an dem Land.

Und dann gibt es noch die bittersüßen Gründe der Liebe, bei denen einem, wie man in Russland sagt, »die Seele wehtut«. Bitterkeit kommt oft auf, wenn es dem geliebten Subjekt schlecht geht. Wenn es ihm nicht gelingt, glücklich zu sein. Wenn es nicht schafft, das aus sich zu machen, was in ihm steckt. Mit sich hadert. Wenn es mit sich selbst nicht im Reinen ist. Das ist Russland oft. Eigentlich fast immer. Aber auch hier hilft es meist den Blick zu schärfen, nicht nur auf das große Ganze zu schauen, sondern näher, auch genauer auf die Einzelheiten, die Musik von Tschajkowkij, die grandiose Natur, die vielen unterschiedlichen Kulturen. Und immer wieder auf die vielen einzelnen Menschen, die Russinnen und Russen sind, aber ganz unterschiedlich, verschieden, mit Gemeinsamkeiten, aber auch vielem Trennenden. Sie zusammen machen dieses Land letztendlich aus, und sie machen es, zumindest für mich, liebenswert.

Die Auswahl der 111 Liebesgründe, das dürfte bereits klar geworden sein, ist also hochpersönlich. Jeder und jede andere der vielen Russlandliebhaber, die ich kenne, würde weitere Gründe finden und viele von meinen Gründen weglassen. Den wichtigsten Grund aber habe ich ausgelassen. Ohne meine Frau Jekaterina Schukschina hätte ich wohl weder Russland so lieben gelernt, noch so viel über das Land gelernt. Wahrscheinlich hätte ich ohne sie irgendwann zwischendurch, in einer der Beziehungskrisen, einfach aufgegeben.

Jens Siegert

Kapitel 1

Zu Beginn

Urteile und Vorurteile

1. Grund

Weil man das Land im Gegensatz zu einem weit verbreiteten Vorurteil verstehen kann

Auch in Deutschland wird gern auf den russischen Dichter *Fjodor Tjuttschew* verwiesen, wenn es um Russland geht. In einem Gedicht postulierte er Mitte des 19. Jahrhunderts: »Verstehen kann man Russland nicht, und auch nicht messen mit Verstand. Es hat sein eigenes Gesicht. Nur glauben kann man an das Land.«

Nun ist Russland wirklich anders – wie eben jedes Land anders ist. Vielleicht ist das Leben in diesem wahrhaft großen Land, zumal aus wohlgeordnet-deutscher und damit gelegentlich kleinteiliger Sicht tatsächlich ein wenig grotesker, absurder, exzentrischer, mitunter auch makaberer als das Leben in Zentraleuropa. Aber dieses Anderssein ist kein Rätsel. Es ist Alltag und damit beschreib- und begreifbar. Russische Schriftsteller, vor allem die Satiriker unter ihnen, angefangen mit *Nikolaj Gogol* und dann später *Michail Saltykow-Schtschedrin, Ilf und Petrow* oder *Wenedikt Jerofejew,* haben das immer wieder überragend getan, und wir ergötzen uns noch heute daran.

Den Blick aus dem Westen (ganz profan: je westlicher geografisch, umso stärker) trübt oft jedoch noch etwas anderes. Ich möchte es das Nahe im Exotischen nennen (das umgekehrt aber auch das Exotische im Nahen sein kann). Viele Reisende, die nach Russland kommen, erwarten Exotik, sehen aber Europa. Allerdings das russische Europa. Dieses spezifisch Europäische im Russischen wirkt zwar fremd, aber eben oft nicht fremd genug, um die mitgebrachten Erwartungen zu erfüllen. Es ist oft nur ungewohnter als das italienische oder französische Fremde. Das verwirrt. In Afrika oder China ist das eindeutiger und damit einfacher.

Aus russischer Sicht ist es gleichzeitig durchaus bequem, sich hinter dem angeblichen Nichtverstandenwerdenkönnen zu verstecken.

Dann muss man sich nicht so anstrengen, kann sich mehr gehen lassen. Wir sind anders. Basta! Was wollt ihr noch? Das hört sich übrigens sehr deutsch an, wenn auch (glücklicherweise!) inzwischen ein wenig veraltet.

Etwas klüger ausgedrückt findet sich diese Figur übrigens im alten, konstruierten Gegensatz zwischen Kultur und Zivilisation wieder, wie ihn auch Thomas Mann vor 100 Jahren in seinem Großessay *Betrachtungen eines Unpolitischen* für Deutschland gegenüber dem damaligen *Westen* (bestehend vor allem aus Frankreich und England) behauptete. Oft werden Deutsche in Russland angesprochen, man müsse doch eigentlich gemeinsame Sache machen, da Tiefe und Kultur beide Länder auszeichneten vor der angelsächsisch dominierten, merkantilen Zivilisation.

Russland ist also, hier (einem früheren) Deutschland tatsächlich ähnlich, auf der Suche nach sich selbst. Wie suchende Menschen, zum Beispiel in der Pubertät oder einer Lebenskrise, ist es sich daher auch selbst oft ein Rätsel. Doch bedeutet die Aussage, ein Land sei rätselhaft, ja nicht, dass das Rätsel nicht zu lösen wäre. Man braucht nur ein wenig Geduld, Einfühlungsvermögen und natürlich Übung.

Um ein Land, sein Volk oder seine Bevölkerung zu verstehen, hilft es übrigens oft, den Leuten »aufs Maul« zu schauen. Sprache verrät viel, fast alles über das Denken und über das Fühlen. Sprache ist, im positiven wie im negativen Sinn, verräterisch. Wenn man sich die Sprache anschaut, die Begriffe und wie sie benutzt werden, dann eröffnet sich oft gleich ein ganzer Kosmos an Vorstellungen und Assoziationen.

Es spricht übrigens viel dafür, dass *Fjodor Tjuttschew*, ein Spötter vor dem Herrn, in wahrscheinlich echter Verzweiflung ein gerüttelt Maß an Ironie in seine Zeilen gelegt hat.

2. Grund

Weil es das Land der unbegrenzten Unmöglichkeiten ist

Früher, ich habe es schon lange nicht mehr gehört, wurden die USA oft das *Land der unbegrenzten Möglichkeiten* genannt. Weil sie so frei waren. Weil alles möglich schien. Weil, ebenfalls sprichwörtlich, jeder Tellerwäscher Millionär werden konnte. Ob das heute noch so ist, kann ich nicht beurteilen. Aber auf Russland trifft das sicher nicht zu. Denn Russland ist ein eigentlich *unmögliches* Land. Vieles, was anderswo möglich ist, ist hier *unmöglich*. Vieles, was anderswo unmöglich ist, ist hier möglich. Ich nenne Russland deshalb in Anlehnung an das amerikanische Bonmot das *Land der unbegrenzten Unmöglichkeiten*.

Das heißt im Umkehrschluss nicht, dass in Russland nichts möglich oder alles *unmöglich* ist. Das nicht. Es ist nur alles sehr unbestimmt. Man sollte nichts für gegeben hinnehmen. Alles kann schiefgehen. Das hört sich an, als sei Russland der Ort, für den Murphy sein berühmtes Gesetz formuliert hat, nach dem alles, was schiefgehen kann, irgendwann auch schiefgehen wird. Nur eine Frage der Zeit. Das ist aber nicht so. Eher sogar umgekehrt. Nicht alles, was schiefgehen kann, geht in Russland auch schief. Mehr noch: Selbst das, was nach aller Erfahrung schiefgehen wird (weil es einfach zu *unmöglich* ist), hat in diesem im Wortsinn wunderbaren Land eine Chance zu klappen. Vielleicht keine gute Chance, aber eine Chance.

Das heißt aber nicht, dass man sich in Russland nicht anstrengen müsste, damit etwas funktioniert. Das muss man schon. Sehr sogar. Für fast alles gibt es große Hindernisse. Leicht ist hierzulande wenig. Die Hindernisse sind mitunter sogar so groß und erscheinen so mächtig und unüberwindbar, dass manche Besucher des Landes es schlicht *unmöglich* finden, hier zu leben. Aber die Menschen leben hier. Denn die multiplen Unmöglichkeiten Russlands sind nicht nur

Bürde. Sie lassen auch in der verzweifeltsten Stunde noch Hoffnung. Denn was anderswo unmöglich ist, wird in Russland nicht selten und dann oft sehr wunderbar plötzlich möglich.

3. Grund

Weil Russland so unglaublich einheitlich ist

Russland ist ein riesiges Land. Mehr als 10.000 Kilometer Ost-West-Ausdehnung und bis zu 5.000 Kilometer von Norden nach Süden. Mit der berühmten *Transsibirischen Eisenbahn* braucht man von Moskau (fast ganz im Westen gelegen) bis nach *Wladiwostok* (das ist ziemlich weit im Fernen Osten, aber immer noch nicht das Ende) rund sieben Tage. Selbst das Flugzeug ist achteinhalb Stunden unterwegs. Wenn man auf die Karte schaut, sieht ganz Europa wie ein Anhängsel dieser gigantischen eurasischen Landmasse aus. Die mehr als 17 Millionen russischen Quadratkilometer sind ein knappes Neuntel der gesamten Landfläche der Erde.

Ein Neuntel. Da würde man doch ziemliche Vielfalt erwarten. Aber vergeblich. Ich erinnere mich an meinen ersten Flug nach Sibirien Mitte der 1990er-Jahre in den *Altai* (siehe Grund 28). Das ist ein Gebirge am Vierländereck Russland–Kasachstan–Mongolei–China. Der *Altai* ist bis zu 4.500 Meter hoch und Quellgebiet der sibirischen Ströme Ob und Irtysch. Wir flogen knapp vier Stunden von Moskau bis nach *Barnaul*, der Gebietshauptstadt dort, die schon Alexander von Humboldt 1794 bei seiner Sibirienexpedition besucht hatte. Dann wurden wir in einen Kleinbus gesteckt, und es ging noch einmal drei Stunden Richtung Osten bis zu einem Dorf namens *Srostki*, dem Geburtsort von *Wassilij Schukschin*, einem sowjetischen Schriftsteller, Schauspieler und Regisseur. Dort fanden die *Schukschin-Lesungen* statt, ein alljährliches großes Kulturfestival.

Als wir ausstiegen, wollte ich meinen Augen nicht trauen. Es sah aus wie im Moskauer Umland. Die gleichen ein- bis maximal zweistöckigen Holzhäuser. Die Fenster mit weißen Verzierungen eingerahmt. Im Hof oft eine *Banja* (siehe Grund 53) und eine Sommerküche. Überall meist ein wenig windschiefe Zäune, viele aus unbearbeiteten dünnen Baumstämmchen. Die Sowjetmacht hatte einige weiße Ziegelbauten hinterlassen, in denen sich der Dorfsowjet, der Dorfladen, das sogenannte *Haus der Kultur*, die Post oder die Bibliothek befanden. Nur das ebenfalls hölzerne Schulhaus war etwas größer geraten, wenn auch nicht höher. Überall hinter den Häusern gab es ordentliche Beete, in denen Gurken, Möhren oder Kartoffeln und allerlei Kräuter wuchsen. Die Apfel- und Birnbäume, es war Ende Juli, hingen voll mit köstlichen Früchten.

Der Eindruck, nicht weit von Moskau fortgekommen zu sein, verstärkte sich noch, als die Menschen den Mund aufmachten. Sie sprachen das gleiche Russisch wie im dreieinhalbtausend Kilometer entfernten Zentralrussland. Ein paar regionale Ausdrücke wurden anders benutzt und anstelle von »da« (»ja«) bekam man immer »nu« zur Antwort, was wohl so viel bedeuten soll wie »was fragst du?« oder »das versteht sich doch von selbst«. Das war es dann aber auch schon.

Warum das so ist? Das liegt wohl vor allem daran, dass weite Teile Russland Kolonialland sind. Die Russen sind erst relativ spät ab dem 16. Jahrhundert in die Weiten des Ostens vorgedrungen und haben ihre Sprache, ihre Kultur und ihre Bau- und Wirtschaftsweise mitgebracht. Große Teile des Landes waren damals nur spärlich besiedelt, meist von Nomadenvölkern, die sich in vielem den neuen, aus dem Westen gekommenen Herren angepasst haben. Zwar gab es vor allem an der mittleren Wolga zahlreiche sesshafte Völker, aber auch sie wurden nach und nach assimiliert.

Überhaupt war die Sowjetunion eine große Menschenmischmaschine, oft ohne dass die Menschen gefragt wurden. Über all ihre 70 Jahre wurden sie von einem zum anderen Ende des Reichs geschickt. Mal, zu Anfang und nach dem Krieg, geschah das eher freiwillig, dazwischen, vor allem unter Stalin, aber oft unter Zwang. So wurden in den 1940er-Jahren ganze Völker verbannt, aber auch Millionen individuell in die Verbannung und ins Lager geschickt. Das Land wurde so binnen weniger Jahrzehnte von einem Agrarreich zum Industriestaat, ohne auf Einzelschicksale sonderlich Rücksicht zu nehmen. Zudem hat die Sowjetmacht alles zu vereinheitlichen versucht und war dabei nicht zimperlich, sondern grausam effektiv, oft auch effektiv grausam.

Im Ergebnis sehen sich nicht nur die Dörfer, sondern auch die Städte in Russland oft zum Verwechseln ähnlich. Die gleichen Wohnhäuser finden sich überall. Fünfstöckige sogenannte *Chruschtschowkas* aus dem Wohnungsbauprogramm unter KPdSU-Generalsekretär *Nikita Chruschtschow* nach dem Krieg und *Stalins* Tod ebenso wie später in den 1970er- und 1980er-Jahren die 16- oder 20-stöckigen Wohnburgen mit »verbesserter Raumaufteilung« und selbst moderne Bettenburgen mit noch mehr Etagen heute.

Das ist ein Russland, in das Touristen meist nicht gelangen. Im historischen (und nicht kleinen) Moskauer Stadtzentrum leben weniger als 10 Prozent der Moskauer und Moskauerinnen. Die anderen 90 Prozent wohnen in einheitlichen und nur schwer auseinanderzuhaltenden Wohnsiedlungen mit den immer gleichen Wohnhäusern, den immer gleichen Kindergärten, den immer gleichen Schulen und den immer gleichen kleinen Geschäftereihen (die heute unter dem Druck riesiger Einkaufszentren stehen, die sich untereinander auch kaum unterscheiden).

Auch der alljährliche Silvesterfilm *Ironie des Schicksals* baut seine Geschichte rund um diese unheimliche Wohnungseinheitlichkeit. Aber das ist schon ein anderer Grund, Russland zu lieben (siehe Grund 44).

4. Grund

Weil Russland so unheimlich vielfältig ist

Russland ist so groß, in Russland gibt es alles. Die Ostsee im Westen. Das Eismeer im Norden. Den Stillen Ozean im Osten und das Schwarze Meer im Süden. Im europäischen Teil ziehen sich fast unendliche Ebenen von der Westgrenze bis zum *Ural*, unterbrochen von der *Wolga* und einigen kleineren Hügelketten, die kaum höher als 300 Meter sind. Dazwischen findet sich alles von Subtropen im Süden, Grassteppen an der unteren *Wolga* und am *Don* bis zu gemäßigten Waldlandschaften, den Wäldern der *Taiga* und der baumlosen *Tundra* um den Polarkreis.

Dann im Süden wird es plötzlich richtig gebirgig. Der höchste Berg des Kaukasus, der *Elbrus*, ragt 5.642 Meter in den Himmel. Je nachdem, wo man die Grenze zieht, ist er also der höchste Berg Europas und nicht der rund 800 Meter niedrigere Mont Blanc. Und damit waren wir noch nicht in Sibirien, nicht zu reden vom Fernen Osten. Auch dort gibt es Gebirge. Der *Altai* am russisch-kasachisch-mongolisch-chinesischen Vierländereck ragt bis zu 4.000 Meter hoch (siehe Grund 28). Das sich östlich davon hinziehende und Sibirien von der mongolischen Steppe trennende *Sajangebirge* ist mit knapp 3.500 Metern nicht ganz so hoch, aber in seiner Menschenleere besonders beeindruckend. Richtig hoch strecken sich auch die Vulkane der Halbinsel Kamtschatka, die weit östlicher als Japan an der Halbinsel *Tschukotka* hängt (siehe Grund 14).

Auch wunderschöne Seen hat Russland viele. Der berühmteste ist der *Baikalsee* in Ostsibirien. 673 Kilometer lang, maximal 82 Kilometer breit und mindestens 1.642 Meter tief (vielleicht aber auch tiefer, wer weiß?). Der *Baikal* ist der älteste Süßwassersee der Welt und enthält mehr Wasser als die Ostsee (siehe Grund 103). Auch der größte See Europas, der *Ladogasee*, liegt in Russland. Man muss von St. Petersburg aus nur einige Dutzend Kilometer nach Nordosten fahren, um an sein Ufer zu gelangen. Und der zweitgrößte europäische See, der *Onegasee*, liegt, von Westen aus gesehen, gleich dahinter in *Karelien*.

Womit wir bei den vielen verschiedenen Menschen wären. *Karelien* ist nur eine von 21 sogenannten »nationalen« Republiken und Gebieten. Sie alle haben Nominalvölker. Die *Karelier* sind mit den Finnen verwandt (und ein Teil *Kareliens* liegt in Finnland, aber das ist eine andere, ziemlich komplizierte Geschichte). Es gibt aber auch noch die *Tschetschenen*, *Dagestaner* oder *Osseten* im Nordkaukasus, die *Tataren*, *Baschkiren* oder *Mari* an der Wolga in Zentralrussland, die *Burjaten*, *Jakuten* oder *Tuwiner* in Sibirien und, nicht zuletzt, die *Nenzen*, *Ewenken* oder *Tschuktschen* am Polarkreis. Sie alle haben ihre eigenen Sprachen, ihre eigene Geschichte, ihre eigene Kultur und oft unterschiedliche Religionen. Und ich habe noch all diejenigen nicht erwähnt, die zwar eine eigene ethnische Identität haben, aber (offiziell) kein Territorium, wie die Juden, die Ukrainer, die Koreaner oder auch die Deutschen (ich meine russische Staatsbürger, also Menschen, die hier geboren und aufgewachsen sind und deren Eltern und Großeltern hier aufgewachsen sind, und keine Gäste und Neulinge wie mich).

Das sind natürlich längst nicht alle. Einige von ihnen gehören zu meinen anderen Gründen, Russland zu lieben. Aber das ist eine sehr subjektive und wohl auch ein wenig biografisch-zufällige Auswahl. Obwohl ich schon so lange in Russland lebe, habe ich es schlicht noch nicht geschafft, die meisten dieser Landstriche zu besuchen. Das Land ist halt groß, und man kann sich nicht einfach so ins Auto setzen und losfahren. Oder besser: Man kann das natürlich schon machen. Aber dann sollte man viel Zeit und auch eine gehörige Portion Abenteuerlust mitbringen. Und in viele Gegenden, wie zu den *Tofalaren*, die im *Sajan*-Gebirge leben (siehe Grund 17), gibt es schlicht keine Straßen. Sie sind nur zu Fuß, auf dem Fluss (zumindest im Sommer) oder, auch wegen der Entfernungen, durch die Luft zu erreichen.

Dann gibt es noch die Städte und das Land. Während sich im Westen das Leben auf dem Land dem in den Städten in den vergangenen Jahrzehnten immer weiter angenähert hat, sind das in Russland weiter zwei ganz unterschiedliche Welten. Und es ist natürlich ein Unterschied, ob jemand im teilweise subtropischen, fruchtbaren *Kuban* am Schwarzen Meer aufgewachsen ist (wo, wie die Menschen dort sagen, jeder Stock, den man in die Erde steckt, Blüten treibt) oder 3000 Kilometer weiter im Norden auf der Halbinsel *Kola* jenseits des Polarkreises am Eismeer, wo nicht einmal mehr Bäume wachsen und es fast ein halbes Jahr lang dunkel ist.

In diesem kleinen Text über die russische Vielfalt war von der größten ethnischen Gruppe in Russland, den Russen, noch gar nicht die Rede. Sie sprechen zwar alle die gleiche Sprache. Anders als in Deutschland hindern auch keine Dialekte die innerrussische Verständigung. Aber trotz allem sind sie so viele, dass sie ganz natürlicherweise sehr unterschiedlich sind.

5. Grund

Weil dort bei Weitem nicht nur Russen leben

Auch in Russland geht, jedenfalls laut Verfassung, alle Macht vom Volke aus. Allerdings ist es weit schwieriger als in den meisten klassischen Nationalstaaten, dieses Volk näher zu beschreiben. In Deutschland zum Beispiel ist der Souverän »das deutsche Volk«. Nun gibt es zwar auch ein *russisches Volk* (russisch: *russkij narod*). Dieser Begriff bezeichnet aber nur die ethnischen Russen. Alle anderen Ethnien oder Völker, von denen viele sogar eigene »Republiken«, »autonome Bezirke« oder »autonome Kreise« haben und dort meist schon viel länger leben als die später als Kolonisatoren gekommenen ethnischen Russen, gehören also in diesem engen Sinn nicht zum *russischen Volk*. Die Verfassung, angenommen im Dezember 1993 und in den grundlegenden Teilen bis heute unverändert, erlaubt sich daher einen Kunstgriff, um das Staatsvolk zu definieren, und spricht vom *multinationalen Volk Russlands*.

Hier ist zunächst ein kleiner sprachlicher Einschub nötig. Das Adjektiv *russkij* (auf deutsch: russisch) bezeichnet eng die russische Sprache sowie das kulturelle und ethnische Russischsein. Tataren oder Tschetschenen zum Beispiel, deren Republiken Teil der Russischen Föderation und deren Bewohner damit russische Staatsbürger sind, sind keine »Russen« im Sinn dieses Wortes. Dagegen wird in Bezug auf die russische Staatlichkeit das Adjektiv *rossijskij* benutzt, das von der Eigenbezeichnung Russlands Rossija abgeleitet ist, das im Deutschen aber ebenfalls mit »russisch« übersetzt wird (wie auch in diesem Buch). Wissenschaftlich dagegen hat sich zur besseren Unterscheidung hierfür die Übersetzung »russländisch« durchgesetzt.

Russland ist also ein Vielvölkerreich, allerdings ein ethnisch vergleichsweise homogenes. Während in der Sowjetunion die ethnischen Russen weniger als die Hälfte der Bevölkerung ausgemacht haben, liegt ihr Anteil im heutigen Russland bei gut 80 Prozent. Die zweitgrößte Gruppe bilden die *Tataren* mit knapp 4 Prozent, danach kommen Ukrainer, Baschkiren, Tschuwaschen und Tschetschenen. Insgesamt gibt es mehr als 200 unterschiedliche Ethnien in Russland. Anders als in den meisten anderen europäischen Ländern aber gibt es viele Völker in Russland, die nur hier leben.

Wenn wir nur die größten Völker (außer den Russen) nehmen, also die *Tataren, Ukrainer, Baschkiren, Tschuwaschen* und *Tschetschenen*, so so gibt es zwar eine *Ukraine*, aber kein *Tatarstan*, kein *Baschkirien*, kein *Tschuwaschien* und kein *Tschetschenien* außerhalb Russlands. Das gilt für rund 100 der in Russland lebenden Ethnien. Diese Menschen leben zwar in einem Staat, der sich Russland nennt, aber sie leben dort, wo schon sehr lange ihre Vorfahren gelebt haben. Sie sind, um es anders auszudrücken, nicht zu Russland gekommen, sondern Russland ist zu ihnen gekommen.

Viele dieser Völker gehören schon sehr lange zu Russland. Das gilt für Republiken wie *Tatarstan*, *Mari-El* oder *Baschkirien* am Mittellauf der Wolga genauso wie für viele kleine und kleinste Völker in Sibirien, im Fernen Osten und im hohen Norden. Andere dagegen, wie die *Tschetschenen*, *Dagestaner* oder *Balkaren* im Nordkaukasus, wurden erst in der Mitte des 19. Jahrhunderts vom Russischen Reich erobert.

Dann gibt es noch die anderswo Einwanderer genannten Menschen. Dazu gehören natürlich auch die sogenannten *Russlanddeutschen*, von denen die meisten zwar seit Ende der 1980er-Jahre nach Deutschland ausgewandert sind (wobei das ja eher als eine Art Rückwanderung aufgefasst wird). Aber mehrere Hunderttausend von ihnen leben immer noch in Russland, und viele, die nach Deutschland gegangen sind, haben beide Pässe. Ähnliches gilt für Koreaner in Russland. Sie sind sogar kulinarisch sichtbar, denn koreanisch eingelegtes Gemüse darf auf keinem Markt und in keinem Supermarkt fehlen.

Und nun zur letzten Kategorie der vielen unterschiedlichen Russländer, um die es hier geht, zu den Menschen aus den ehemaligen Sowjetrepubliken und Provinzen des Russischen Reiches. Gerade die Sowjetunion hat das ganze Land durcheinandergewirbelt. Über Arbeitsmigration ebenso wie über den Terror mit Lager und Verbannung. So wurden *Ukrainer*, *Esten*, *Usbeken* oder *Moldauer* über das ganze Land verteilt, heirateten oft Angehörige anderer Ethnien und blieben auch dort, nachdem die Heimat ihrer Vorfahren ein eigenständiger, unabhängiger Staat wurde.

Insofern hat die russische Verfassung schon recht mit ihrem widersprüchlichen Wort vom *multinationalen Volk*.

6. Grund

Weil es nicht nur ein,
sondern viele Russlands gibt

Davon, dass Russland unheimlich vielfältig ist, war schon in Grund 4 die Rede. Und in Grund 5 ging es um die vielen verschiedenen Nationalitäten, denen die Menschen in Russland entstammen. Nicht wenige von ihnen (oder besser ihre Vorfahren) leben schon viel länger dort, wo sie leben, als es Russland überhaupt gibt. Wie jedes Land und besonders natürlich wie jedes große Land ist Russland aber auch sozial und politisch sehr unterschiedlich.

»Ruhm Dir, unser freies Vaterland, der Brüdervölker ewige Union,« so beginnt der Refrain der russischen Nationalhymne. *Wladimir Putin* bestellte ganz am Anfang seiner Zeit als Präsident neue Worte für die alte, so wunderschöne Sowjetmelodie von *Alexander Alexandrow*. Nun dürften die meisten Russen mit der Freiheit weniger die eigene, individuelle Freiheit meinen als vielmehr die Freiheit ihres Staates vor Fremdbestimmung. Die Dominanz dieser Furcht im öffentlichen Diskurs ist angesichts der Expansionsgeschichte des aus dem Moskauer Kern sich entwickelnden Russischen Imperiums in alle Himmelsrichtungen durchaus erstaunlich. Sie kann eigentlich nur durch die Zerfallserfahrung am Ende der Sowjetunion erklärt werden.

Dieses Schicksal, so die vorherrschende Meinung in Russland bis heute, könne auch dem gegenwärtigen Russland drohen. Einheit und die, so der vorherrschende Terminus, *Ganzheit* des Landes werden also als hohes Gut betrachtet, das zu verteidigen sich der Staat ganz dick auf die Fahnen geschrieben hat. Wie erfolgreich ist *Putin* nun damit, die Einheit des Landes zu wahren? Ich wage zu behaupten, weit weniger als gemeinhin angenommen wird. Es sind aber weniger äußere Feinde, die die Einheit des russischen Gemeinwesens bedrohen, als vielmehr eine vielfältige Fragmentierung der russischen

Gesellschaft. Nicht an allem ist *Putin* schuld. Einige innerrussische Bruchlinien reichen viel weiter in die Geschichte zurück, mitunter bis ins vorrevolutionäre *Russische Imperium*. Andere haben ihren Grund in der zunehmenden Differenzierung der russischen Gesellschaft nach dem Ende der Sowjetunion. *Putins* Verantwortung liegt darin, viele dieser Brüche eher verstärkt als verringert zu haben.

Die Moskauer Geografin *Natalja Subarewitsch* hat vor einigen Jahren ein Konzept vorgestellt, das von vier weitgehend parallel nebeneinanderher lebenden Russlands ausgeht. Um welche vier Russlands geht es? Russland 1 besteht aus den beiden Megalopolen Moskau und St. Petersburg, den meisten Millionenstädten, einer Reihe von Großstädten über 500.000 Einwohnern und den Öl- und Gasregionen. Dieses Russland zeichnet sich durch einen relativ hohen Wohlstand aus, ist mobil, hat einen hohen formalen Bildungsstandard, einen eher westlichen Lebenswandel. Eine große Zahl der Menschen dort empfindet die gegenwärtige politische Situation als Stillstand, als Einschränkung ihrer Möglichkeiten. Sie plädieren für eine politische Öffnung und stimmen im Zweifel nicht für *Wladimir Putin*.

Russland 2 lebt in den industriellen Zentren, in Großstädten, deren aus der Sowjetzeit stammende Industrie aber weitgehend zusammengebrochen ist und in denen sich nur selten wirtschaftliche Alternativen entwickelt haben. Dazu gehören auch und vor allem Dingen die sogenannten *Monostädte* (siehe Grund 110), deren Wohlergehen von einem, zwei oder maximal drei Betrieben abhängen. Materiell hängt Russland 2 am Tropf des Moskauer Zentrums. Das bestimmt zu großen Teilen auch die politischen Präferenzen. Der wichtigste Unterschied zwischen den 1990er-Jahren unter dem damaligen Präsidenten *Boris Jelzin* und heute unter *Wladimir Putin* ist aus Sicht von Russland 2, dass in den 1990er-Jahren Löhne und Renten oft nicht oder spät gezahlt wurden und jetzt pünktlich. Jede mögliche Veränderung erscheint den hier lebenden Menschen als eine Bedrohung dieser unter *Putin* erreichten Stabilität. Die meisten Menschen kommen in Russland 2 deshalb zum Schluss, sich lieber mit dem Spatzen in der Hand zufriedenzugeben als auf die unbekannte Taube auf dem Dach zu hoffen. Russland 2 stimmt also mehrheitlich für *Putin*.

Russland 3, das kleinstädtische und ländliche Russland, ist noch depressiver, es liegt am Boden. Hier gibt es kaum etwas anderes als staatliche Transferleistungen. Die sind gering, garantieren aber gemeinsam mit dem eigenen kleinen Stück Land um die Datscha das Überleben, wenn auch nur das blanke und nicht wirklich schöne. Viele Menschen (vor allem die Männer) in Russland 3 trinken noch mehr als das übrige Land, sie sind ungesünder und leben noch kürzer. Wer irgend kann (und das sind vor allem die jungen Menschen), geht. Kurz: Russland 3 stirbt (aus). Auch Russland 3 stimmt mehrheitlich für *Putin*, aber nicht als Garant der Stabilität, sondern als Obrigkeit, von der, wenn auch auf sehr niedrigem Niveau, Wohl und Wehe abhängen.

Quer zu diesen drei Russlands legt sich Russland 4, das Russland der nationalen Republiken, Bezirke und Kreise. Zwar finden sich auch hier Russland 1 (wie das ölreiche und industriell starke *Tatarstan*) bis Russland 3 (unter anderem der gesamte wirtschaftlich depressive Nordkaukasus), aber das Verhältnis zum Moskauer Zentrum ist ein anderes. In Russland 4 bekommt *Putin* die meisten Stimmen. Doch das sind eher keine Stimmen »für« ihn (und seine Politik), sondern Ausdrücke von Loyalität. Einer Loyalität ähnlich der einem Lehnsherrn gegenüber, in der als vorherrschendes Element die unausgesprochene Versicherung schwingt, weiter zum Vielvölkerreich Russland zu gehören und gehören zu wollen, also die Superiorität des russischen Stammlandes anzuerkennen.

Natürlich ist das ein sehr schematischer Blick auf das Land. Die 4 Russlands existieren selbstverständlich nicht bindungslos nebeneinander. Auch in Moskau findet man Elemente von Russland 2 und 3. In den depressiven Weiten des agrarischen Russlands kommt Russland 1 dagegen eher selten vor.

Kapitel 2

Personen und Schicksale

Arsenij Roginskij

7. Grund

Weil es Wiktor Tschernomyrdins Aphorismen gibt

Auch in Russland ist Menschlichkeit eines der letzten Attribute, die von Politikern in Erinnerung bleiben. *Wiktor Tschernomyrdin* ist da eine große Ausnahme. *Tschernomyrdin*, 1938 geboren, stammte aus dem Gebiet *Orenburg* am Südende des *Urals*. Der Wirtschaftsingenieur machte Karriere in der *Kommunistischen Partei der Sowjetunion* und war, schon unter *Gorbatschow*, der letzte Gasminister des Imperiums. Die Gasförderung des Landes zu kontrollieren war auch damals schon ein ausgesprochen wichtiger und mächtiger Job.

Wiktor Tschernomyrdins weitere Politikerkarriere war eine des Übergangs. Mit ihm überdauerte sozusagen das alte, bürokratisch organisierte und beherrschte Russland die liberalen Stürme der 1990er-Jahre. Sein bedeutendster Beitrag dazu war die Schaffung des Gasmonopolisten *Gazprom*. In der Umbruchzeit um 1990 verhinderte *Tschernomyrdin* maßgeblich, dass die einst sowjetische Gasindustrie wie ihre Ölschwester in viele kleine und einige größere Privatfirmen verwandelt wurde. Ob nun mehr politische Weitsicht oder pures Eigeninteresse im Spiel waren, ist heute schwer zu sagen. Wahrscheinlich beides. Im Ergebnis wurde das Gasministerium in den Staatskonzern *Gazprom* umgewandelt. *Tschernomyrdin* blieb der Chef. Er kam persönlich dabei auch nicht zu kurz und sicherte sich und zweien seiner Kinder kleinere Aktienpakete (wobei bei einem Giganten wie *Gazprom* auch kleine Aktienpakete durchaus große Vermögen bedeuten).

Wiktor Tschernomyrdin war als das bekannt, was man in Russland einen starken *Chosjajstwennik* nennt. Das Wort ist eigentlich unübersetzbar, kommt von »Hausherr« und bezeichnet jemanden, der den ganzen Laden gut im Griff hat. *Tschernomyrdin* navigierte als Premierminister seine Regierung eher schlecht als recht durch die tiefe Wirtschaftskrise, aber kaum jemand sprach ihm Anständigkeit ab. Es gibt eine Episode im ersten Tschetschenienkrieg, die das sehr deutlich zeigt. Mitte Juni 1995 hatte eine Gruppe tschetschenischer Rebellen unter Führung von *Schamil Bassajew* das Krankenhaus der nördlich von *Tschetschenien* liegenden Kreisstadt *Budjonnowsk* besetzt, mehr als 100 Menschen getötet und rund 2.000 Menschen als Geiseln genommen. Sie forderten den sofortigen Abzug der russischen Truppen aus Tschetschenien, andernfalls würden die Geiseln getötet. Präsident Jelzin war außer Landes, *Wiktor Tschernomyrdin* also die höchste staatliche Autorität im Land.

Schnell war klar, dass an einen Sturm des Krankenhauses zur Befreiung der Geiseln nicht zu denken war. Zu schlecht waren die russischen Truppen, zu verwinkelt das Krankenhaus, zu groß die Geiselzahl. Also musste verhandelt werden. Statt nun, wie es wohl die meisten anderen an seiner Stelle getan hätten, einen Polizeichef oder General die 2.000 Kilometer in den Süden zu schicken, griff *Wiktor Tschernomyrdin* live fürs Fernsehen gefilmt zum Telefonhörer und rief *Bassajew* an. Er schämte sich nicht der Erniedrigung, als Premierminister um das Leben der Geiseln zu bitten. Noch heute habe ich seine kräftige Stimme im Ohr: »*Schamil Bassajew*? Ist dort *Schamil Bassajew*? *Schamil*, lassen Sie uns vernünftig reden.« *Tschernomyrdin* hatte Erfolg. *Bassajew* erhielt mit seinen Leuten freien Abzug, dafür ließ er seine Geiseln frei. Weitere Tote gab es nicht. *Wiktor Tschernomyrdin* konnte so ein noch größeres Blutbad verhindern.

1997 musste er als Premierminister abtreten. Später, dann schon unter Putin, war er russischer Botschafter in der Ukraine. Je mehr Zeit aber ins Land geht, umso weniger erinnern sich die Menschen in Russland an den Politiker *Tschernomyrdin*. Im Gedächtnis bleibt hingegen der begnadete Aphoriker. Kein moderner russischer Politiker, auch der um Sprüche nicht verlegene *Wladimir Putin*, hat so viele herrliche Aphorismen hinterlassen wie er. Sie sprudelten nur so aus ihm heraus. Das wirkte meist ganz unbedarft, unbewusst und auch ein bisschen unabsichtlich – und war es wohl, bei aller Berechnung des professionellen Politikers, auch. Der bekannteste Aphorismus

Tschernomyrdins ist heute bereits ein moderner Klassiker. Mit »Wir wollten es besser machen, aber es kam wie immer« hat er eine im Grunde umfassende Beschreibung eines der Grundprobleme seines Landes gegeben. In der Sprache der Politologen und Wirtschaftswissenschaftler nennt man das wohl »Pfadabhängigkeit«. Aber das so auszudrücken ist langweilig und wird sich niemand außerhalb des wissenschaftlichen Diskurses merken. *Tschernomyrdins* Spruch aber kennen alle in Russland – und verstehen ihn auch.

Doch auch viele seiner anderen Sprüche sind in aller Munde und werden immer wieder gern zitiert. Hier nur eine ganz kleine Auswahl:

»Das gab es noch nie – und nun schon wieder!«

Zum Alkoholproblem: »Unsere Bauern ackern, ohne zu ernüchtern.«

Zu Korruptionsvorwürfen: »Ich habe ungefähr zwei Söhne.«

Zum Alkoholkonsum: »Wein brauchen wir für unsere Gesundheit. Und Gesundheit brauchen wir, um Wodka zu trinken.«

Zur Produktivität: »Früher arbeitete das halbe Land, und das halbe arbeitete nicht. Heute, hm, heute ist es umgekehrt.«

Zu nicht gezahlten Gehältern und Löhnen für Staatsangestellte: »Lehrer und Ärzte wollen praktisch jeden Tag essen.«

Zum Versuch, eine den Präsidenten unterstützende Partei zu gründen: »Welche Partei auch immer wir gründen – immer kommt die *KPdSU* dabei raus.«

Und zum Schluss: »Welche Schuld haben wir von Gott, Allah und den anderen auf uns geladen?«

8. Grund

Weil es echt chinesische Russen wie Pjotr Jurjewitsch gibt

Der Name *Pjotr Jurjewitsch* klingt nicht wirklich chinesisch. Und ursprünglich, als Kleinkind hieß *Pjotr Jurjewitsch* auch nicht so. Denn er wurde in Schanghai geboren, von zwei chinesischen Eltern. Also hatte er einen chinesischen Namen. Doch den will er nicht mehr verraten. Denn das ist lange her. *Pjotr Jurjewitsch* ist Arzt. Ein russischer Arzt mit einer soliden sowjetischen medizinischen Ausbildung, der heute in Moskau aber seine Patienten mit den Methoden der traditionellen chinesischen Medizin behandelt. *Pjotr Jurjewitsch* setzt Akupunkturnadeln, arbeitet mit Hitzezigarren, und er hat den Ruf, seine kräftigen Händen täten mit gezielten Massagen Wunder gegen viele Malaisen. Auch mir hat er einst geholfen, meinen vom vielen Schreibtischsitzen geplagten Rücken pfleglicher zu behandeln und so die periodischen Schmerzen in Grenzen zu halten.

Bis nach Moskau hatte der sanfte, immer mit ruhiger, ja fast gedämpfter Stimme sprechende *Pjotr Jurjewitsch* einen weiten Weg, der viel mit der kommunistischen Geschichte des 20. Jahrhunderts zu tun hat. Erst mit der chinesischen, dann der sowjetischen und dann dem Zusammenbruch des Kommunismus.

Seine Eltern waren auch Ärzte. Sie hatten in der Sowjetunion studiert, Ende der 1950er-Jahre, also in einer Zeit, als die kommunistische Führungsmacht das gerade erst kommunistisch gewordene China noch unterstützte. Nach dem Studium gingen *Pjotr Jurjewitschs* Eltern nach Schanghai, ihre Heimatstadt, zurück und arbeiteten in ihrem Beruf. Anfang der 1960er-Jahre wurde ihr Sohn geboren. Dann begann die von Mao Tsetung initiierte sogenannte *Kulturrevolution*. Die *Roten Garden*, die fanatisierte Mao-Jugend, machte Jagd auf *klassenfeindliche Elemente*, zu denen auch die studierten Eltern *Pjotr Jurjewitschs* gehörten. Sein Vater wurde vom

Mob ermordet, während es seine Mutter schaffte, sich mit dem kleinen Jungen im sowjetischen Generalkonsulat in Schanghai zu verstecken. Ihre sowjetischen Freunde halfen ihnen, nach Sibirien zu flüchten. Dort, in Irkutsk in der Nähe des Baikalsees, wurde aus dem kleinen Chinesen Pjotr.

Erwachsen trat er in die Fußstapfen seiner Eltern, studierte Medizin und wurde Arzt. Ein guter Arzt ganz offenbar. Jedenfalls machte er sowjetische Karriere. Die Parteioberen im Bezirk Irkutsk wurden auf den jungen Doktor aufmerksam, und noch vor dem Ende der Sowjetunion war *Pjotr Jurjewitsch* zum Leibarzt des kommunistischen Bezirksvorsitzenden aufgestiegen (auch wenn es offiziell natürlich keine Leibärzte in der oberflächlich egalitären Sowjetunion gab). Der Irkutsker Kommunistenchef muss einen aufreibenden Job gehabt haben. Jedenfalls litt er unter chronisch hohem Blutdruck, wie mir *Pjotr Jurjewitsch* einmal erzählte. Bei wichtigen Sitzungen saß der junge Arzt dann in einem Nebenraum, und immer wenn der Zustand des Chefs kritisch wurde, musste er ihn mit all seiner Kunst wieder in einen arbeitsfähigen Zustand bringen.

Kurze Zeit später war die Sowjetunion Geschichte. Aber wie nicht wenige geübte Kader und Funktionäre erwies sich der regionale Parteichef als wandelbar und anpassungsfähig. Aus dem überzeugten Kommunisten wurde flugs ein überzeugter Demokrat. Die Planwirtschaft hatte ausgedient, unternehmerischer Geist war gefragt. Der ehemalige Parteichef mutierte zum Unternehmer und wurde reich. Bald war Irkutsk zu klein, und es ging weiter nach oben: nach Moskau. Dorthin nahm der Neuunternehmer sowohl seinen hohen Blutdruck als auch seinen Arzt mit. So kam *Pjotr Jurjewitsch* nach Moskau.

Nun ist es das Los vieler Leibärzte, dass ihnen mit einem Patienten oder sogar mit dessen ganzer Familie schnell langweilig wird. Also überredete *Pjotr Jurjewitsch* seinen Arbeitgeber und Gönner, ihm eine kleine Praxis am Rande des Moskauer Stadtzentrums einzurichten, um weitere, natürlich sorgfältig ausgewählte Patienten behandeln zu können. Das war etwas ganz Besonderes. Denn die medizinische Versorgung ist in Russland und auch in Moskau immer noch weitgehend über sogenannte Polikliniken organisiert, wenn es inzwischen neben den staatlichen auch private gibt. Arztpraxen außerhalb dieses Systems sind sehr selten.

Pjotr Jurjewitschs Dienste waren in keinem Ärzteverzeichnis zu finden. Man konnte ihn nur durch Mundpropaganda finden. Wobei die Information, wie er zu finden und zu kontaktieren sei, immer mit der Bitte weitergegeben wurde, sie nur an *würdige* potenzielle Patienten weiterzugeben. Meine Frau und ich hatten damals, Anfang der 2000er-Jahre, das Glück, für *würdig* befunden zu werden. Ohne dieses Glück hätte ich diese chinesisch-sowjetische Geschichte nicht erfahren (und meinem Rücken würde es heute wohl schlechter gehen). Eine Geschichte, die viel über das sowjetische Jahrhundert aussagt. Die aber trotzdem besonders ist, wie eigentlich alle Lebensgeschichten.

9. Grund

Weil ich dort meinen Freund Arsenij Roginskij gewonnen habe

Arsenij Roginskij war ein Kind des Gulags. Buchstäblich. Er wurde am 30. März 1946 im Lagerkrankenhaus einer Strafkolonie in Welsk im Gebiet Archangelsk geboren. Seine Eltern hatten sich in der Verbannung im Norden kennengelernt. Sein Vater, ein Ingenieur aus Leningrad, war 1938 und dann wieder 1951 zu Lagerhaft verurteilt worden. 1956 starb der Vater im Lager, und *Arsenij Roginskij* kehrte mit seiner Mutter zusammen nach Leningrad zurück. Als Sohn eines Gulaghäftlings und als Jude war es ihm in der Sowjetunion Anfang der 1960er-Jahre nicht möglich, in Leningrad einen Studienplatz zu bekommen. Daher bewarb er sich an der historisch-philologischen

Fakultät der Universität Tartu in Estland. Dort, an der Peripherie des sowjetischen Imperiums und im Umkreis des Semiotikers *Jurij Lotman*, fanden viele junge Menschen einen Studienplatz, die aus politischen Gründen anderswo abgelehnt worden waren.

Nach dem Studium kehrte *Arsenij Roginskij* nach *Leningrad* zurück. Dort arbeitete er bis zum Ende der 1970er-Jahre als Bibliograf und Lehrer für russische Sprache und Literatur an einer Abendschule. Sein Hauptinteresse galt aber schon damals der sowjetischen Repressionsgeschichte, am Anfang der Geschichte der *Sozialrevolutionäre*, die erst Verbündete der in der Oktoberrevolution an die Macht gelangten *Bolschewisten* war, um dann mit als Erste in den Straflagern zu verschwinden. Um diese Zeit begann *Arsenij Roginskij* Informationen über politische Verfolgung in der Sowjetunion zu sammeln.

Bald blieb es nicht mehr beim Sammeln. Ab 1975 veröffentlichte *Roginskij* Ergebnisse seiner Arbeit im *Samisdat*-Sammelband *Pamjat*, dessen Herausgeber er faktisch wurde. Wie bei vielen anderen *Dissidenten* jener Zeit, ließ die Aufmerksamkeit des *KGB* nicht auf sich warten. *Roginskijs* Wohnung in *Leningrad* wurde durchsucht. Eine deutliche Warnung. Im Frühjahr 1981 dann bedeutete ihm der Geheimdienst, es sei besser, das Land zu verlassen. Aber *Roginskij* entschied sich, nicht zu emigrieren. Daraufhin wurde er verhaftet und wegen angeblicher »Dokumentenfälschung« zu vier Jahren verschärfter Lagerhaft verurteilt.

Die Lagererfahrung veränderte *Roginskij* und sein Leben. Er selbst berichtete später darüber so: »Ich wusste, als ich verhaftet wurde, mehr über den Gulag als alle anderen. Aber als ich in die Zelle kam, merkte ich, dass ich überhaupt nichts weiß. Das Verhalten den Wächtern und der Gefängnisverwaltung gegenüber ist das Einfachste. Aber ich habe mich in einer riesigen Verbrecherwelt wiedergefunden mit dem Namen Russland.«

Im Unterschied zu den meisten anderen *Dissidenten* (siehe Grund 70) war *Arsenij Roginskij* nicht aufgrund eines *politischen* Paragrafen verurteilt worden. Entsprechend wurde er auch nicht zusammen mit anderen *Dissidenten* in Lagern gehalten, sondern war in der von ihm so bezeichneten »Verbrecherwelt« auf sich selbst gestellt. Als »schwieriger« Gefangener, der sich nicht nur für seine Rechte, sondern auch für die Rechte von Mitgefangenen einsetzte, wurde er mehrfach verlegt. Fünf Lager in vier Jahren waren die Folge. Während der Zeit im Lager starben Anfang der 1980er-Jahre schnell hintereinander die sowjetischen Generalsekretäre *Breschnjew*, *Andropow* und *Tschernjenko*. Als *Arsenij Roginskij* im Sommer 1985 entlassen wurde, war bereits *Michail Gorbatschow KPdSU*-Chef. Erneut in Freiheit (eine übliche Phrase, die aber in diesem Fall nicht wirklich zutrifft), setzt er seine Arbeit dort fort, wo er sie hatte unterbrechen müssen.

Später, 1989, war *Arsenij Roginskij* einer der Gründer von *Memorial* (siehe Grund 74). Zusammen mit *Memorial*, dessen Vorsitzender er 1998 wurde und bis zu seinem Tod Ende 2017 blieb, entwickelte er sich zu einem der wichtigsten Leute in der russischen Zivilgesellschaft. Sein Wort war vor allem dann immer gefragt, wenn es um Fragen der politischen Verfolgung in der Sowjetunion ging. Neben seinem unzweifelhaften Wissen und seiner scharfen Intelligenz lag der weitreichende Einfluss von *Arsenij Roginskij* vielleicht noch an einer anderen, durchaus raren Eigenschaft, seiner großen Integrität. Denn das ist wohl mit das Schwierigste heute in Russland: Ich kenne viele Menschen, die *Arsenij Roginskij* nicht mochten, ihn als Gegner, ja vielleicht gar, politisch, als Feind betrachteten. Aber niemand bezweifelte seine Aufrichtigkeit.

10. Grund

Weil es den Menschenrechtsanwalt Jurij Schmidt gab

Am 12. Januar 2013 starb *Jurij Schmidt* nach langer Krankheit in seiner Heimatstadt *St. Petersburg*. Eigentlich heißt *Jurij Schmidts* Heimatstadt gar nicht so. Sie hieß Leningrad. Denn in *Leningrad* wurde er ausgerechnet im *Großen Terrorjahr* 1937 geboren. *Jurij Schmidts* gesamtes Leben war mit *Leningrad* verbunden. Hier überlebte er zusammen mit seiner Mutter im Krieg die 900-tägige Blockade durch die Deutsche Wehrmacht. Hier ging er zur Schule, und hier immatrikulierte er sich 1955 an der Universität. Über das Schicksal seines Vaters wusste er all diese Jahre nichts. Vater und Sohn begegneten sich erstmals im Jahre 1956. Sein Vater, *Mark Lewin*, war damals 47 Jahre alt. 26 davon hatte er im Gulag verloren, eine selbst für sowjetische Maßstäbe beeindruckende Zahl. Als Sozialdemokrat hatte sich Mark Lewin seit seiner Jugend am Widerstand gegen die *Bolschewiki* beteiligt, wurde Ende der 1920er-Jahre erstmals verhaftet. Sein Leben bestand seitdem ständig aus Verbannung und Lagerhaft. Jurij Schmidts Mutter wurde ebenfalls aus politischen Gründen verbannt. So war es dann ein sibirisches Dorf, in dem sich die Eltern des zukünftigen Anwalts Mitte der 1930er-Jahre begegneten. Glücklicherweise konnte die Mutter bald nach Leningrad zurückkehren.

Nach seiner Rückkehr nach Leningrad Mitte der 1950er Jahre prägte *Jurij Schmidts* Vater mit seinen Erfahrungen eine ganze junge Generation werdender *Dissidentinnen* und *Dissidenten* in Leningrad. *Jurij Schmidt* selbst war es nicht vergönnt, in den politischen Prozessen der späten 1960er-, der 1970er- und beginnenden 1980er-Jahre als Anwalt Andersdenkende in der Sowjetunion zu verteidigen. Der allmächtige sowjetische Geheimdienst, das *KGB*, ließ ihn, obwohl er Anwalt war, nicht zu. Es scheint, als habe das *KGB* genau gewusst, was von einem Anwalt Schmidt zu erwarten gewesen wäre.

Seinen Ruf als echter Anwalt erarbeitete sich *Jurij Schmidt* in ganz normalen, also nicht politischen Strafprozessen. Das war nicht üblich im sogenannten sowjetischen Rechtssystem. Hier war ein Anwalt meist nur Staffage, damit die Gerichtsverhandlung genannte Farce, in der über 98 Prozent der Anklagen in Verurteilungen endeten, aussah wie eine echte Verhandlung. *Jurij Schmidt* wurde als Anwalt bekannt, der, im Gegensatz zum Üblichen, für seine Mandantinnen und Mandanten das unter diesen Bedingungen Mögliche herausholt.

Mit der Perestroika dann konnte *Jurij Schmidt* sein doppeltes Talent als skrupulöser Kenner des Rechts und politischer Redner zeigen. Alle seine Fälle hatten einen politischen (Hinter-)Grund. Über zwei Fälle muss hier besonders berichtet werden, denn sie machten *Jurij Schmidt* auch über die ehemalige Sowjetunion hinaus zu einem bekannten (Menschen-)Rechtsverteidiger. Der erste ist der Fall *Nikitin*. 1996 ließ der russische Geheimdienst *FSB Alexander Nikitin* verhaften. Der ehemalige Offizier und Sicherheitskontrolleur der Atom-U-Boot-Flotte im Nordmeer hatte für die norwegische Umweltorganisation Bellona einen Bericht über Umweltgefährdungen durch abgewrackte Schiffsreaktoren erstellt. Der *FSB* ließ *Nikitin* des Geheimnisverrats anklagen. *Jurij Schmidt* gelang es nachzuweisen, dass der *FSB* Beweisdokumente gefälscht hatte und angeblich geheime Papiere erst nach der Veröffentlichung von *Nikitins* Bericht für geheim erklärt worden waren. *Alexander Nikitin* wurde 1999 freigesprochen. Das ist bis heute der einzige Freispruch bei in einem vom *FSB* vor Gericht gebrachten (angeblichen) Spionagefall.

2004 übernahm *Jurij Schmidt* die Leitung des Verteidigerteams von *Michail Chodorkowskij*, dem damals reichsten Mann Russlands, weil er davon überzeugt war, dass die Anklage auf politischen Motiven fußte. Unermüdlich wiederholte er, es handele sich nicht um einen rechtsstaatlichen Prozess. Doch *Michail Chodorkowskij* wurde zu sieben Jahren Lagerhaft verurteilt. Obwohl schon erkrankt, besuchte *Jurij Schmidt Chodorkowskij* im Lager, 7.000 Kilometer von St. Petersburg entfernt an der chinesischen Grenze in Sibirien. Er verteidigte ihn auch im zweiten Prozess, in dem seiner tiefen Überzeugung nach *Chodorkowskij* zum zweiten Mal für die gleiche, nicht begangene Tat verurteilt wurde.

Der *Chodorkowskij*-Prozess wurde zum Fall seines Lebens, zu einer sehr prinzipiellen, einer Herzensangelegenheit. In einem Gespräch 2012, bereits abgemagert und gezeichnet von seiner Krankheit, sagte mir *Jurij Schmidt*: »Ich habe *Michail Chodorkowskij* gesagt, dass ich es nicht gewohnt sei, mit dem Gefühl, eine Schuld nicht beglichen zu haben, zu sterben. Und ich habe ihm dafür gedankt, dass er mich *aufhält*. Er *hält* mich wirklich. Ich will erleben, wie er freikommt.« Leider hat sich dieser letzte Wunsch nicht erfüllt.

11. Grund

Weil es immer wieder so wunderbare warmherzige Menschen wie Aischat Magomedowa gibt

Dagestan ist die ärmste und rückständigste Region Russlands. Zwischen *Tschetschenien* im Westen und dem *Kaspischen Meer* im Osten, der *kalmückischen* Steppe im Norden und Aserbaidschan im Süden gelegen, leben hier an der Nordseite des *Hohen Kaukasus* sehr viele Menschen immer noch in großer Armut. Das trifft ganz besonders die Bergbevölkerung und dort besonders die Frauen. *Dagestan* ist, trotz seiner nur knapp drei Millionen Menschen großen Bevölkerung, selbst ein kleines Vielvölkerreich im großen Vielvölkerland Russland. Fast in jedem Tal lebt ein anderes kleines Volk, oft mit einer völlig anderen Sprache. Neben Russisch sind deshalb elf weitere Sprachen Amtssprache. Der größte Teil der Menschen in *Dagestan* sind Moslems.

Aischat Magomedowa wurde 1948 in einem kleinen Bergdorf in *Dagestan* geboren. Dort gab es damals weder Strom noch fließend Wasser. Das Wasser schleppten die Frauen. Viele Männer in *Dagestan* sind sich für solche *Frauenarbeiten* zu fein. *Aischat Magomedowa* gehörte zu den *Awaren*, der größten Bevölkerungsgruppe in *Dagestan*. 1968 wurde sie als eine der ersten Frauen in dieser sehr traditionell geprägten Gegend Ärztin. Sie spezialisierte sich in Gynäkologie und war bald im ganzen Land eine Bekanntheit. Kindern und vor allem Frauen gehörten ihr Mitgefühl und ihre Sorge. Gleich nach dem Ende der Sowjetunion, 1993, gründete sie einen kleinen Verein, die

Liga zum Schutz von Mutter und Kind. 1994 konnte sie das *dagestanische* Gesundheitsministerium davon überzeugen, ihrem Verein in *Machatschkala*, der Hauptstadt Dagestans, einen kleinen, halb verfallenen Kindergarten zu überschreiben. Mithilfe von Spenden, auch aus dem Ausland, richtete sie hier eine kleine Klinik für arme Frauen ein.

Dieses bald sogenannte *Wohltätige Krankenhaus für Frauen* machte seinem Namen alle Ehre. In dem kleinen, zweistöckigen Gebäude mitten im Stadtzentrum von *Machatschkala* wurden Frauen, vor allem aus den medizinisch schlecht oder unterversorgten Bergregionen, kostenlos behandelt. Auch juristische oder psychologische Hilfe, etwa, weil sie zu Hause misshandelt oder gar vergewaltigt wurden, konnten sie im angeschlossenen Frauenressourcenzentrum finden, das eine Art erstes (und bis heute einziges) Frauenhaus in *Dagestan* war.

Die Eröffnung der kleinen 20-Betten-Klinik fiel mit dem Beginn des ersten Tschetschenienkriegs zusammen. *Dagestan* musste mehr als 100.000 Flüchtlinge aufnehmen. *Aischat Magomedowa* stellte kleine Medizinbrigaden zusammen und besuchte die Flüchtlingslager. Ebenso unternahmen sie und ihr Team regelmäßige Visiten in entlegene Bergregionen, um dort Frauen ambulant zu behandeln. Die schwerer Kranken versuchten sie zu überreden, mit ihnen runter in die Klinik nach Machatschkala ans Ufer des *Kaspischen Meers* zu kommen. Immer mehr wuchs in *Aischat Magomedowa* mit der Zeit die Idee, nicht nur zu helfen, sondern etwas zu verändern.

Die Idee von Frauen als in allen gesellschaftlichen und politischen Sphären gleichberechtigten Menschen wird selbst von der Mehrzahl der Frauen in *Dagestan* nicht geteilt. *Aischat Magomedowas* Frauenressourcenzentrum bot Seminare zu Themen wie »häusliche Gewalt« und »Frauenrechte« an. Eine revolutionäre Arbeit im stockkonservativen *Dagestan* und von vielen, vor allem Männern, nicht gern gesehen. Es kamen ganz unterschiedliche Frauen. Aus der Stadt und vom Land. Gebildete und weniger Gebildete. Wohlhabende und Arme.

Den meisten gemeinsam war die Erfahrung, dass ihnen von *Aischat Magomedowa* und ihren MitarbeiterInnen geholfen wurde. Oder sie haben davon gehört, wie sie Verwandten, Freunden und Bekannten halfen. Die praktische Hilfe schaffte erst das Vertrauen, auch über andere Dinge zu reden. Darüber zum Beispiel, dass Ehemänner kein Recht haben, ihre Frauen und Töchter zu schlagen oder gar zu vergewaltigen. Darüber, dass auch Frauen ein Recht auf Bildung und Beruf haben. Darüber, dass Frauen selbst über ihr Leben bestimmen dürfen, ohne den Familienältesten zu fragen.

Dorthin zu gelangen war für die gläubige Muslima *Aischat Magomedowa* selbst ein weiter Weg. Ich erinnere mich noch, wie ich sie Anfang der 2000er-Jahre in Moskau bei einem Treffen im Büro der deutschen Heinrich Böll Stiftung kennenlernte. Unten auf der Straße wartete im Wagen ein männlicher Verwandter. Denn der Anstand musste gewahrt bleiben. Oben saß *Aischat* anfangs sichtlich fremdelnd im bunten Reigen von Menschenrechtlern, Ökologinnen und auch Feministinnen. Doch als sie das erste Mal zu sprechen begann, mit ihrer leisen und doch eindringlichen Stimme, ein paar widerspenstige Haarsträhnen unter das weiße, zart blumenbemusterte, von der Großmutter geerbte Tuch zurückschiebend, verstummte das übliche Getuschel. Alle hörten zu. Später wurden die Sitten lockerer. Bei aller Zurückhaltung war ihr der in Russland übliche Begrüßungskuss sogar mit einigen Männern möglich. Und vor dem Haus saß bald kein im Moskauer Winter frierender Verwandter mehr in seinem Auto.

Aischat Magomedowas Geschichte endete nicht gut. Mitte der 2000er-Jahre machte ein Immobilienboom das kleine Klinikgebäude im Stadtzentrum von *Machatschkala* sehr wertvoll. Die Behörden, denen eine so selbstständige Frau ohnehin ein Dorn im Auge war, enteigneten das Haus mithilfe der korrupten Polizei und mafiaähnlicher Schlägertruppen. Selbst politische Hilfe von der Menschenrechtsbeauftragten aus Moskau fruchtete nicht. *Aischat Magomedowa* litt sehr darunter zu sehen, wie ihr Lebenswerk zerstört wird. Im Dezember 2010 starb sie in einem Moskauer Krankenhaus an Krebs.

12. Grund

Weil es Menschen gibt, die wie ehemalige deutsche Reichspräsidenten heißen, aber nichts mit ihnen zu tun haben

Max Jefremowitsch Gindenburg hatte ein langes Leben und es schloss die Sowjetunion vollständig ein. Er wurde 1912 in einem Schtetl bei *Bobrujsk* in Weißrussland geboren. Sein Großvater war ein Rabbiner und seine Mutter allem Deutschen sehr zugewandt. Gegen den großen Widerstand ihres Vaters gab sie dem kleinen Jungen einen deutschen Namen: Max.

Die Revolutionen 1917 (erst die bürgerliche Februarrevolution und dann die bolschewistische Oktoberrevolution) befreiten die russischen Juden endgültig. Ähnlich wie in Deutschland zuvor assimilierten sich viele von ihnen, entsagten ihrer angestammten Religion und empfanden sich schlicht als Russen. Der neue sozialistische Staat versprach eine helle Zukunft, und die Befreiung schien für viele Juden ein wichtiger, wenn auch erster Schritt in diese Richtung. So auch für *Max Jefremowitsch Gindenburg*.

Der Knabe zog bald mit seinen Eltern nach Rostow am Don, auch damals schon eine große Stadt, beendete die Schule und fing an, in einer Fabrik zu arbeiten. Hier entdeckten er seine Lust am Schreiben und andere sein Talent. Er wurde erst Redakteur der Betriebszeitung, durfte sich, als Arbeiter nun privilegiert, fortbilden und machte als Journalist Karriere. Selbstverständlich war *Max Jefremowitsch*, der Jude mit dem seltsamen deutschen Nachnamen, Kommunist und stolz darauf. Schon bald stieg er zum Korrespondenten der *Komsomolskaja Prawda*, der auflagenstarken Zeitung des kommunistischen Jugendverbandes, in *Rostow am Don* auf.

Das war nun schon in den 1930er-Jahren. Stalin hatte die ganze grausame Macht. Und *Max Jefremowitsch* glaubte an ihn. Das änderte sich auch nicht, als er für die *Komsomolskaja Prawda* nach *Duschanbe* geschickt wurde. Dort, in der *Tadschikischen Sozialistischen Sowjetrepublik*, erreichte ihn der Große Terror. Noch im hohen Alter von über 90 Jahren, in seiner Moskauer Hochhauswohnung im 13. Stock, erzählte *Max Jefremowitsch* immer wieder von diesen schrecklichen 16 Monaten vom Juli 1937 bis zum Oktober 1938. Jede Nacht konnte man abgeholt werden. Entweder zur Erschießung oder in den Gulag. *Max Jefremowitsch* und seine Kollegen schliefen nur noch vollständig angezogen, eine Aktentasche mit dem Allernötigsten und einen warmen Wintermantel selbst im Sommer in Greifnähe. Im Falle des Falles hätte besonders der Mantel die Überlebenschancen in einem Straflager im Norden, in Sibirien oder in der berüchtigten *Kolyma* (Siehe Grund 24) ganz weit im *Fernen Osten* deutlich erhöht.

Eines Tages erhielt *Max Jefremowitsch* ein Telegramm aus der Moskauer Redaktion mit der Anordnung, schnellstens in die Hauptstadt zurückzukehren. Das konnte nur eines bedeuten. Nun war wohl die Reihe an ihm. Er verabschiedete sich von seiner Frau und seinen Kollegen und fuhr los. Doch das Schicksal meinte es gut mit ihm. In der Redaktion angekommen, wartete ein neuer Redakteursposten auf ihn.

In den Kriegsjahren war *Max Jefremowitsch* immer wieder darauf gefasst, wegen seines »deutschen« Nachnamens Ärger zu bekommen. Zwar klingen, besonders für russische Ohren, viele jüdische Nachnamen deutsch, aber *Gindenburg*, so wie der deutsche Reichspräsident, der Hitler zum Kanzler vorgeschlagen hatte (im Russischen gibt es keinen Buchstaben »H«), war doch noch einmal etwas anderes. *Max Jefremowitsch* hatte dazu eine kleine Geschichte. Ob sie stimmt, weiß ich nicht, aber sie hat seinen Namen wenigstens etwas erklären können.

Demnach war sein Urgroßvater im 19. Jahrhundert ein jüdischer Wanderarzt aus der schlesischen Stadt Hindenburg. Nach einer seiner beruflichen Reisen musste er nach seiner Rückkehr erfahren, dass seine Familie bei einem Brand ums Leben gekommen war. In seiner Gram verkaufte er sein übrig gebliebenes Hab und Gut und zog Richtung Osten, stets auf der Wanderung, bevor er sich nach einigen Jahren in dem schon erwähnten Schtetl nahe der weißrussischen Stadt *Bobrujsk* niederließ und eine neue Familie gründete. Die meisten Juden im damaligen Russischen Reich hatten noch keine Nachnamen. Als sie eingeführt wurden, nannte er sich nach seiner Vaterstadt »Hindenburg«.

Im Krieg war *Max Jefremowitsch* dann Frontkorrespondent. Einmal musste er einen berühmten General interviewen. Gründlich vorbereitet durfte er in des Generals Büro eintreten und stellte sich vor: *Max Jefremowitsch Gindenburg*. Der General fühlte sich veräppelt. Ein *Hindenburg* wollte ihn, der gegen die deutschen Faschisten kämpfte, interviewen? *Max Jefremowitsch* konnte den General kaum beruhigen. Er wollte einfach nicht glauben, dass dieser Kriegskorrespondent tatsächlich so hieß. Für den Rest des Kriegs nannte sich *Max Jefremowitsch* vorsichtshalber und sehr russisch *Maksim Gindin*.

Nach dem Krieg machte *Max Jefremowitsch Gindenburg* Karriere beim landesweiten Radiosender *Majak* (deutsch: Leuchtturm). Mit der Zeit veränderte sich auch sein Verhältnis zum kommunistischen Staat. *Max Jefremowitsch* blieb ein stolzer Weltkriegsveteran, der vor allem zum alljährlichen Tag des Sieges am 9. Mai all seine Orden auf die Parade trug. Später begrüßte er die Perestroika und das Ende der Sowjetunion. Alles in allem war *Max Jefremowitsch* mit seinem spektakulären, aber doch sehr typisches Leben im Russland des 20. Jahrhunderts zufrieden. Glück habe er gehabt, sehr viel Glück, sagte er bei unserer letzten Begegnung 2008, kurz vor seinem Tod.

13. Grund

Weil Alexej Balabanow so wunderbare Filme über Schmerz und Tod gemacht hat

Über Filme zu schreiben ist immer schwierig. Das gilt vor allem dann, wenn die zukünftigen Leser und Leserinnen diese Filme mit großer Wahrscheinlichkeit nicht kennen und auch kaum kennenlernen werden. Noch schwieriger ist es, über das Gesamtwerk eines Regisseurs zu schreiben. Trotzdem muss *Alexej Balabanow* in diesem Buch meiner Liebe zu Russland vorkommen, denn diese Liebe ist ohne ihn nur schwer vorstellbar.

Dabei hat mich *Balabanow* zu Beginn meiner Affäre mit dem Land gar nicht berührt. Sein bis heute berühmtester Film, sein Durchbruch vom guten Regisseur zum Kultregisseur (zum ersten und bis heute einzigen des postsowjetischen Russlands), ging damals völlig an mir vorbei. Das war 1996. Der Film hieß *Brat* (deutsch: Bruder) und erzählt die Geschichte des jungen *Danila Bagrow* aus der Provinz, der auf der Suche nach seinem Bruder in der Großstadt zum Auftragsmörder wird. In gewisser Weise ist *Bagrow* der erste nicht-sowjetische Held im nun russischen Film. Aus den versorgenden wie einengenden Fängen des Staates entlassen, muss er in der neuen, rauen Wirklichkeit seinen eigenen Weg finden, mit allen Mitteln.

Überhaupt sind *Balabanows* Helden oft Außenseiter, die am Abgrund stehen und auf der Suche nach ihrem Platz im Leben sind oder zumindest einem kleinen Glück. Dabei scheint es oft, als ob durch sie der Schmerz und die Verwirrung des ganzen Landes zu uns sprechen. Entsprechend ist der Tod in *Balabanows* Filmen allgegenwärtig. Dabei erzählt der Regisseur nie von Moral. Seine Helden leben und leiden, aber *Balabanow* richtet nicht über sie. Ja, viele von ihnen handeln nach bürgerlichen Maßstäben unmoralisch (und nach den überkommenen sowjetischen auch). Aber wahrscheinlich erwecken sie gerade deshalb Sympathie bei den Zuschauern (oder zumindest Interesse), weil die Zeiten eben so sind. Im neuen Russland kommt, zumindest vorerst, kaum jemand wirklich sauber durchs Leben. In *Balabanows* Filmen wird diese allgemeine Erfahrung zu großer Kunst verdichtet.

Nur in zwei Filmen von *Alexej Balabanow* gibt es keine Bösen. Das sind die einzigen, in denen die Helden am Ende sterben. In *Mne ne bolna* (*Es tut nicht weh*) erzählt die krebskranke Heldin nichts von ihrer Krankheit, vor allem nicht ihrem jungen Geliebten. In *Ja tosche chotschu* (*Ich will auch*), seinem letzten Film, spielt *Balabanow* sich selbst und stirbt zum Schluss. Kurz zuvor hatte der Regisseur seinen baldigen Tod vorausgesagt. Ein halbes Jahr nach der Premiere starb er bei der Arbeit an einem neuen Drehbuch an einem Herzinfarkt.

14. Grund

Wegen des Lichts in Wassilij Wereschtschagins Bildern

Die russische Malerei, wie sie heute in vielen Museen hängt, entstand im Vergleich zu ihren europäischen Nachbarn erst recht spät, im 18. Jahrhundert. Davor wurden in Russland vor allem Ikonen gemalt, streng im orthodoxen, überlieferten Stil. Wie so vieles in der Kunst, in der Musik wie in der Literatur war auch die Entwicklung der russischen Malerei, nachdem sie sich erst einmal westlichen Vorbildern angenähert und sich deren Techniken angeeignet hat, stürmisch bis phänomenal. Das war ein bisschen wie im Märchen, wo die Prinzessin oder der Prinz nur wachgeküsst zu werden brauchen, um sich sofort in ihrer ganzen Schönheit und Anmut zu entfalten, ja gar schöner und anmutiger zu werden als alle anderen Prinzessinnen und Prinzen.

Die russischen Maler (und einige wenige Malerinnen) verließen Mitte des 19. Jahrhunderts schnell ihre Ateliers, malten in der freien

Natur und besuchten Kunstakademien in München, Paris oder Florenz. Unterstützt von Mäzenen wie *Pawel Tretjakow*, formierte sich die Gruppe der *Peredwischniki*, der Wanderer. Doch bald war das Moderne diesem russischen Aufbruch nicht mehr modern genug. Sie mussten darüber hinaus gehen und auch das Moderne überwinden. Die russische Avantgarde wurde im ersten Drittel des 20. Jahrhunderts zum Vorkämpfer für die Postmoderne. Heute kennen fast alle das *Schwarze Quadrat* von *Kasimir Malewitsch* (siehe Grund 100) und die ebenfalls abstrakten Bilder von *Wassily Kandinsky*. Bilder von *Natalia Gontscharowa*, *El Lissitzky* oder *Wladimir Tatlin* hängen in allen großen Museen dieser Welt. Erst die stalinsche, schreckliche, ja auch kleinbürgerliche Sowjetunion konnte diese rasante Bewegung wieder stoppen.

Mein russischer Lieblingsmaler aber ist *Wassilij Wereschtschagin*, ein Maler noch ganz aus dem 19. Jahrhundert, aber trotzdem von unerhörter Modernität. Auch seine Bilder hängen in vielen großen Museen der Welt, vor allem aber im *Russischen Museum* in St. Petersburg und in der Moskauer *Tretjakow-Galerie*. *Wereschtschagin* wurde 1842 in eine Großbauernfamilie geboren. Seine nicht ganz armen Eltern sandten ihn schon als Achtjährigen in eine Militärschule. Später wurde er Offizier und studierte an der St. Petersburger Kunstakademie, einer eher traditionellen Lehranstalt. Mit 20 begann er viel zu reisen, in den Kaukasus, aber auch nach Westen, Frankreich und die Pyrenäen.

1867 folgte *Wereschtschagin* dem russischen General *von Kaufmann* auf einen Feldzug in die zentralasiatische Wüste nach *Turkestan*. Zurückgekehrt, malte er Bilder in beigen Wüstentönen aus dem Leben der Menschen dort. Diese Bilder haben eine Klarheit des Lichts und der Farben, die ihresgleichen sucht. Ein weiterer Krieg, der Russisch-Türkische von 1877/1878, veränderte dann *Wereschtschagins* Weltsicht und damit seine Bilder grundlegend. Der Schrecken über die Gräuel und vielen Toten dieses nun schon modernen Kriegs machten ihn zum Pazifisten. Der berühmte russische Kunstkritiker *Alexander Benua* schreibt in seiner *Geschichte der russischen Malerei des 19. Jahrhunderts*, dass die Maler vor *Wereschtschagin* »Paraden und Manöver darstellten, zwischen die ein großartiger Feldmarschall mit seiner Suite sprengte. Hier und dort, unbedingt in schönen Posen, lagen einige der allersaubersten Toten herum.« Bei *Wereschtschagin* finden sich nun oft Schlachtfelder mit Toten und Verwundeten, er zeigt Plünderungen und blutige Verbandsplätze, vom Schnee halb verwehte tote Soldaten und verstümmelte Leichen. Damit war *Wereschtschagin* der Erste, nicht nur unter den russischen Malern.

Eines seiner berühmtesten Bilder, die *Apotheose des Kriegs*, zeigt eine Pyramide aus Schädeln, die schwarze Krähen in einer sonst wüsten Gegend umfliegen. Es hängt in der *Tretjakow-Galerie* in Moskau. Auf dem Bild *Straße der Kriegsgefangenen* im *Brooklyn Museum* in New York, windet sich eine winterliche, verschneite Straße eine Anhöhe hinauf. Am Straßenrand zahlreiche Leichen. Eine Reihe kahler Telegrafenmasten und wieder die Krähen verstärken den Eindruck völliger Leere und Hoffnungslosigkeit.

Wassilij Wereschtschagin starb, wie es sich für einen Kriegsmaler, selbst einen pazifistischen, gehört, in einer Schlacht. Er befand sich an Bord des russischen Flaggschiffs *Petropawlowsk*, das 1904 während des Russisch-Japanischen Kriegs im Gelben Meer auf eine Mine lief und sank. Nur wenige Besatzungsmitglieder wurden gerettet. *Wereschtschagin* war nicht unter ihnen. Sein letztes Bild, das den russischen Kriegsrat unter Vorsitz von *Admiral Makarow* zeigt, wurde dagegen fast unbeschädigt aus dem Wasser geborgen.

15. Grund

Weil es Künstler und Gewissen wie Anna Achmatowa hervorbringt

Anna Achmatowa war schon als junge Frau eine Legende. Die hochgewachsene, schlanke Dichterin, oft mit Perlenkette, immer mit wallendem Schultertuch und im schmalen, dunklen Kleid, zog schon früh die Maler an. Ihr vielleicht berühmtestes Porträt, gemalt von *Nathan Altman*, hängt im St. Petersburger *Russischen Museum*. Später hat ihr ausdrucksvolles und zugleich geheimnisvolles Gesicht auch Maler wie *Kusma Petrov-Wodkin* oder *Amadeo Modigliani* zu Bildern inspiriert.

Geboren wurde sie als *Anna Gorenko* 1889 in *Odessa*. Aufgewachsen ist sie in der Zarenresidenzstadt *Zarskoje Selo* ein paar Dutzend Kilometer südlich von St. Petersburg. Sie lernte am gleichen Lyzeum wie der russische Nationaldichter *Alexander Puschkin*. Für ihre Dichterkarriere borgte sich *Anna Achmatowa* den Namen einer ihrer Urgroßmütter, die angeblich eine tatarische Prinzessin aus dem Geschlecht des *Khan Achmat* war.

Bereits als 20-Jährige stand sie zusammen mit ihren Dichterfreunden *Ossip Mandelstam*, *Nikolaj Gumiljow* und anderen für eine neue Bewegung, die sich *Akmeismus* nannte (von griechisch *akme*: Gipfel, Höhepunkt, Blütezeit), und die sie dem in die Jahre gekommenen Symbolismus entgegensetzten. Verwies der auf Transzendenz, konzentrierten sich die neuen Dichter auf eine sehr diesseitige Poesie der Dinge und nannten sie wieder beim Namen.

Lange aber konnte *Anna Achmatowa* nicht veröffentlichen. Schon 1922 brachte sie die neue Sowjetmacht zum Schweigen. Ein Jahr zuvor war *Nikolaj Gumiljow*, der Vater ihres einzigen Kindes, wegen der angeblichen Teilnahme an einer Verschwörung hingerichtet worden. Später in sowjetischer Zeit wurden *Anna Achmatowas* Gedichte als »bourgeois« und »gestrig« gebrandmarkt. Viele ihrer Freunde und Weggenossen gingen ins Exil. *Anna Achmatowa* blieb.

Sowohl ihr Sohn *Lew Gumiljow* als auch ihr Ehemann *Nikolai Punin* wurden in den 1930er-Jahren mehrfach verhaftet. Ihr Sohn wurde nach dem anfänglichen Todesurteil in die Verbannung geschickt und erst im April 1956, drei Jahre nach Stalins Tod, endgültig nach Hause entlassen. Insgesamt verbrachte er anderthalb Jahrzehnte in Lagerhaft. Ihr Ehemann starb 1953 im Lager. Sie selbst schilderte später, wie eine Frau in der Schlange vor dem Gefängnis, in der sie mit vielen anderen Frauen stand, um Päckchen für ihre gefangenen Söhne und Väter abzugeben, sie erkannte. Diese Frau wandte sich an *Anna Achmatowa* und fragte, sie sei doch die Dichterin und ob sie das aufschreiben könne, was ihnen hier passiere. Ja, antwortete *Anna Achmatowa*, ich kann es versuchen. Und sie tat es über mehr als zehn Jahre in ihrem berühmten *Requiem*, einem Gedichtzyklus über den stalinistischen Terror. »Ich war damals mit meinem Volk, dort, wo mein Volk, zum Unglück, war«, schrieb sie viel später in einer Art Vorwort.

Erst Anfang der 1940er-Jahre konnten wieder Verse von ihr erscheinen. Die Deutschen waren im Land eingefallen, und Stalin brauchte alle Hilfe, selbst diejenige der von ihm Verfemten. *Anna Achmatowa* trat sogar im *Leningrader* Radio auf, als die deutschen Truppen die Stadt eingeschlossen hatten. Die Blockade überlebte sie, schwer an Typhus erkrankt, in der Evakuierung im zentralasiatischen *Taschkent*. Doch schon 1946 traf sie der Bannstrahl der Zensur erneut. Erst nach Stalins Tod 1953 unter *Nikita Chruschtschow* durften ihre Gedichte wieder veröffentlicht werden. Das *Requiem* aber blieb trotz des nun einsetzenden *Tauwetters* unter Verschluss und durfte in der Sowjetunion erst 1987 erscheinen.

Anna Achmatowa, deren Denkmal in St. Petersburg am Ufer der *Newa* steht, gegenüber dem Untersuchungsgefängnis *Kresty*, in das sie damals ihre Versorgungspäckchen für Sohn und Ehemann brachte, gilt bis heute vielen neben *Marina Zwetajewa* als die Verkörperung der russischen Lyrik im 20. Jahrhundert.

16. Grund

Weil nicht alle in Russland den Kreml gesehen haben

Russland hat viele große Schriftsteller hervorgebracht. Aber nur wenige haben dafür wohl mit so vollem Körpereinsatz arbeiten müssen wie *Wenedikt Jerofejew*. Er war Hilfsarbeiter und Stauer. Er bohrte für geologische Expeditionen tiefe Löcher in die Erde und arbeitete als Wächter in einer Ausnüchterungsstation. Er schaffte auf dem Bau und grub in unterschiedlichen Städten, meist per Hand mit dem Spaten, Gräben, um Kommunikationskabel zu verlegen. Später dann begleitete er als Laborant eine Gruppe Parasitenbekämpfer nach Zentralasien und redigierte Referate von Studenten an der Moskauer Staatsuniversität. Oder er begleitete als Mann für alles eine meteorologische Expedition auf der *Kola-Halbinsel* im Norden Russlands und arbeitete als Wachmann. Und nebenher schrieb und trank er.

Wenedikt Jerofejews Werk ist nicht umfangreich. Ein paar Erzählungen, ein paar Collagen, zwei, drei Bände mit Aufzeichnungen, darunter einer, den er, wie immer auf der Grenze zwischen Ironie und Wahrhaftigkeit balancierend, *Aufzeichnungen eines Psychopaten* genannt hat. Auch sein Opus Magnum (das scheint mir eine durchaus angemessene Bezeichnung zu sein), sein Opus Magnum also, *Die Reise nach Petuschki*, ist selbst auf Deutsch gerade einmal 160 Seiten dick. Aber was für 160 Seiten. Nach diesen 160 Seiten muss man *Wenedikt Jerofejew* einfach lieben (es gibt keine Ausrede!). Und was vielleicht noch verwunderlicher ist, Russland, das ganz große Land, gleich mit.

Der lyrische Held der Erzählung ist der Autor selbst. Er nennt sich *Wenja*, die Koseform von *Wenedikt*, und ist ein Alkoholiker, wohlgebildet, nun aber abgesunken und sein Leben als Arbeiter beim Tiefbau fristend, wobei weit weniger das Arbeiten als das Trinken seinen Lebensmittelpunkt bildet (solche Leute, von denen es nicht wenig gab, wurden in der Sowjetunion *Bitsch* genannt, nach der Abkürzung für »ehemals intelligenter Mensch«, siehe Grund 33).

Wenja nun wacht am Beginn der Erzählung nach einer weiteren durchzechten Nacht irgendwo im Moskauer Stadtzentrum auf und kann sich an nichts erinnern. Nur an eines und mit dieser berühmten Sentenz, die alle in Russland kennen, beginnt die Reise: »Alle sagen: der Kreml, der Kreml. Alle haben mir von ihm erzählt, aber ich selbst habe ihn kein einziges Mal gesehen.« Auch diesmal soll es nicht für den Kreml reichen. Nach einem Schluck *Subrowka*, einem polnischen Wodka, um den Kater zumindest ein wenig zu beruhigen, macht sich *Wenja* auf dem Weg zum *Kursker* Bahnhof, um von dort mit der *Elektrischtka*, der Vorortbahn, nach *Petuschki* zu fahren. Dort, rund 140 Kilometer östlich von Moskau, warten seine Geliebte und sein dreijähriger Sohn.

Die Fahrt wird zu einem langen Monolog über Alkohol, Philosophie, Geschichte, Kultur und Politik. Von Haltestelle zu Haltestelle trinkt sich *Wenja* durch alles, was Alkohol enthält. Da gibt es Cocktails, die heißen *Silbernes Maiglöckchen* (bestehend aus dem Parfüm *Weißer Flieder*, Antifußschweißpulver, *Schiguli*-Bier und Lack auf Spiritusbasis), *Kanaanbalsam* (aus Brennspiritus, dunklem Bier, Möbelpolitur) oder, die Krönung, *Komsomolzenträne* (gemischt aus Lavendelwasser, Eisenkraut, dem Rasierwasser Fichtennadel, etwas Nagellack, dem Mundwasser *Elexier* und zum Auffüllen einem Schuss Limonade). Und immer wieder fällt der Satz: »Und ich trank unverzüglich.«

Wenja schläft ein und halluziniert von einem Sphinx-artigen Wesen ohne Beine, Schwanz und Kopf. In *Petuschki* angekommen, wird er von vier Unbekannten bis in einen Hauseingang verfolgt, die ihm mit einer Schusterahle in den Hals stechen. Alles endet mit dem Satz: »Seither bin ich nicht wieder zu Bewusstsein gekommen und werde es auch nie wieder.«

Der Erzählung, die der Autor selbst als *Poem* bezeichnet hat, ging es wie ihrem Schöpfer selbst. Sie war zu unangepasst, um einfach so ins sowjetische Leben gelassen zu werden. 1969 und 1970 geschrieben, passierte sie nicht die Zensur. Also gab *Jerofejew* das Buch im *Samisdat* heraus, im illegalen Selbstverlag. Wobei Herausgeben natürlich ein viel zu großes Wort dafür ist, dass das Werk in Handarbeit auf der Schreibmaschine mehrmals abgeschrieben wurde und dann, immer im Geheimen, von Hand zu Hand ging. Über verschlungene Wege gelangte die Erzählung, von der damals wohl kaum schon jemand wusste, dass es sich um Russland-lieben-Literatur handelte, aber auch ins Ausland und wurde 1973 in der riesigen Auflage von 300 Exemplaren in Israel gedruckt. Vier Jahre später, ein wenig Ruhm hatte sich schon eingestellt, waren es dann schon ein paar Exemplare mehr. Erst ganz am Ende der Sowjetunion, ab 1989, konnte *Die Reise nach Petuschki* erstmals ganz offiziell erscheinen. Die Auflage erreichte binnen eines Jahres Millionenhöhe. *Wenedikt Jerofejew* war zu diesem Zeitpunkt schon schwer an Luftröhrenkrebs erkrankt und starb 1990 im Alter von nur 52 Jahren.

Kapitel 3

Regionen und Völker

17. Grund

Weil es Leute gibt,
die auf Rentieren reiten

Wahrscheinlich kennt niemand der Leserinnen und Leser dieses Buchs die *Tofalaren*. Das ist keine Schande. Selbst viele Menschen in Russland tun sich schwer, wenn sie danach gefragt werden. Dabei sind die *Tofalaren* ein ganzes Volk, wenn auch ein sehr kleines. Eine 1996 herausgegeben *Enzyklopädie der Völker Russlands* verzeichnet 750 *Tofalaren*. Der *Jefron-Brockhaus*, ein, nein *das* 84-bändige russische Enzyklopädische Lexikon, herausgegeben von 1878 bis 1906 sprach noch von 1.200. Wie kann ein so kleines Volk überleben? Wo lebt es überhaupt? Und wovon?

Tofalarien, das Land der *Tofalaren* liegt an der Nordseite des *Sajan*. Auch der *Sajan* ist in Deutschland weitgehend unbekannt. Dabei ist das ein großes Gebirge, etwa so groß wie die Alpen und auch fast so hoch. Der *Sajan* trennt Sibirien von der mongolischen Steppe. Hier also, auf der sibirischen Seite, leben die *Tofalaren* auf einer Fläche etwa so groß wie Rheinland-Pfalz. Drei Dörfer gibt es in diesem Gebiet, alle in einer Höhe von mehr als 1.000 Metern. Der Rest ist leer. Oder besser, er ist menschenleer. Denn Tiere gibt es zur Genüge.

Tofalarien ist nicht nur leer. Es ist auch schwer zu erreichen. Keine befestigten Straßen führen in das kleine Land in den Bergen. Nur Pisten, und die auch nur im Winter, wenn die Flussfurten zugefroren sind. Ein paar Hängebrücken gibt es, aber die sind nur zu Fuß zu überqueren. Um im Sommer in eines der drei Dörfer zu gelangen, muss man entweder wandern, reiten oder fliegen. Der Ausgangspunkt ist die kleine Kreisstadt *Nischneudinsk*, eine Haltestelle an der *Transsibirischen Eisenbahn*, etwa in der Mitte zwischen den sibirischen Metropolen *Krasnojarsk* und *Irkutsk* gelegen. *Krasnojarsk* liegt rund 5.000 Kilometer östlich von Moskau, bis *Irkutsk* sind es gut 6.000 Kilometer – Luftweg.

Von *Nischneudinsk* aus braucht man zu Fuß eine gute Woche bis nach *Werchnaja Gutara*, dem nächstgelegenen Dorf, das auf etwa 1.000 Meter Höhe liegt. Es geht aber auch schneller und bequemer. Vom kleinen Flughafen in *Nischneudinsk* ist es eine knappe Stunde mit dem Hubschrauber oder rund 80 Minuten mit der *AN-2*, einem sowjetischen Doppeldecker. Es gibt sogar einen regelmäßigen Flugbetrieb. Immer mittwochs fliegt der Einpropellerflieger hoch in die Berge und wieder zurück. Natürlich nur so es das Wetter zulässt. In *Werchnaja Gutara* wartet eine etwa 500 Meter lange Wiese, hier Flugplatz genannt. Normalerweise kann eine AN-2 neben dem Piloten bis zu zwölf Passagiere mitnehmen. Das gilt in diesem Fall aber nur für den Flug in die Berge. Zurück ist die Passagierzahl auf sieben begrenzt, sonst käme das kleine Flugzeug nach nur 500 Metern Anlauf nicht über die umliegenden Berge.

Das kleine Volk lebte bis in die ersten Jahrzehnte des 20. Jahrhunderts hinein als Nomaden. Sie hüteten ihre Rentierherden und gingen auf die Jagd. Gelebt wurde sommers wie winters in Jurten. Ihrer Überlieferung nach stammen sie von rückgewanderten Nomaden aus Nordamerika ab. Hinweise darauf liefern genetische Untersuchungen und ihre Sprache, die mongolische, turksprachige und russische Einflüsse aufweist. Eine Besonderheit der *Tofalaren* selbst unter sibirischen Rentierhaltern ist, dass sie auf diesen Tieren auch reiten. Als Grund nennen sie den tiefen, oft verharschten Schnee, in dem Pferde einbrechen und sich ihre Beine verletzen würden, während die vielen kleineren und damit leichteren Rentiere mit ihren breiten Hufen über die Schneedecke zu laufen in der Lage sind. Rentierschlitten, wie sie in der *Tundra* im hohen Norden von anderen Nomadenvölkern in Russland benutzt werden, sind in den *Sajan*-Bergen nur sehr begrenzt einsetzbar.

Ich hatte vor vielen Jahren die Gelegenheit, mit einem *Tofalaren* und seiner Familie von *Werchnaja Gutara* aus in die Berge zu wandern. *Boris Nikolajewitsch Bolchojew*, wie er russifiziert genannt wurde, war Anfang der 1930er-Jahre noch in einer Jurte zur Welt gekommen. Er war damals das 13. Kind seiner Eltern. Von seinen Geschwistern lebte bei seiner Geburt aber nur noch der älteste, schon über 20 Jahre alte Bruder. Alle anderen Schwestern und Brüder waren bei einer Impfaktion der Sowjetmacht ums Leben gekommen. Zentral von Moskau war der Befehl ausgegangen, alle Kinder des riesigen Reiches gegen Windpocken zu impfen. Im europäischen Teil der Sowjetunion ging das auch gut, doch viele der autochthonen Völker im Norden und in Sibirien waren mit den Viren nie in Berührung gekommen.

Wir zogen also mit *Boris Nikolajewitsch*, seiner Frau, seiner Tochter, zwei Enkelkindern und ein paar Freunden in die Berge. Abends schlugen wir eine Jurte auf und zündeten ein Lagerfeuer an. Nach dem Essen begann *Boris Nikolajewitsch* zu erzählen, wie das Leben war, bevor die *Tofalaren* zur Sesshaftigkeit gezwungen wurden. Er erzählte vom *Schatun*, das ist ein Bär, der beim Winterschlaf gestört wurde und dieser Störung wegen besonders übellaunig und also gefährlich ist. Und von der Jagd auf *Marale*, eine sibirische Hirschart. Dazu schnitzte er eine kleine Pfeife, mit der geübte Jäger das Jammern eines *Maraljungen* nachahmen können, um die Mutter herbeizulocken.

Kurz, *Boris Nikolajewitsch* entführte uns in eine verschwundene Welt. Heute leben die *Tofalaren* in festen Häusern, woran sie sich sehr schwer und nur unter Zwang gewöhnten. *Boris Nikolajewitsch* erzählte, wie anfangs alle zwar pro forma in die Häuser einzogen, dann aber im Garten ihre Jurten aufstellten und dort lebten und schliefen. Die *Tofalaren* arbeiten nun als Lehrer, Handwerker oder, immerhin auch noch, Rentierzüchter. Zu Zeiten der Sowjetunion gab es eine Nerzzuchtfarm.

Leider ist die Zahl der Alkoholiker heute groß, wie bei vielen sibirischen oder nördlichen Völkern. Es gibt viele Mischehen zwischen *Tofalaren* und Nicht-*Tofalaren*. Ob dieses kleine Volk überlebt, ist also nicht sicher. Andererseits, so versichern es jedenfalls die Bewohner von *Werchnaja Gutara*, habe es auch früher immer viele

Mischehen gegeben. Ein so kleines Volk wie die *Tofalaren* wäre sonst über kurz oder lang an Inzucht eingegangen. Und wenn man sich die Zahlen über die Jahrhunderte so anschaut, gab es nur selten mehr *Tofalaren* als heute. Noch also stehen die *Tofalaren* in der *Enzyklopädie der Völker Russlands*, wenn auch als das kleinste Volk.

18. Grund

Weil es zwei Hauptstädte hat

Russland hat zwei Hauptstädte. Einmal Moskau, die offizielle Hauptstadt, und dann St. Petersburg, inoffiziell auch von Offiziellen oft die *nördliche Hauptstadt* genannt. Moskau ist das Zentrum des Landes. St. Petersburg die Hauptstadt der Herzen (so sie keine Moskauer Herzen sind). Die Rivalität der beiden Hauptstädte ist legendär.

Wobei mir die meisten Moskauer sofort widersprechen würden. Im Gegenteil, würden sie sagen. Moskau ist Herz und Seele des Landes, eine vielleicht chaotische, aber eben natürlich gewachsene Stadt. Auch, trotz des 70 Jahre verordneten Sowjetatheismus und seiner Abrissbagger, immer noch die Stadt der 40 mal 40 Kirchen. In St. Petersburg dagegen ist alles Kopf. Eine Stadt, von einem Mann ausgedacht. Alles geplant. Rechtwinkelige Straßenzüge überall, nur durchbrochen durch die *Newa* und ihre Ufer. Und dort, wo es mal nicht rechtwinklig zugeht, fände man 45-Grad-Winkel. Beim Wort »Moskau« gingen den Menschen in Russland die Herzen auf, während St. Petersburg höchstens das Interesse von Touristen erwecke. St. Petersburger hingegen halten Moskauer für zurückgebliebene Bauern und Händler. Unkultiviert, hinterwäldlerisch, ja asiatisch. St. Petersburg dagegen ist Russlands *Fenster nach Europa* (sprich heute: in die Welt).

Vor der Revolution war die nördlichere der beiden Städte zwar die Hauptstadt. Hier residierte und regierte der Zar. Hier war alles prächtiger und bedeutender. Hier kam die (vorwiegend europäische) Welt nach Russland. Aber Moskaus Abstand war so groß nicht. Die Einwohnerzahlen von knapp zwei Millionen in Moskau und gut zwei Millionen in St. Petersburg (und damit beide unter den größten Städten jener Zeit) lagen nicht allzu weit auseinander. St. Petersburg war zwar die größere Industriestadt, aber über Moskau lief mehr Handel. Außerdem wurde der Zar in Moskau, im Kreml, gekrönt. Von hierher kam seine Legitimität.

Nach der Revolution und dem Rückumzug der Regierung nach Moskau änderte sich das schnell. Heute hat Moskau St. Petersburg in allen Kategorien weit hinter sich gelassen: Es ist dreimal so groß, viel, viel reicher und unvergleichlich mächtiger. Wer heute etwas werden will in Russland, muss nach Moskau gehen. Das beherzigen selbst die St. Petersburger – und zwar mit überragendem Erfolg. Der Präsident kommt aus St. Petersburg und ganz viele seiner engsten Mitarbeiter und Mitstreiter mit ihm. *Piter*, wie St. Petersburg kurz und ein wenig zärtlich auf Russisch und vor allem von den St. Petersburgern selber genannt wird. Und *Piterzy*, also »diejenigen aus St. Petersburg«, werden all die Leute genannt, die mit und unter Putin die rund 700 Kilometer nach Südosten gekommen sind und viele Schlüsselpositionen in der Staatsspitze und wichtigen Staatskonzernen wie *Gasprom* und *Rosneft* einnehmen.

Alles klar also? Nicht ganz. Wie so oft, zeugt die Rivalität der beiden Hauptstädte davon, dass eigentlich nur zusammen etwas Ganzes daraus wird. Ohne die jeweils andere ist die russische Geschichte unvollständig. Das ist selbst in den Stadtbildern zu sehen. Moskau fehlen fast völlig Macht und Staat repräsentierende Bauten aus dem 18. und 19. Jahrhundert. Es gibt die wenigen architektonischen Überbleibsel aus der Zeit vor Peter dem Großen, also die Kirchen im Kreml und ein paar ganz wenige Kirchen außerhalb der Zitadelle. Da hat natürlich auch der große, von Napoleon gelegte Brand 1812 mitgeholfen. Das konnte er aber nur, weil das alte Moskau immer noch fast ausschließlich aus Holz gebaut war, zu einer Zeit, in der

St. Petersburg weithin schon im weichen Licht des ockerfarbenen Sandsteins leuchtete. Im später Stein und Stahl gewordenen Stadtbild fehlen einfach Staatsbauten des 18. und des 19. Jahrhunderts mit wenigen Ausnahmen wie dem 1856 eröffneten Bolschoi-Theater. Kirchen, wie die *Christ-Erlöser Kathedrale* sind natürlich erneut ausgenommen.

Umgekehrt in St. Petersburg. Der größte Teil der Bauten und die Stadtstruktur entstanden innerhalb eines Jahrhunderts, etwa zwischen 1750 und 1850. Gegründet hatte Peter der Große die Stadt ja erst 1703 im sumpfigen Mündungsdelta der *Newa* in den Finnischen Meerbusen. Bald darauf wuchs vor allem die Arbeiterstadt mit ihren Fabriken und Werkstätten und Wohnungen.

Während dann nach der Revolution, in Sowjetzeiten, in Moskau ganze Stadtviertel großen Einfallstraßen mit repräsentativen Bauten des neuen Staates weichen mussten, mit den sieben Stalinhochhäusern eine ganz neue visuelle Stadtstruktur geschaffen wurde oder die Prachtstraße *Twerskaja* verbreitert und einige der anliegenden Häuser, eine damals gewaltige Ingenieursleistung, einfach hydraulisch angehoben und verschoben wurden, blieb St. Petersburg, seit 1924, dem Tod des Sowjetführers, *Leningrad* genannt, weitgehend unberührt. Bis heute ist die 1858 fertiggestellte *Isaakskathedrale* das höchste Bauwerk im Stadtzentrum, von deren Galerie aus man einen wunderbaren Rundblick hat.

Später, nach der schrecklichen, 900 Tage dauernden Blockade durch deutsche Truppen im Zweiten Weltkrieg, bei der mehr als eine Million Menschen umkamen (die meisten verhungerten), wurde Leningrad wie sein Namensgeber geradezu mumifiziert. Niemand wagte es, an dieser nun doppelt mythischen Stadt zu rühren.

19. Grund

Weil Moskau keine Stadt zum Lieben ist

Moskau glaubt den Tränen nicht, sagt ein altes Sprichwort. So herzlos, ja geradezu grausam ist Moskau. Ich habe mich dagegen gewappnet, indem ich Moskau nicht glaube, schon gar nicht seine Tränen. Es ist schon eine seltsame Sache. Da lebe ich in dieser Stadt nun schon länger, als ich je an einem anderen Ort gelebt habe. Aber eine Liebe ist daraus nicht geworden. Ich behaupte sogar, dass man Moskau gar nicht lieben kann. Dazu ist die Stadt viel zu groß, zu laut, zu aufdringlich, zu aggressiv. Vor allem aber ändert sie sich zu schnell. Das ist spannend, mitunter aufregend, sicher ermüdend. Liebe kommt da nicht mit.

Wohl keine europäische Stadt hat sich in den vergangenen zwei Jahrzehnten so verändert wie Moskau. Aus einer grauen Masse wurde eine bunte Masse. Fiel einem aus dem Westen kommenden Besucher in den 1990er-Jahren vor allem die farbliche Eintönigkeit auf, so springen einen die Farben jetzt förmlich an. Vor lauter Reklameschildern und bunt-schreienden Leuchtbannern sind die unzähligen Verkehrsschilder und Ampeln schon längst kaum zu sehen. Überhaupt der Autoverkehr. Die Stadt erstickt an ihm und seinen Abgasen. Gab es noch 1990 rund 800.000 in Moskau angemeldete Autos, waren es 2015 schon knapp fünf Millionen. Gemessen an der Anzahl der Autos pro Kilometer Straße hat Moskau inzwischen die größte Autodichte der Welt. Im täglichen Megastau erzeugt die Beschleunigung den eigenen Stillstand.

Aus den knapp 10 Millionen zu Ende der 1980er-Jahre werden vielleicht bald 20 Millionen geworden sein. Alles in Moskau hat sich beschleunigt. Zwar war das Leben auch früher schon schneller als anderswo, gab es mehr Theater, Kinos und Konzerte. Aber all das hat sich noch einmal vervielfacht. Hinzu gekommen sind Tausende Cafés und Restaurants. Und die ändern sich ständig, machen auf und wieder zu. Kaum hat man sich daran gewöhnt, hat auch schon der Besitzer gewechselt. Oder dem alten Wirt gefällt das Konzept nicht mehr. Es folgt ein anderes *Projekt,* wie das im neurussischen PR-Slang jetzt heißt.

Ich spreche aus eigener Erfahrung und Trauer. Mein Lieblingsrestaurant gleich um die Ecke hat binnen weniger Jahre dreimal zu- und wieder aufgemacht. Jedes Mal das Gleiche. Abtasten, Verlieben, Gewöhnung – und dann ein plötzliches Ableben. Die Türen verrammelt, die Fenster mit Papier zugeklebt. Ein lieblos getipptes A4-Blatt von innen an die Scheibe geklebt, dass, meist *aus technischen Gründen,* nun Pause sei. Wer will sich da noch verlieben, wenn der Schmerz vorprogrammiert ist?

Mit allem anderen ist es ebenso. Gerade hat ein guter Supermarkt aufgemacht, ein Blumenladen, ein Schlüsseldienst, ein Hauswarenladen (das deutsche Konzept der Drogerie hat es noch nicht wirklich nach Moskau geschafft), schon ist er wieder zu, zwei Straßen weitergezogen oder ganz verschwunden. Nur Apotheken gibt es an jeder Ecke. Ach was schreibe ich: an jeder Ecke zwei. Und, das soll auch nicht verschwiegen werden, riesige Einkaufszentren, 24 Stunden am Tag geöffnet, aber meist nur mit dem Auto zu erreichen. Wegen der Staus empfiehlt es sich ohnehin, sehr spät am Abend oder gleich in der Nacht zum Einkaufen zu fahren. Da stört nur, dass der Alkoholverkauf nach 23 Uhr und bis zum Morgen verboten ist.

Und noch etwas ist der Moskauer Beschleunigung zum Opfer gefallen: der Stil, der Moskauer Stil. Es gibt zwar noch ein paar der typischen Straßenzüge mit zweistöckigen Stadthäusern, wie im Stadtteil *Samoskwaretschije,* gegenüber dem Kreml am anderen Moskwaufer. Und auch rund 100 der einst der Überlieferung nach 40 mal 40 Moskauer Kirchen findet man noch, meist unerwartet hinter einer Ecke in einem der Hinterhöfe. Selbst spätere Zeiten haben ihren Stil hinterlassen. Was immer man von Stalin halten mag, die *sieben Schwestern* genannten Hochhäuser im Zuckerbäckerstil haben die Stadt einst geordnet, ihr ein Gesicht gegeben. Ein ganz klein wenig ist das beim Blick von der Aussichtsplattform auf den *Sperlingsbergen* noch zu erahnen.

Überhaupt ist die Stadt sehr übersichtlich aufgebaut. Wie konzentrische Kreise ziehen sich Straßenringe um den Kreml, immer weiter ausgreifend. Und von ihnen ausgehend schießen die großen Ausfallstraßen wie Pfeile in alle Himmelsrichtungen. Man muss dann nur 15, 20, mitunter auch ein paar mehr Kilometer geradeaus fahren, um aus der Stadt zu gelangen. Aber dazwischen drängen sich nun wie Pickel allerorten moderne, gesichtslose Hochhäuser. Wobei die gesichtslosen wahrscheinlich noch die harmlosesten sind. Viel schlimmer ist eine weit verbreitete krude architektonische Mischung aus imperialer Möchtegerngröße und fast schon klebrig süßen Türmchen und Erkerchen. Die Kulmination dieser optischen Verschandelung ist die sogenannte *Moskwa-City*, nur ein wenig abseits der Innenstadt. New York war wohl das Vorbild. Aber mehr als Frankfurt ist nicht dabei herausgekommen.

Nur eine Jahreszeit ist imstande, mit all dem zu versöhnen, der Winter. In den leider immer seltener werdenden Tagen starken Frosts und echten Schneefalls scheint die Stadt zur Ruhe zu kommen. Der Schnee dämpft alle Geräusche. Ein paar Tage überdeckt er strahlend weiß alles Dreckige, aber auch alles schreiend Bunte. Die Autos fahren langsamer, und weniger trauen sich in die Stadt. Dann, und nur dann, kommt es mir vor, als könne man Moskau doch lieben.

20. Grund

Weil die Tschuktschen mit Stolz und Würde die russischen Ostfriesen sind

Wenn man von Moskau aus immer weiter nach Osten fliegt, über den *Ural* und ganz *Sibirien* hinweg, *Wladiwostok* rechts unten liegen lässt, dann kommt man irgendwann nach *Anadyr*. Hier, östlicher als Japan, etwa auf einem Längengrad mit Hawaii und in Sichtweite von Alaska leben im ewigen Eis und bei 10 Monaten Winter im Jahr die *Tschuktschen*. Es gibt nicht sehr viele von ihnen, der letzten Volkszählung nach knapp 13.000, aber sie haben sich als Rentierzüchter und Kräutersammler seit Jahrtausenden perfekt an dieses raue Klima angepasst. Auch vor 80 Jahren lebte etwa die gleiche Zahl von *Tschuktschen* auf der nach ihnen benannten Halbinsel an der Beringstraße, die hier Asien von Amerika trennt.

Dass dies hier *Tschuktschenland* ist und wohl auch bleiben wird, zeigt schon die Bevölkerungsentwicklung. 1939 lebten in *Tschukotka*, wie die Halbinsel genannt wird, gut 5.000 Russen. Dann begann die Sowjetunion hier Bodenschätze auszubeuten, vor allem Gold zu suchen und auch zu finden. Die Zahl der Russen stieg bis 1989 auf über 120.000, die der *Tschuktschen*, die sich, davon unbeeindruckt, weiter ihren Rentieren und Kräutern widmeten, blieb die ganze Zeit mehr oder weniger gleich. Heute, nachdem große Teile der Bergbauindustrie unrentabel geworden sind, leben noch rund 25.000 Russen hier, also viel weniger als noch vor 30 Jahren.

Weil *Tschukotka* so weit weg liegt, sind die Russen relativ spät hierhergekommen. Eine erste zaristische Expedition erreichte die Halbinsel Mitte des 17. Jahrhunderts. Erst seit Anfang des 19. Jahrhunderts gilt *Tschukotka* offiziell als Teil Russlands. Die *Tschuktschen* wehrten sich auch stärker als andere sibirische Völker gegen die Eroberung. Vom übrigen Russland ist die Halbinsel bis heute nur per Flugzeug oder Schiff zu erreichen.

Vielleicht sind die *Tschuktschen* deshalb zu den russischen Ostfriesen geworden. Jeder im Land kennt *Tschuktschenwitze*. Und wer schon einmal Ostfriesenwitze gehört hat (und wer hat das nicht?), kennt auch die *Tschuktschenwitze*. Immer sind die *Tschuktschen* ein wenig zurückgeblieben. Immer nehmen sie alles wörtlich, auch wenn es im übertragenen Sinn gemeint ist. Immer sind *Tschuktschenwitze* ein wenig rassistisch. Aber als Enkel einer Ostfriesin, zu deren Lieblingsbeschäftigungen das Erzählen von Ostfriesenwitzen gehörte, nehme ich es mir hier heraus, meinen *Lieblingstschuktschenwitz* zu erzählen.

Ein *Tschuktsche* will in Moskau ins *Maxim-Gorki-Literaturinstitut* aufgenommen werden. Bei der Aufnahmeprüfung wird er gefragt, ob er denn *Puschkin* gelesen habe. Der *Tschuktsche* verneint. Und *Dostojewskij*? Wieder nein. Aber dann doch zumindest *Tolstoi*? Erneut schüttelt der Tschuktsche den Kopf. Die Prüfer sind ratlos. Wie er sich denn das vorstelle, ohne Lektüre Literatur zu studieren, wird der Prüfling gefragt. Der antwortet mit einem leisen, listigen Lächeln, er sei halt kein Leser, sondern ein Schriftsteller.

Zumindest ein Schriftsteller aus *Tschukotka* hat es sogar zu internationalem Ruhm gebracht. *Juri Rytcheu* wurde 1930 in *Uelen* geboren, einem kleinen Dorf ganz an der Ostspitze von *Tschukotka*. Er profitierte in der Sowjetunion von der Förderung sogenannter »Nationalliteraturen«. Aber im Gegensatz zu einigen anderen hatte er wirklich großes schriftstellerisches Talent. Anfangs hielt er sich an die Normen des sogenannten *sozialistischen Realismus*. Später dann, ab der Perestroika, änderte sich der Tonfall seiner Werke. Schamanen wurden zu positiven Helden, und *Rytcheu* übte offene Kritik an der Behandlung der indigenen Völker auch in Russland und nannte sie einen *stillen Genozid*. Seine Werke, die er auf Russisch und auf *Tschuktschisch* geschrieben hat, sind übersetzt worden, davon viele auch ins Deutsche. Er starb 2008 in St. Petersburg und wird wohl lange der berühmteste aller *Tschuktschen* bleiben.

21. Grund

Weil hier fast unmerklich jede Menge Tataren leben

Es gibt im Russischen eine Redensart, die nicht sehr freundlich den *Tataren* gegenüber ist: *Ein ungebetener Gast ist schlimmer als ein Tatare*. Also so ziemlich das Schlimmste, was sich vorstellen lässt. Das geht auf eine Zeit zurück, in der *Tataren*, also die Mongolen *Tschingis Khans* und ihre Nachfolgerhorden, in die Gegenden, die heute Zentralrussland sind, eingedrungen waren und sich die russischen Städte und Fürstentümer tributpflichtig gemacht hatten.

Diese 200 Jahre etwa von der Mitte des 13. bis zur Mitte des 15. Jahrhunderts werden in Russland meist als das *Tatarenjoch* bezeichnet. Erst das aufstrebende Moskau unter *Dmitrij Donskoj* leitete eine Wende ein. *Donskoj* wurde in der Folge *Großfürst von ganz Russland* und Moskau begann seinen Aufstieg zum Zentrum Russlands. 1552 dann drehte *Zar Iwan IV.*, genannt *der Schreckliche*, den Spieß um und eroberte *Kasan*, die Hauptstadt der *Goldenen Horde*. Seither ist *Tatarstan* ein Teil Russlands.

Im Russischen Imperium wurde spätestens ab dem 18. Jahrhundert eine für jene Zeit sehr fortschrittliche Nationalitätenpolitik betrieben. Die Eliten nationaler Minderheiten, die schon vor der Einverleibung ins Imperium eine eigene Staatlichkeit hatten, wurden zu recht großzügigen Bedingungen in die Elite Russlands aufgenommen. Früher *tatarische* Adlige konnten so zu nun russischen Adligen tatarischer Herkunft werden. Da das *Russische Imperium* ein zutiefst christliches Land war, die *Tataren* aber Moslems, wurde es zwar gern gesehen, wenn sie konvertierten. Aber das war über lange Zeiten keine Bedingung. In der Hauptstadt St. Petersburg wurde eine große, quasi imperiale Moschee gebaut, die immer noch zu den größten Sehenswürdigkeiten der Stadt gehört.

Heute kann man sagen, dass die *tatarische* Hauptstadt *Kasan*, an der *Wolga*, dem russischsten aller Flüsse, gelegen, vielleicht noch mehr als Moskau im Herzen Russlands liegt. Und im Herzen *Kasans* gibt es einen beeindruckenden Kreml. Nicht ganz so groß wie der Moskauer. Dafür steht in ihm nicht nur eine christliche Kathedrale, sondern auch eine Moschee.

Die *Tataren* gehören zu diesem Herzen Russlands. Als größte nationale Minderheit in Russland haben sie zwar eine eigene kleine Republik, sind ansonsten aber so assimiliert, dass sie im Alltagsleben erst auffallen, wenn man ihre Namen hört. *Tataren* sind die Fremden in Russland, die so wenig fremd sind, dass sie kaum jemand bemerkt.

22. Grund

Weil St. Petersburg Russlands Wunder und Wunde ist

St. Petersburg ist ein Wunder. Und eine Wunde. Eine Stadt, entstanden aus dem Willen eines Menschen. Sie steht am Anfang des *Russischen Imperiums*. Mit ihrer Gründung wagte *Peter der Große* einen Neustart Russlands. Zum einen den Bruch mit dem alten, in vielem noch mittelalterlichen und durch die *Zeit der Wirren* am Ende des 16. Jahrhunderts geschwächten Russland. Die *Bojaren*, die mächtigen Adligen am Moskauer Hof, mussten buchstäblich *ihre alten Bärte anschneiden* und einen Großteil ihrer Macht abgeben. Künftig entschied der Zar, und nur der Zar. Die neue Stadt an der Mündung der *Newa* symbolisierte diesen Neuanfang.

Dann ist die Gründung aber auch eine Landnahme. Nach dem Sieg über die Schweden (damals eine europäische Großmacht) bei *Poltawa* setzte sich *Peters* Russland an der Ostsee fest. Die neue Hauptstadt zeigte, dass das nicht nur vorübergehend sein sollte. Die Russen waren gekommen, um zu bleiben. Und zum Dritten steht St. Petersburg dafür, dass Russland ein europäisches Land ist. Oder mit den Worten *Alexander Puschkins*, Russlands *Fenster nach Europa*. Französische, italienische und Schweizer Architekten wurden gerufen, dieses Europasein auch in Stein zu errichten. Und wie sie das taten.

Im Sumpf des *Newadeltas* entstand, vor allem zwischen der Mitte des 18. und der Mitte des 19. Jahrhunderts, ein einzigartiges Ensemble, ein Venedig des Nordens, wie viele schwärmen. Dabei braucht St. Petersburg diese vermeintliche Erhöhung durch Vergleich gar nicht. Die Metropole ist, wenn man so will, die erste moderne europäische Großstadt. Sie hat sich nicht aus mittelalterlicher Enge und Gewirr heraushäuten müssen. Sie wurde harmonisch geplant, gleichzeitig geometrisch und doch an die Landschaft, vor allem die vielen Arme des *Newadeltas* angepasst.

Ähnliches gilt für die architektonischen Stile. Es sind viele, die in der kurzen Zeit zusammengekommen sind. Die wichtigsten sind Barock, Klassizismus, Empire, Eklektizismus, Jugendstil und Konstruktivismus. Was sie aber alle verbindet sind die Farben. St. Petersburg ist, ganz im Gegensatz zur Kälte des Nordens, eine Stadt des warmen Lichts. Ganz wunderbar schimmert es in den Weißen Nächten um die Sommersonnenwende, wenn die Sonne nachts nur ganz kurz hinter dem Horizont verschwindet. Die Sonne steht abends fast waagerecht am Horizont und taucht den Hauptboulevard *Newskij Prospekt* in solch einen rötlich-weichen Schimmer, dass die Zeit stehen zu bleiben scheint. Aber nur ein paar Minuten, dann ist die Sonne verschwunden, und das Wunder wiederholte sich erst am nächsten Abend.

Das Wunder St. Petersburg kennen alle. Die Wunde ist weniger bekannt und wird, auch in Russland, gern vergessen. *Lew Kopelew*, der sowjetische Dissident und deutsche Demokrat, der lange so etwas wie das gute Gesicht Russlands für die Deutschen war, nannte die Regierungszeit *Peters des Großen* eine humanitäre Katastrophe. Etwa ein Drittel aller russischen Männer starben während seiner langen, fast 40-jährigen Herrschaft von 1682 bis 1721. Gar nicht einmal die meisten kamen in den zahlreichen Kriegen um, die *Peter* führte (und meist gewann). Der Blutzoll war besonders beim Bau von St. Petersburgs groß. Die Stadt aus dem Nichts oder besser aus dem Nirgendwo musste einer widerspenstigen Natur mit gerade übermenschlicher Kraft abgerungen werden. Kein Wunder, dass Malaria, Erschöpfung und Unfälle Tausende und Abertausende nur so dahinrafften. *Peter* war, da waren sich schon seine Zeitgenossen einig, wirklich ein Großer (und nicht nur wegen seiner Körpergröße von knapp zwei Metern). Er war auch in seiner Unerbittlichkeit groß.

Das klingt noch bei einem der großen Beschreiber von St. Petersburg, bei *Fjodor Dostojewskij,* nach. In seinem Roman *Der Jüngling* beschreibt der Icherzähler, wie er an einem Petersburger Morgen, der einem *faulenden, feuchten, nebligen und wilden Traum* eines Helden einer Puschkin-Erzählung gleicht, mit der Wunschfantasie aufwacht, ob denn, *wenn dieser Nebel aufliegt, sich nicht mit ihm auch diese ganze faule, schleimige Stadt aufrichtet und wie Rauch verschwindet, und es bleibt der ursprüngliche, finnische Sumpf, und mitten in ihm, wohl zur Zier, der eherne Reiter auf seinem heiß atmenden, gejagten Pferd.*

Verschwinden lassen wollten Leningrad, wie St. Petersburg seit 1924 hieß, die deutschen Invasoren im Zweiten Weltkrieg, wenn auch aus ganz anderen, unendlich niedereren Gründen. Sie hielten die Stadt für 900 Tage in einer Blockade gefangen und versuchten sie auszuhungern. Fast wäre dieser Teufelsplan aufgegangen. Mehr als eine Million Leningrader kamen um, die meisten verhungerten.

Die wunderbare und verwundete Stadt hat sich wieder aufgerappelt. Sie steht da, wo Peter der Große sie haben wollte. Sie erfüllt ihre Aufgabe. Dies ist Russland, sagt sie. Ein schönes Russland. Ein Versprechen.

23. Grund

Weil es Völker gibt, die gibt's gar nicht

Auch in Russland wird von Zeit zu Zeit das Volk gezählt. Regierungen wollen halt wissen, wie viele Menschen in ihrem Land leben, wo und was das für Menschen sind. Man kann sie verstehen, hängen doch viele Planungen davon ab. Wie viele Schulen und Lehrer brauchen wir? Reichen Wasser- und Stromversorgung? Wie sieht es mit den Wohnungen und den Straßen aus? Die meisten Menschen in Russland finden das auch in Ordnung.

Andererseits kennen sie ihren Staat. Er ist nicht immer freundlich. Und dort, wo es geht, hält man Abstand. Der Staat, in Russland ohnehin vielwissend, muss nicht alles wissen, finden viele Russen. Direkter Widerstand ist nicht so das Ding vieler Menschen. Da unterscheidet sich Russland nicht sehr von den meisten anderen Ländern. Wenn der Staat also fragt und er es nicht ohnehin schon weiß, ziehen daher manche Russen vor, mundfaul zu antworten, ausweichend, mitunter auch falsch.

Doch was nutzen einem Staat Volkszählungsdaten, die nicht wenigstens annäherungsweise widerspiegeln, was wirklich ist. Das dachten sich auch die Organisatoren der Volkszählung von 2002. Die Volkszähler wurden deshalb angewiesen, nur das aufzuschreiben, was die Menschen von sich aus preisgeben wollen. Die Hoffnung war, so ein realistischeres Bild vom Land zu bekommen.

Ob das gelungen ist, kann ich schlecht beurteilen. Professionelle Demografen aber sind der Meinung, dass dieses Experiment eher gelungen als misslungen ist. Nicht ausschließen ließ sich durch diese für den russischen Staat eher neue Offenheit aber der leicht anarchistische Zug vieler Menschen in Russland. Vor allem Jugendliche machten sich einen Spaß aus den Antworten. In der Millionenstadt *Perm*, am *Nordural* gelegen, gaben zum Beispiel mehrere Tausend meist junge Menschen an, zu den *Hobbits*, den kleinen, mutigen und gutmütigen Kerlen aus *J.J.R. Tolkiens* Roman *Der Herr der Ringe*, zu gehören.

Etwas ernsthafter wurde es im Gebiet *Murmansk*, ganz im europäischen Norden an der zum Eismeer gehörenden Barentssee gelegen. Hier bezeichneten sich auf den Volkszählungsfragebögen viele Menschen als *Pomorzy*. Das Wort stammt von der geografischen Bezeichnung *Pomorije,* also etwa »am Meer gelegen« (auch die Bezeichnung Pommern hat ihre sprachliche Wurzel hier). Die Gegend um *Murmansk* war historisch gesehen ein Land von freien Bauern. Hier galt die im übrigen Russischen Reich bis 1863 existierende Leibeigenschaft nicht. An diese Freiheitstradition wollten die Menschen dort wohl erinnern. Vielleicht ging es aber auch vor allem darum, eine regionale Identität zu zeigen.

So ähnlich dürfte es in der südrussischen Metropole Rostow am Don gewesen sein. Hier war die Selbstbezeichnung *Skythen* sehr beliebt. *Skythen* waren Reiternomaden, die vor mehr als 2.500 Jahren die südrussischen und ukrainischen Steppen am Schwarzen Meer besiedelten. Die *Skythen* eignen sich besonders gut für Mythologisierungen, weil sie keinerlei schriftliche Aufzeichnungen hinterlassen haben.

Offenbar hat den Organisatoren der russischen Volkszählungen diese Kreativität ihres Volkes nicht so sehr gefallen. Bei der nächsten Volkszählung 2010 wurden nur »echte« Völker als Angabe akzeptiert. Aber wer weiß schon, welches Volk echt und welches nur eingebildet ist?

24. Grund

Weil es so völlig von Gott verlassene Orte wie die Kolyma gibt

Vom Anfang des Gulags, des stalinistischen Archipels der Grausamkeit, seinem Laboratorium, von den lieblichen *Solowki*-Inseln im Weißen Meer und ihrem weißen Kreml ist in diesem Liebesbuch weiter hinten die Rede (siehe Grund 105). Für die Gefangenen waren die *Solowki* die Hölle. Nun hat aber auch die Hölle, mehrere Kreise. Der Nobelpreisträger und Autor des *Archipel Gulag*, Alexander Solscheninzyn beschreibt in seinem Buch *Der erste Kreis der Hölle* ein Speziallager für Wissenschaftler bei Moskau, eine sogenannte *Scharaschka*. Das war immer noch der Gulag, aber es ließ sich leben. Die hier eingesperrten Wissenschaftler und auch Ingenieure sollten ja etwas zum Wohle der Sowjetmacht erfinden. Denkt man weiter, könnten die *Solowki* der dritte oder fünfte Kreis der Hölle gewesen sein. Der allerletzte Höllenkreis aber war die *Kolyma*.

Die *Kolyma* liegt im Norden des ganz Fernen Ostens Russlands, nur noch durch die *Tschuktschen*-Halbinsel (siehe Grund 20) von Alaska getrennt. Benannt ist sie nach dem gleichnamigen Fluss, der ins hier *Ostsibirische See* genannte Nordmeer fließt. Mit *Magadan* gibt es nur eine größere Stadt in diesem abgelegenen Winkel, die zudem geografisch nicht zur *Kolyma* gehört, weil sie auf der Südseite am *Ochotskischen* Meer liegt. Der Hafen von *Magadan* war lange Zeit und vor allem auch in der dunkelsten Zeit die einzige nennenswerte Verbindung in die übrige Welt. Heute führt eine Straße über mehr als 2.000 Kilometer nach *Jakutsk*, der Hauptstadt von *Sacha-Jakutien*, aber von dort aus geht es nicht mehr weiter. Das Klima in der *Kolyma* ist rau. Im Süden wachsen Nadelwälder, im Norden, in der Tundra, nur noch Flechten und Moose. Im Winter wird es leicht minus 40 Grad und kälter.

Lange Zeit war die *Kolyma* nur etwas für eingeborene Rentierzüchter, Pelzjäger und sonstige Abenteurer. Doch dann wurde Gold gefunden, viel Gold, und die noch junge, devisenarme Sowjetmacht entschloss sich, die Goldvorkommen industriell auszubeuten. Am 4. Februar 1932 erreichte die erste, noch sehr kleine Gruppe von zehn Gefangenen des Gulags *Magadan* per Schiff und machte sich auf den Weg nach Norden in die *Kolyma*, einen Weg, der noch gar nicht existierte.

Schon 1934 hatte sich die Gefangenenzahl auf mehr als 30.000 erhöht. 1937, so sagen die Archive, haben über 70.000 Gefangene mehr als 50.000 Kilogramm Gold aus der meist tiefgefrorenen Erde geholt. Doch zuvor mussten sie buchstäblich mit ihren Händen die Straße von *Magadan* bauen und auch eigene Unterkünfte und Funktionsgebäude. Einheimische erzählen, dass nach einem Regen auch heute noch gelegentlich menschliche Knochen aus der Erde gewaschen werden. Wer von den Häftlingen zu schwach war und starb, wurde buchstäblich in die Straße mit eingebaut.

Vor allem in den 1930er-Jahren war die *Kolyma* mehr ein Todeslager als ein Arbeitslager. Historiker haben ausgerechnet, dass die sowjetische Schiffkapazität im *Fernen Osten* nicht ausreichte, um die Zehntausenden Häftlinge ausreichend mit Lebensmitteln zu versorgen. In der *Kolyma* selbst wächst kaum etwas. Es war also von Anfang an klar, dass viele der Häftlinge auch angesichts der harten Arbeit sterben würden. *Warlam Schalamow*, einer der überlebte, hat das in seinen berühmten *Erzählungen aus Kolyma* beschrieben: »Jedes Mal, wenn sie die Suppe brachten ... wollten wir anfangen zu weinen. Wir wollten aus Furcht weinen, die Suppe könnte zu dünn sein. Und wenn ein Wunder geschah und die Suppe dick war, dann konnten wir das kaum glauben und aßen sie so langsam wie möglich. Aber selbst nach einer dicken Suppe in einem warmen Magen blieb ein saugender Schmerz; wir hatten schon zu lange Hunger. Alle menschlichen Gefühle – Liebe, Freundschaft, Eifersucht, Sorge um die Mitgefangenen, Mitleid, der Wunsch nach Ruhm, Aufrichtigkeit – hatten uns mit unserem dahinschmelzenden Fleisch verlassen ...« *Schalamows* Erzählungen machten die *Kolyma* zum Sinnbild des Gulags. *Alexander Solschenizyn* begann später seinen *Archipel Gulag* mit einem der *Kolyma* gewidmeten Prolog.

Erst 1957 wurden die Straflager in der *Kolyma* aufgelöst. Aber viele ehemalige Strafgefangene arbeiteten weiter, nun für sowjetische Verhältnisse nicht schlecht bezahlt, in den Goldminen. Gold wird noch heute in der *Kolyma* geschürft. Von der schrecklichen Zeit ist kaum etwas Sichtbares und Anfassbares erhalten. Die Holzbauten sind längst verwittert. Die Spuren der Lager wurden größtenteils systematisch zerstört. Was bleibt, sind die Erinnerungen und Erzählungen, die manchmal freigespülten Knochen und eine raue, leere, fantastisch unwirkliche Landschaft.

25. Grund

Weil es Goldgräberstädte ohne Gold wie Bargusin gibt

Die Eroberung und Besiedlung Sibiriens durch die Russen folgte der gleichen Logik wie andere koloniale Unternehmungen europäischer Mächte jener Zeit: Es ging vor allem um den Zugang zu den enormen Natur- und Bodenschätzen dieses unvergleichlich weiten Landes. Abenteuergeist spielte dabei ebenso eine Rolle wie die Suche nach Freiheit und Reichtum. Ähnlich wie später beim Zug nach Westen in Nordamerika sind viele der heutigen sibirischen Städte im 17. oder 18. Jahrhundert aus einer Mischung von Festung und Handelsposten hervorgegangen.

Das gilt auch für *Bargusin*, unweit des *Baikalsees* gelegen (siehe Grund 103), das aber keine blühende Stadt wurde wie *Irkutsk* oder *Ulan-Ude*, sondern nur kurz aufblühte und heute ein verlassenes Dorf ganz am Rande der russischen Zivilisation ist. Mitte des 17. Jahrhunderts hatten hier, in der nördlichsten Steppe Russlands, *Kosaken* einen kleinen Vorposten errichtet, von dem aus Züge für Felle und Pelze, aber auch zur Goldsuche in die Wildnis unternommen wurden. Bis zum Beginn des 19. Jahrhunderts änderte sich wenig.

Doch dann erreichten die Schockwellen von Ereignissen im fernen europäischen russischen Kernland diese verlassene Gegend jenseits des *Baikalsees*. In St. Petersburg hatten junge Offiziere im Dezember 1825, wenn auch ziemlich dilettantisch, versucht, den Zaren zu stürzen. Der Putsch der später sogenannten *Dekabristen* misslang, und die Verschwörer wurden abgeurteilt. Viele mussten den langen Weg in die ostsibirische Verbannung gehen. So auch die *Gebrüder Küchelbecker*, zwei junge baltendeutsche Offiziere im Dienst des Zaren. *Wilhelm*, der ein Jahr Ältere, war ein Jugendfreund des russischen Nationaldichters *Alexander Puschkin* und einer der Anführer der *Dekabristen*, *Michael* eher ein Mitläufer.

Beide fanden sich Mitte der 1830er-Jahre nach einigen Jahren der Zwangsarbeit in *Bargusin* in der Verbannung wieder. Mit *Michael*, der 1831 gekommen war, begann eine Blütezeit in der sibirischen Steppe, die bis zum Beginn des 20. Jahrhunderts dauern sollte. Der gebildete junge Mann aus dem Westen begann mit dem Anbau neuer Feldfrüchte, gründete eine kleine Schule und versorgte die Dorfbevölkerung medizinisch. Sein 1836 nachfolgender älterer Bruder half ihm dabei. *Bargusin* sah einen zuvor ungekannten wirtschaftlichen Aufschwung. *Wilhelm Küchelbecker* durfte schon 1840 *Bargusin* wieder verlassen. Sein Bruder aber blieb und starb hier 1859.

Doch *Bargusin* blieb nicht ohne Verbannte, meist gut ausgebildete und gebildete Menschen. Besonders der Januaraufstand 1863 im von Russland beherrschten Teil Polens brachte neue Leute. Mehr als 20.000 Polen wurden in seiner Folge vor allem nach Sibirien verbannt. Einige von ihnen, darunter auch zahlreiche Juden, mussten nach *Bargusin*. Sie konnten auf dem aufbauen, was die *Küchelbeckerbrüder* hier angefangen hatten. Aus dem Dorf wurde nun eine kleine Stadt, die nicht schlecht vom Handel mit Holz und Bodenschätzen lebte. Es entstanden ein Theater, eine Bank und sogar eine Börse, aber auch viele Bürgerhäuser mit klassizistischen Portalen, alles aus Holz. Diese zweite Blüte dauerte bis zur Generalamnestie von 1913 am Vorabend des Ersten Weltkriegs. Die meisten Verbannten verließen das sibirische Hinterland wieder Richtung Europa. Doch einige blieben auch.

1988 kam noch einmal ein wenig Glanz und Ruhm nach *Bargusin*. Gerüchten zufolge sollte der ungarische Nationaldichter *Sandor Petöfi* nicht 1849 in der *Schlacht bei Segesvar* gefallen, sondern von den Russen gefangen genommen worden und in die Verbannung nach Sibirien gebracht worden sein. Angeblich sei in *Bargusin* sein Grab zu finden. Eine ungarische Delegation reiste an und exhumierte ein Grab auf dem Friedhof. Doch Untersuchungen in Moskau ergaben, die Genanalysen waren noch nicht sehr weit, dass es sich aller Voraussicht nach um eine Frauenleiche handelte. Das focht die Ungarn und die *Bargusiner* nicht an. Sie stellten ein Denkmal für den Dichter an die Stelle des Grabes.

Heute ist *Bargusin* ein verschlafenes Dorf am Ende der Straße mit etwas mehr als 5.000 Einwohnern. Die imposanten, rötlich verwitterten, abgeblätterten Holzsäulen vor den Eingängen von Theater, Bank und Bürgerhäusern zeugen noch vom goldenen Jahrhundert. Ebenso der Friedhof mit imposanten Grabsteinen und vielen verfallenen jüdischen Gräbern, das letzte von 1973.

26. Grund

Weil es noch echte Dörfer gibt (auch wenn sie am Verschwinden sind)

Wer in Russland aufs Dorf fährt, macht eine Zeitreise. Hier sieht es oft noch so aus, wie in Zentraleuropa vor 50 oder gar vor 100 Jahren: außer der Kirche (wenn es sie denn gibt) und einem Verwaltungsgebäude nur Holzhäuser, kaum befestigte Straßen, natürlich keine Bürgersteige, Ziehbrunnen am Straßenrand und jede Menge freilaufender Hühner. Nur Autos, Stromleitungen und Satellitenschüsseln künden davon, in welcher Zeit wir leben. Das ist einerseits für den besuchenden Städter romantisch, aber auch wieder traurig. Denn viele russische Dörfer haben schlicht den Anschluss verloren.

Rund 150.000 Dörfer gibt es in Russland offiziell, aber etwa 20.000 von ihnen sind inzwischen unbewohnt, während in weiteren 30.000 nicht mehr als 10 Menschen leben. Meist sind das alte Menschen, oft Trinker, oft ohne Angehörige. Es sind die, die nicht wegkönnen, weil sie nicht wissen wohin. Das Dorf *Troizy* im *Waldai*, einem Höhenzug etwa in der Mitte zwischen Moskau und St. Petersburg gelegen, ist so ein Ort. Im Winter leben hier drei, vier Rentnerinnen. Die Männer sind alle tot. Die jungen Menschen nach Moskau, St. Petersburg oder in die Bezirksstadt *Nowgorod* gezogen. Dabei hat *Troizy* noch Glück.

Das Dorf liegt nicht weit von der Schnellbahnstrecke Moskau–St. Petersburg, und viele Junge halten sich die alten Häuser ihrer Eltern als Datscha. Im Sommer ist *Troizy* deshalb auch sehr belebt.

Die meisten der russischen Dörfer sind aber weit weg. Sie liegen im riesigen, im europäischen Vergleich sehr dünn besiedelten Land vereinzelt und abseits. Oft dauert die Fahrt zur nächsten kleineren Stadt über schlechte, meist unbefestigte und deshalb vor allem im Frühjahr manchmal auch gar nicht befahrbare Straßen Stunden. Das sind keine Orte für ein blühendes wirtschaftliches Leben. Zu Zeiten der Sowjetunion haben große Agrarbetriebe, die *Sowchosen* und *Kolchosen*, Arbeit und Einkommen garantiert, sich aber auch um die Infrastruktur gekümmert. Die meisten *Kolchosen* und *Sowchosen* wurden aber nach dem Ende der Sowjetunion aufgelöst oder in private Landwirtschaftsbetriebe umgewandelt.

Das Dörfersterben hat im Übrigen schon zu Sowjetzeiten begonnen. Zu groß war offenbar die wirtschaftliche Last, das ganze riesige Territorium infrastrukturell auszuhalten. Schon unter dem Generalsekretär *Nikita Chruschtschow* wurden die Dörfer in »perspektivische« und »nicht perspektivische« eingeteilt. Erstere wurden gefördert, letztere mehr oder weniger sich selbst überlassen. Nach dem Ende der Sowjetunion setzte sich die Abwanderung verstärkt fort. Es ist bis heute so, dass das Verhältnis Erwachsene–Kinder auf dem Dorf sogar ein wenig stärker zugunsten der Kinder neigt als in den Städten. Aber sobald die Kinder erwachsen werden, wandern sie ab. Erst wegen der Ausbildung. Aber dann kommen nur wenige zurück, und wenn, dann als Besucher, weil es im Dorf einfach nichts zu tun gibt. Die jüngsten Sozialreformen in Russland werden diesen Trend eher beschleunigen. Seit dem Jahr 2000 wurde in Russland fast die Hälfte der Schulen geschlossen, und seit 2010 geschieht das Gleiche mit den Krankenhäusern. Zugemacht wurden und werden vor allem Schulen und Krankenhäuser in ländlichen Gebieten.

Solche grundsätzlichen Veränderungen in Gesellschaften tun weh, und dieser Schmerz sucht sich oft einen Ausdruck in der Kultur. In der Sowjetunion war das die Literatur mit der sogenannten *Dorfprosa*. Eine ganze Reihe Schriftsteller (die bekanntesten waren *Walentin Rasputin, Wassilij Below, Wassilij Schukschin* und *Wiktor Astafjew*) schufen Heldinnen und Helden aus dem Dorf, die an dieser besonderen sowjetischen Form der Verstädterung leiden. Denn anders als in Deutschland kommt in Russland die Stadt nicht ins Dorf, sondern das Dorf verschwindet, indem es in die Stadt abwandert. Am bekanntesten in Deutschland ist der Roman *Abschied von Matjora* von *Walentin Rasputin*, wohl auch, weil er von *Elem Klimow* 1983 eindrucksvoll verfilmt wurde. Hier verschwindet das Dorf symbolisch buchstäblich unter den Wassermassen, die ein neu gebauter Damm aufstaut. Buch und Film finden beeindruckende Bilder, den Verlustschmerz der Bewohner sicht- und fühlbar zu machen. Heraus sticht die Episode einer Dorfbewohnerin, die ihr Haus am Tag vor der Flutung des Stausees aufopferungsvoll putzt. Sie schrubbt die Fußböden, putzt die Fenster und hängt auch noch frische Gardinen auf. Als gäbe es nicht das Morgen, das gerade verschwindet.

27. Grund

Weil es einen Eiffelturm, Kleinflorenz und eine Dorf-U-Bahn gibt

Immer wieder ist zu lesen und zu hören, Russland sei das Land der Kollektive, die Menschen seien sehr auf die Gemeinschaft ausgerichtet. Mir scheint das ein ausgewachsenes Vorurteil zu sein. Ich habe nirgendwo so viele ausgeprägte Individualisten und Eigenbrötler gefunden wie hier. Vielleicht hängt das mit den Weiten des Landes zusammen. Vielleicht auch damit, dass der Staat zwar allgegenwärtig ist, aber nicht wirklich verlässlich. Jedenfalls gibt es jede Menge Sonderlinge, verschrobene Kerle und wundersame Frauen, die seltsame Dinge tun. Es gibt auch eine russische Bezeichnung für diese Leute:

Tschudaki. Das Wort stammt von *tschuda,* Wunder. *Tschudaki* sind Wunderlinge. Ein sibirischer Schriftsteller, der aus einem Dorf im Altai (siehe Grund 22) stammende *Wassilij Schukschin,* hat diesen Wunderlingen mit einer kleinen Erzählung namens *Tschudik* sogar ein zärtliches literarisches Denkmal errichtet.

Einer dieser Wunderlinge war *Leonid Muljartschik* aus dem Kreisstädtchen *Lebedjan* im Gebiet *Lipezk,* rund 500 Kilometer südlich von Moskau. *Muljartschik,* schon im Rentenalter, entschied eines Tages im fernen 1989, dass eine Stadt, die etwas auf sich hält, heutzutage ohne U-Bahn nicht auskommt. Zuerst versuchte er eine Kooperative zu gründen, um die U-Bahn gemeinsam zu bauen. Doch nach und nach sprangen alle anfänglichen Enthusiasten ab. Daraufhin begann *Muljartschik* den Tunnel eigenhändig auszuheben. Immerhin 200 Meter vom Bahnhof bis in eine Wohnsiedlung schaffte er, ehe ihm das Geld ausging. *Muljartschik* starb, bevor er sein Spätwerk beenden konnte.

Andere sind da erfolgreicher. Allein in Sibirien gibt es bereits vier Eiffeltürme, drei in *Nowosibirsk* und einen in *Krasnojarsk.* Für den in Krasnojarsk wirbt sogar die Stadtverwaltung mit dem Spruch, um »zu sterben«, müsse man nun nicht mehr »Paris sehen«, sondern es reiche, nach Krasnojarsk zu kommen. Nun gibt es in *Krasnojarsk* viel Schönes, vor allem die Lage am *Jennisej,* einem der riesigen sibirischen Ströme, die Richtung Nordmeer fließen. Aber die Eiffelturmkopie, deren Spitze nicht einmal an die danebenstehenden Wohnhochhäuser heranreicht, gehört sicher nicht dazu.

Ein wenig mehr Flügelweite hat da schon *Joschkar-Ola.* Nie gehört? *Joschkar-Ola* ist die Hauptstadt der kleinen russischen Republik *Mari-El,* ca. 800 Kilometer östlich von Moskau am nördlichen Wolgaufer gelegen. Die *Mari* sind ein finnisch-ugrisches Volk und stellen noch gut 40% der knapp 700.000 Einwohner von *Mari-El* (was schlicht *Land der Mari* bedeutet). Aufgefallen ist die Republik kürzlich, weil das Republiksoberhaupt, *Leonid Markelov,* erst von Präsident Putin nach stattlichen 15 Jahren im Amt abgesetzt und kurze Zeit darauf, fast schon klassisch um 3 Uhr morgens, verhaftet und ins Untersuchungsgefängnis nach Moskau gebracht worden war. Zu korrupt, findet die Staatsanwaltschaft. Und vielleicht hat sie recht.

Vor *Markelov* war *Joschkar-Ola* eine russische Provinzstadt, wie sie im Buche steht. Erst Anfang des 19. Jahrhunderts gegründet, hatte das Dorf Anfang des 20. Jahrhunderts knapp 2.000 Einwohner. Die hier beheimateten *Mari* lebten in den umliegenden Wäldern und Sümpfen. Erst unter der Sowjetmacht begann der Aufstieg. Das Koloniale der Stadt zeigt sich auch im fast quadratisch-gittermäßigen Stadtplan. Ein paar Stalinbauten im provinziell-neoimperialen Stil entstanden im Stadtzentrum. Vor allem aber besteht die Stadt, wie fast alle anderen russischen Städte auch, aus sowjetischen Einheitstypwohnhäusern, die meisten von ihnen Plattenbauten.

Markelow nun, damals noch »Präsident« genannt, reiste Anfang der 2000er-Jahre nach Italien und in andere süd- und westeuropäische Städte. Und siehe da, ihm gefiel, was er dort sah. Zurück in *Joschkar-Ola*, begann er die Innenstadt umbauen zu lassen. Am Ufer eines kleinen Flusses mit dem malerischen Namen *Malaja Kokschaga* entstand ein riesiges Neubaugebiet, das *Neubrügge* genannt wird und irgendwie »europäische« Stadtbauten nachahmt. Noch nicht ganz fertig ist eine Art Nachbau des Florentiner Rathauses *Signoria*. Überall finden sich toskanische Architekturelemente. Das zentrale Hotel der Stadt heißt »Ludovico Moro«. Es gibt ein Märchenschloss, das wahlweise an Neuschwanstein oder an Walt Disney erinnert (wobei sich Disney ja an Neuschwanstein orientiert hat). Im Zentrum des Zentrums aber, bei aller Europäerliebe blieb *Markelow* doch Patriot, stehen ein Nachbau des Erlösertors des Kremls (samt den *Kuranty*-Uhren, die für ganz Russland das neue Jahr einläuten) und eine Kathedrale, die sehr an die quietschbunte Kirche *Erlöser auf dem Blut* in St. Petersburg erinnert.

Das alles ist furchtbar eklektisch, ja ein wenig protzig und sehr kitschig und gibt der Innenstadt doch etwas Einzigartiges. Die *Josch-*

kar-Oliner erzählen, dass ihre Stadt in den vergangenen Jahren zur regionalen Touristenattraktion geworden ist (wovon die *Krasnojarsker* anscheinend auch träumen). Viele sind ein wenig stolz auf ihre neu gewonnene Besonderheit. Das ist zumindest eine Möglichkeit, sich dem grauen spät- und nachsozialistischen Einerlei zu entheben. Ich bin unentschieden, ob mein weltläufiger Snobismus oder ein ganz einfaches, menschliches Mitgefühl, das sich mit den Menschen in *Joschka-Ola* über ihre neue Besonderheit freut, den Sieg davontragen sollen.

28. Grund

Weil der Altai zu Russland gehört

China ist gar nicht so weit von Moskau entfernt, wie es manchmal scheint. Man braucht gar nicht erst bis in den Fernen Osten zu reisen, um an eine russisch-chinesische Grenze zu gelangen. Halbe Strecke reicht auch. Allerdings muss man dazu in die Berge, in hohe Berge. In den *Altai*. Dieses Gebirge am Vierländereck *Russland–Mongolei–China–Kasachstan* dehnt sich in Nordwest-Südost-Richtung über gut 1.800 Kilometer, in Nordost-Südwest-Richtung immerhin noch 1.200 Kilometer aus. Und irgendwo dazwischen gibt es ein etwa 60 Kilometer langes Stück russisch-chinesischer Grenze. Damit ist der *Altai* etwa zweimal so groß wie Deutschland. Der höchste Berg *Belucha* erreicht mit 4.509 Metern fast die Höhe des Montblanc.

In den *Altai* gelangt man von Moskau aus am besten mit dem Flugzeug. Nach etwa dreieinhalb Stunden Flug kommt man in *Barnaul* an, einer 500.000-Einwohner-Stadt am Ufer der *Ob*. Von *Barnaul* geht es dann mit dem Auto weiter auf dem sogenannten *Tschujskij Trakt*. Nach rund 200 Kilometern wird es gebirgig. Im Tal der *Katun*, einer der beiden Flüsse, die ab ihrem Zusammenfluss die

Ob bilden, geht es immer weiter hinauf. Über mehrere Pässe gelangt man auf eine riesige Hochebene, das *Ukok*, das seit 2003 UN-Weltnaturerbe ist. Leider ist diese Idylle seit einiger Zeit durch die Pläne bedroht, eine Gaspipeline durch das *Katun*-Tal und über das *Ukok* nach China zu legen. Dagegen gibt es viele Proteste, unter anderem von den Ureinwohnern des *Altais*, vor allen den *Altaier*, von denen viele noch traditionell von der Viehzucht leben.

Das ist kein leichtes Geschäft, denn das Klima des *Altai* ist stark kontinental geprägt, mit kurzen, aber mitunter sehr heißen Sommern und langen, immer sehr kalten Wintern, in denen es schon einmal kälter als 40 Grad minus werden kann. Das beeinflusst auch die Touristensaison. Im Sommer kommen viele Menschen, um zu wandern oder zu reiten, aber auch, um sich am Ufer der *Katun* und ihrer zahlreichen Nebenflüsse einfach nur zu erholen. Der *Altai* ist nur sehr dünn besiedelt. Im Schnitt lebt hier weniger als ein Mensch auf einem Quadratkilometer. Die ersten Menschen kamen schon vor über 40.000 Jahren. Vor 2.500 Jahren war der *Altai* Teil der riesigen Region vom Schwarzen Meer bis zur mongolischen Steppe, in der die mythischen *Skythen* herrschten. 2006 entdeckte ein deutscher Forscher, der Prähistoriker Hermann Parzinger, in 2.500 Metern Höhe eine im Permafrost tiefgefrorene und deshalb sehr gut erhaltene Mumie. Die Leiche eines tätowierten *Skythenkriegers* war noch bekleidet, mit Pelzmantel, Filzkappe und Leinenhose. Ein hölzerner Bogen lag auch in seinem Grab.

Wegen der dünnen Besiedlung hat sich auch eine reiche Fauna erhalten. Es gibt noch Schneeleoparden, Wölfe, Luchse und auch Braunbären, große Raubvögel, wie Fisch- und Steinadler, Elche, Rentiere und Steinböcke. Im Süden, Richtung der kasachischen Steppe, leben Yaks, Wildkamele und Halbesel. Autofahrer auf den wenigen Straßen müssen vorsichtig sein, denn freilaufende Kühe und Pferde scheren sich nicht um den Straßenverkehr, sondern lieben es, im Sommer auf dem von der Sonne erwärmten Asphalt zu liegen.

Besonders berühmt in Russland ist der *Altaier* Honig. Da es aufgrund der klimatischen Bedingungen in den Bergen keine Felder gibt, holen sich die Bienen den Blütenstaub ausschließlich von Wildpflanzen. Entsprechend würzig und aromatisch ist der Honig. Er wird oft am Wegesrand von den örtlichen Imkern direkt an vorbeifahrende Touristen verkauft.

Kapitel 4

Arten und Unarten

29. Grund

Weil auf Fragen oft so wunderbar unkonkret geantwortet wird

Small Talk lebt überall von Ungenauigkeiten und vom Ungefähren. Nur nicht zu konkret werden. Das vielleicht nicht allzu bekannte Gegenüber könnte vergrätzt werden. Überhaupt geht es beim Small Talk ums Allgemeine und Unverbindliche. Das ist in Russland auch nicht anders. Wie überall ist das Wetter ein guter Aufhänger. Wie es gestern war. Wie es heute ist. Wie es morgen sein wird. Und auch wie doch alles so ganz anders geworden ist, als es früher einmal war.

Nun kommt man sich aber manchmal näher, und dann sind mitunter konkretere Auskünfte gefragt. Ob man sich zum Beispiel bei dieser oder jener Gelegenheit wiedersehen werde. Die Antwort kann dann so manchen Ausländer verblüffen. Mit nicht allzu kleiner Wahrscheinlichkeit wird sie so ausfallen: *da-njet-nawerno*. Das heißt auf Deutsch *ja-nein, wahrscheinlich,* nach dem *Nein* und vor dem *Wahrscheinlich* mit einer kleinen Pause. Und es lässt den so Beschiedenen erst einmal ein wenig ratlos zurück. Ja was denn nun? Wie ein klares Ja sieht die Antwort nicht aus. Ein deutliches Nein scheint sie aber auch nicht zu sein. Wahrscheinlich ist das Wahrscheinlich, das ja immerhin am Ende steht, am wichtigsten. Sicher ist das aber nicht. Denn anders als im Deutschen steht im Russischen nicht immer das Wichtigste am Schluss. Das Russische lässt den Sprechenden da ziemlich freie Wahl.

Mehr noch, ist es das *nawerno*, das Wahrscheinlich, das der Unentschiedenheit den Gipfel aufsetzt. Der Antwortende hätte, auch das sehr russisch, einfach mit *da-njet* antworten können, dabei das *njet* ein wenig träge auseinandergezogen, eher wie *njeeet* ausgesprochen. Das hätte aber eine andere Bedeutung gehabt. *Da-njet* ist fast immer ein Nein, wenn auch ein eher verschämtes, abgemildertes, mitunter auch ein wenig empörtes, nach dem Motto, wie der Fragende denn auf so etwas hatte kommen können.

Nichts von alldem, wenn *nawerno* angehängt wird. Der oder die Antwortende hört hier oft noch einmal den eigenen Worten nach. Das *nawerno* ist ein Zeichen echter Unentschiedenheit, ein Zeichen dafür, dass über diese Antwort noch weiter nachgedacht werden muss, noch gar nicht ausreichend nachgedacht wurde oder nachgedacht werden konnte. Es dient also auch dem Zeitgewinn.

Vielleicht helfen ein paar kleine Beispiele zum besseren Verständnis.

Frage: »Darf ich Ihnen Tee anbieten?« Antwort: »*Da-njet-nawerno.*« Mögliche Bedeutung: »Danke, Sie sind sehr liebenswürdig, aber ich möchte lieber nicht. Und überhaupt lassen Sie uns zum Geschäft kommen.«

Frage: »Willst du mich heiraten?« Antwort: »*Da-njet-nawerno.*« Mögliche Bedeutung: »Du gefällst mir sehr und ich möchte dich nicht kränken, aber ich habe andere Pläne.«

Frage: »Ist X ein guter Schauspieler?« Antwort: »*Da-njet-nawerno.*« Mögliche Bedeutung: »Ja, er ist sehr populär, aber wirkliches Talent hat er nicht.«

Es kann aber auch sein (und damit kommen wir zurück zum Small Talk, mit dem wir begonnen haben), dass das *da-njet-nawerno* einfach das ausdrückt, was es sagt: Ich weiß es nicht. Ich will mich deshalb nicht festlegen. Und überhaupt ist das hier kein Gespräch, das mich zum Festlegen zwingt. Und damit bringt es die auf den ersten Blick so ungenaue Antwort auf den Punkt. Punkt!

30. Grund

Weil die Wasserwerke alljährlich im Sommer ungewollt Menschen einander näherbringen

Die meisten russischen Haushalte, vor allem natürlich in den großen Städten, sind an Fernwärmenetze angeschlossen. Eigene, autonome Heizungen oder gar Öfen gibt es eigentlich nur noch in den Dörfern oder in den vielen Datschensiedlungen. Entsprechend kommt meist auch das heiße Wasser von weiter her. Das ist bequem, man braucht sich um nichts zu kümmern. Auf der anderen Seite ist man aber von den Entscheidungen der Heiz- und Wasserwerke abhängig.

Nun haben technische Systeme die Eigenschaft, von Zeit zu Zeit gewartet werden zu müssen. Bei Heizungen ist das kein Problem. So sie nicht im Winter kaputtgehen, kann das ganz bequem im Sommer gemacht werden, wenn sie ohnehin abgeschaltet sind. Mit dem heißen Wasser ist das schon schwieriger. Zum Duschen, Baden oder einfach nur Geschirrspülen ist heißes Wasser schon sehr nützlich. Nichtsdestotrotz wird fast überall in Russland im Sommer für einige Wochen das heiße Wasser abgestellt. *Prophylaxe* wird das von den Wasserwerken genannt. Gemeint ist wohl, dass das Heißwassernetz dann die übrige Zeit des Jahres einwandfrei funktionieren soll, was der Erfahrung nach aber nicht wirklich garantiert ist.

Nun gibt es auch in Russland Naturburschen und -mädchen, denen Kaltduschen nicht nur nichts ausmacht, sondern sogar dem Vergnügen und vielleicht auch der Gesundheitsvorsorge dient. Die meisten Menschen im Land bevorzugen aber wie bei uns auch heißes Wasser zur Körperhygiene. *Banjas*, die traditionellen Waschstätten der russischen Dörfer, gibt es in den Städten nur noch wenige öffentliche (siehe Grund 53). Auswege gibt es mehrere. Die *Prophylaxe* des Heißwassernetzes findet im Sommer statt. Da liegt es nahe, den Urlaub so zu legen, dass man einfach nicht zu Hause ist. Auch die Datscha, so eine vorhanden ist, ist ein Ausweg (statistisch gesehen gar kein so schlechter, da mehr als die Hälfte aller Russen eine Datscha besitzt, siehe Grund 45). Und dann gibt es da noch die Leute, die so wie wir, einen Gasdurchlauferhitzer in der Wohnung haben. Das gilt eigentlich als der Fernversorgung unterlegen, macht aber von den *Prophylaxezeiten* unabhängig. Ganz schlaue lassen sich unter dem Waschbecken einen Elektrodurchlauferhitzer einbauen, der nur in der heißwasserfreien Sommerzeit eingeschaltet wird.

Wie so oft im pannen- und hürdenreichen russischen Alltagsleben wissen sich die Menschen also schon zu helfen. Der schönste Ausweg ist aber ein anderer. Er bringt die Menschen näher zueinander. Wie es eben in Zeiten der Not oft geschieht. Ohne heißes Wasser im Sommer ist es kein Tabu, bei Freunden oder Verwandten nachzufragen, ob man nicht Bad und Dusche benutzen könne (Nachbarn fallen aus. Denn das heiße Wasser wird block- und stadtviertelweise abgestellt). Also werden im Sommer oft kleine Taschen gepackt, mit Handtuch, frischer Wäsche und Kulturbeutel, und auf geht es zur Tante, der Freundin oder zum Bruder ein paar Metrostationen weiter. So viel Freundlichkeit und ungezwungene Intimität ist selten.

31. Grund

Weil das russische Prekariat einen eigenen Namen hat

Es gibt in jeder Sprache, in jeder Gesellschaft Begriffe, die, gesagt oder geschrieben, den Hörern und Lesern sofort ganze Welten öffnen. Ohne jede weitere Erklärung versteht man sich. Umgekehrt sagen solche Schlüsselbegriffe auch viel über die Gesellschaften aus, in denen sie so bedeutungsvoll (voll im direkten Wortsinn) entstanden sind und benutzt werden. Denn nur was gesellschaftlich ausreichend wichtig ist, also für die jeweilige Gesellschaft bedeutende Unterschiede und Phänomene erklärt, wird auf eine so kurze, aber aussagereiche Weise verkürzt und doch verstanden. So ein Begriff ist im Russischen das Substantiv *Gopniki*, das Personen mit einem ganz bestimmten Verhaltensmuster beschreibt.

Natürlich ist dieser Begriff eigentlich unübersetzbar. Jedenfalls wenn man nach etwas Adäquatem in einem Wort oder einer kleinen Wortgruppe sucht. Zur ersten Annäherung versuche ich das trotzdem, mit einem deutschen Neologismus: *Prekariat*. Ein anderer, englischer, besser US-amerikanischer und vielen in Deutschland auch verständlicher Begriff wäre wohl »white trash«. Aber das sind, wie gesagt, nur Annäherungen. Der erste und vielleicht wichtigste Unterschied zur Situation in Russland dürfte sein, dass *Gopniki* kein Randgruppenphänomen sind und dass Menschen, die sich wie *Gopniki* verhalten, bis in die höchsten Schichten der Gesellschaft zu finden sind, wenn sie auch am unteren Ende der Einkommens- und Sozialskala häufiger auftreten. Manchmal neige ich sogar zu der Annahme, dass *Gopniki* in Russland in der Mehrheit sind.

Was macht nun einen *Gopnik*, so die Einzahl von *Gopniki*, aus? *Gopniki* neigen zur offenen, zumindest aber latenten Ablehnung von Fremdem und Fremden. Oft pflegen sie anti-intellektuelle Vorurteile, die schnell in Intellektuellenfeindlichkeit umschlagen. Wichtig für *Gopniki* ist es dazuzugehören und hineinzupassen. Sie sind per definitionem apolitisch oder antipolitisch.

Selbst in die deutsche Wikipedia hat es der Begriff geschafft. Da steht: »Der abfällige Begriff Gopnik (russisch гопник, Plural: Gopniki, Gopota) ist im russischen Jargon eine Bezeichnung für die Vertreter der kriminellen Jugend oder der Jugend mit kriminellem Verhalten, die oft keine Ausbildung hat und zu schwachen sozialen Schichten der Gesellschaft oder zum Prekariat gehört.« Richtig daran ist zweifellos die Herkunft aus dem kriminellen Milieu, das in Russland bis heute, ähnlich wie im Spätmittelalter in der frühen Neuzeit auch in Zentraleuropa, eine Gesellschaft in der Gesellschaft bildet, mit eigener Sprache und eigenen sozialen Regeln (siehe Grund 79 – Diebe im Gesetz).

Die genaue Herkunft der Bezeichnung *Gopnik* ist letztlich ungeklärt, aber es wird vermutet, dass das russische Wort *gop*, das heißt Sprung oder Schlag, Pate stand (und manche sagen, das komme vom deutschen *hopp*). Als *gop-stop* wird zudem im Verbrecherjargon ein Überfall auf der Straße bezeichnet. Dabei wird das Opfer physisch bedroht, vor allem aber eingeschüchtert. Die Einschüchterung der Opfer ist ein wichtiges, vielleicht entscheidendes Element. Dabei geht es dem Täter nicht nur, vielleicht nicht einmal in erster Linie, darum, Gegenwehr zu vermeiden und schneller zum Ziel zu kommen. Vielmehr versucht er damit seine Überlegenheit zu zeigen und das eigene, eher schwach ausgebildete Selbstwertgefühl zu steigern.

Gopniki drangsalieren ihre Opfer also und versuchen sie zu erniedrigen, um sich selbst zu erhöhen. Oft geht es darum, Streit zu suchen, anderen oder Andersaussehenden Angst zu machen und sich an der Angst zu weiden. Opfer können z.B. Angehörige von Subkulturen sein, vorzugsweise solcher, die nicht der in die mehrheitsgesellschaftlichen, obrigkeitsstaatlichen und patriarchalischen Schemata davon passen, wie sich ein *richtiger Mann* oder eine *wirkliche Frau* zu verhalten haben. Die in der russischen Gesellschaft weit verbreitete Homosexuellenfeindlichkeit spielt auch unter *Gopniki* eine herausragende Rolle. *Pedik*, der Diminutiv von *Päderast*, wie umgangssprachlich-verächtlich Homosexuelle oft genannt werden, ist so ziemlich das vernichtendste Urteil, das ein *Gopnik* aussprechen kann. Interessanterweise gibt es keine weibliche Form des Begriffs. Frauen gehören zwar auch dazu, sind aber Beiwerk, nicht wirklich vollwertig in dieser noch nicht einmal kleinbürgerlichen Welt.

Das entspricht alles der Haltung von jugendlichen Hooligans, die Streit mit einem zufällig Vorbeikommenden suchen, nicht nur um des Streits oder möglicher Beute willen, sondern wegen des erwarteten oder erhofften Gefühls danach, es diesen Lackaffen, diesen Weichlingen, diesen sich als etwas Besseres Fühlenden endlich einmal gezeigt zu haben. Im Russischen gehört dazu unweigerlich die (eigentlich rhetorische) Frage: »Ty menjya uwaschajesch?« (deutsch etwa, wenn auch nicht ganz genau: »Achtest du mich?).

Die so angegangene Person kann darauf richtig nur in einer Weise reagieren: selbstbewusst, aber nicht herausfordernd. Das ist nicht einfach. Niemand möchte in solch einer Situation, in der sich die Rowdys meist in der Überzahl befinden oder zumindest das Überraschungsmoment auf ihrer Seite haben (und es eben deshalb überhaupt erst wagen), verprügelt werden oder noch Schlimmeres erfahren. Doch wer sich vor einem *Gopnik* selbst klein macht, macht alles nur noch schlimmer. Wer keine Selbstachtung zeigt (und sei sie auch nur Pose), genießt in der *Gopnik*-Welt auch keine Achtung. Wer sich nicht wehrt, wird erniedrigt.

32. Grund

Weil ein Nein nicht unbedingt ein Nein und ein Ja nicht unbedingt ein Ja ist

Der Alltag in Russland bleibt schwierig. Besonders, wenn man mit dem Staat zu tun hat. Zwar hat es, vor allem in Moskau, in letzter Zeit einige Verbesserungen gegeben. Aber Behördenbesuche sind oft noch eine Reise ins Ungewisse. Nie kann man sicher sein, wirklich alle Dokumente in der richtigen Ausfertigung und Frische zusammengesucht zu haben. Und hat man dann die Schlange abgesessen oder abgestanden (und das Glück gehabt, dass es eine Schlange ist und kein Menschenhaufen), dann lautet das Urteil des Beamten oft »nicht vollständig«, was meist heißt, dass man zurück auf null ist und alles wieder von vorne anfängt.

In dieser Situation hilft es sehr, dass ein Nein in Russland bei Weitem nicht so endgültig ist wie in Deutschland. Ein Nein ist, je nach Situation selbstverständlich, mitunter eher eine Aufforderung zu verhandeln. Nun geht es darum, herauszufinden, was getan werden kann, um das Nein abzumildern, es vielleicht in ein »eher nicht« oder gar ein »eventuell« abzuwandeln. Das hat natürlich auch mit der alltäglichen Korruption zu tun, aber nicht nur. Oder besser: auf unterschiedliche Weise. Einmal direkt. Viele staatliche Dienstleistungen sind nur oder eben sehr viel einfacher zu bekommen, wenn nebenher ein wenig (je nach Schwierigkeitsgrad kann es aber auch sehr viel sein) Geld fließt.

Daneben kommt es mir manchmal so vor, als ob eben gerade wegen der oft ermüdenden und frustrierenden Widrigkeiten des Alltags die Härte eines Neins oft Mitleid beim Neinsagenden auslöst. Jeder, auch die Beamten, wissen natürlich, in welche Schwierigkeiten und Nöte ihr Nein die Menschen bringt. Oft sind die Regeln so umfassend und kleinteilig, mitunter auch widersprüchlich, dass es fast unmöglich ist, sie einzuhalten (nicht nur ich habe übrigens den Verdacht, dass das bei vielen Regeln und Gesetzen kein Zufall ist, sondern Absicht; für den Staat ist es einfach bequem, die Menschen immer im Zustand der Schuld zu lassen; jeder weiß so, dass er oder sie jederzeit für irgendetwas zu belangen ist). Ich habe es mehrmals erlebt (und kenne unzählige Erzählungen anderer Menschen), wie sich der Beamte, der mir gerade noch beschieden hat, dieses oder jenes Dokument fehle noch oder habe nicht die richtige Form oder den falschen Stempel, mit mir zusammen in der nächsten Minute auf der Suche nach einem Ausweg aus der misslichen Lage war. Und tatsächlich ließ sich das Nein ein paar Mal abwenden.

Die Kehrseite dieses nicht unbedingten Neins ist aber ein mitunter wenig standfestes Ja. Fragt man, ob dieses oder jenes geht oder richtig ist, und bekommt das bejaht, ist trotzdem Vorsicht angesagt. Denn so wie es ein Nein aus Mitleid gibt, gibt es auch ein entsprechendes Ja. Oder, wenn die Zeit kommt, das Ja einzulösen, haben sich die Umstände geändert. Oder die Regeln. Leider gern auch mal rückwirkend. Kurz: In Russland lebt es sich sehr viel mehr in Grauzonen als in den Grenzen klarer Regeln, auf deren Einhaltung man sich auch verlassen kann. Das hat viele Nachteile. Manchmal hilft es auch. Man muss sich halt nur dran gewöhnen. Aber das wird mir in diesem Leben wohl nicht mehr ganz gelingen.

33. *Grund*

Weil es in diesem Land »ehemals intelligente Menschen« gibt

Intelligenz gilt allgemein als ein weitgehend angeborenes Merkmal. Und der Rest, so die Vorstellung, wird im frühen Alter erworben und ist dann auch sehr stabil da. Im Deutschen ist ein Mensch entsprechend entweder intelligent, oder sie oder er ist es nicht. Verlieren kann man seine Intelligenz kaum. Intelligenter werden, als man ist, geht auch nicht. Im Russischen ist das anders. Hier gibt es *ehemals intelligente Menschen* und sogar eine Abkürzung dafür: *BITsch*, ausgeschrieben: *bywschij intelligentnyj tschelowek*. Wie nun kann ein Mensch seine Intelligenz verlieren?

Um das zu verstehen, ist es erst einmal notwendig zu wissen, dass zwar das deutsche Wort Intelligenz und das russische Wort Intelligenz so ziemlich dasselbe bedeuten, aber ein intelligenter Mensch im Deutschen etwas anderes ist als ein intelligenter Mensch im Russischen. Im Deutschen ist ein intelligenter Mensch klug, aber über seine moralischen Eigenschaften sagt das Adjektiv nichts aus. Im Russischen dagegen werden nur moralisch hochstehende, dafür würdige Menschen auch intelligent genannt. Wenn man also auf Russisch sagt, diese oder jener sei intelligent, so ist damit auch immer ein positives moralisches Urteil gesprochen. Aus dieser Sicht kann also ein *ehemals intelligenter Mensch* jemand sein, der oder die früher hohen Moralvorstellungen entsprochen hat, nun aber nicht mehr.

Das ist tatsächlich ein Teil der Erklärung, wenn auch nicht die ganze. Denn ursprünglich bedeutete die Abkürzung *BITch* gar nicht ehemals intelligenter Mensch, sondern war eine direkte Übernahme aus dem amerikanischen Englisch. Dort sind im Slang *beach* (und genauso wird das Russische *BITsch* ausgesprochen) Saisonarbeiter ohne Arbeit. Und genau diese Bedeutung hatte das Wort zuerst auch im Russischen. Später erweiterte sie sich zu Wanderarbeiter oder auch Squatter. Erst im Nachhinein, in den 1960er- und 1970er-Jahren, wurde *BITsch* als Abkürzung hinzuerfunden.

Die 2015 erschienene *Enzyklopädie des sowjetischen Alltagslebens* bezeichnet *BITsch* als einen meist heruntergekommenen, oft arbeitslosen und dem Alkohol verfallenen Menschen. Oft sind *BITsch* obdachlos, hatten im früheren Leben aber eine gute Ausbildung genossen und auch einen entsprechenden, wohl bürgerlich zu nennenden Lebensstil. Ihr Leben fristen sie meist nicht selten in einer der entlegeneren Gegenden des großen Landes, das in seiner leeren Weite jede Menge Rückzugsorte bietet. Vor allem in Sibirien bin ich immer wieder *BITsch* begegnet.

Im Altai (siehe Grund 28) liegt, weitab von fast allem, der 80 Kilometer lange, sehr tiefe und kalte *Telezker See*. Zu ihm führt nur eine Straße, die gleich an seinem einzigen Ausfluss endet. Am anderen, dem fernen Ende des Sees gibt es einen Strand, zu dem man nur in tagelangen Wanderungen durch ein Naturschutzgebiet mit Bären, Schneeleoparden und Wölfen gelangt oder über das Wasser. Wir hatten einst im Sommer ein Boot gemietet und waren schon auf dem Weg zurück, als uns ein Gewitter überraschte. Der starke Wind und die hohen Wellen zwangen dazu, das Gewitter am Ufer abzuwarten. Vom See aus hatten wir eine kleine Hütte und ein Zelt gesehen, bei denen wir anlandeten. Hier hausten zwei Männer, deren genaues Alter angesichts ihrer sonnengegerbten Haut und der roten Alkoholikernasen nur schwer zu bestimmen war. Sie hätten schon gut über 50 sein können, aber auch noch in ihren späten Dreißigern. Nach eher unwilliger Begrüßung durch sie und ihren kläffenden Wachhund gewährten sie doch Asyl, ausdrücklich nur für die Zeit des Gewitters, das wir uns allerdings mit gemeinsamem Trinken verdienen mussten. Die beiden Männer kamen aus dem europäischen

Teil Russlands, einer aus Moskau. Im Gespräch wurde recht schnell klar, dass beide durchaus eine gute Bildung genossen hatten. Was sie aus der Bahn geworfen hatte, blieb im Ungefähren. Ärger mit dem Gesetz schien es bei dem einen zu sein, eine Scheidung und als ungerecht empfundene Alimentezahlungen beim anderen. Jedenfalls schienen sie nun schon mehrere Jahre den Großteil des Jahres hier am entlegenen südsibirischen Seeufer zu leben. Ihr Geld verdienten sie sich anscheinend damit, mit reichen US-Amerikanern und Kanadiern zum Fischen auf den See zu fahren. Ob sie dafür eine Lizenz hatten, wage ich zu bezweifeln. Als sie sich verabschiedeten, schenkten sie uns noch ein kleines Büchlein, in dem praktisch die gesamte seinerzeitige russische Elite, vom ersten Präsidenten Boris Jelzin bis zum damals schon regierenden Wladimir Putin, als verkappte Juden und Freimaurer entlarvt wurde, die sich unter der Vorspiegelung, sie seien Russen, das Land untertan gemacht hätten und ausraubten. Das Gewitter war glücklicherweise so schnell vorbei, wie es aufgezogen war. Wir verabschiedeten uns mit einem letzten Wodkatoast auf unser aller Gesundheit und waren sehr erleichtert, als das Boot wieder Wasser gewann.

34. Grund

Weil viele Russen so leicht gekränkt sind

Die Kränkung ist eines der stärksten menschlichen Gefühle. Der Psychologe Reinhard Haller bezeichnet sie in seinem Buch *Die Macht der Kränkung* gar als das »Urmotiv des Urverbrechens«. Niemand könne sich ihrer Macht entziehen, denn eine Kränkung sei »ein Generalangriff auf das gesamte Ich«. Wer lebt, wird gekränkt. Und umgekehrt zitiert Haller aus einem Therapieprotokoll: »Mich kränkt niemand mehr, ich sterbe …«

Wie in anderen Sprachen auch (zum Beispiel im Deutschen oder im Englischen) bezeichnet das russische Wort für Kränkung, *obida*, dabei beides: sowohl die Handlung des Kränkenden als auch die Reaktion des Gekränkten. In der russischen sozialen Kommunikation spielt diese so starke Kraft aber eine besondere, eine herausragende Rolle. Auch erreichen die damit beim Gekränkten ausgelösten Gefühle ein sehr weites Spektrum. Russische Wörterbücher schlagen als Synonyme für *obida* Begriffe wie Erniedrigung, Ehrlosigkeit, Leid, Schmerz, Unglück, aber auch Schande vor. Das Gefühl des Gekränktseins schließt in Russland zudem Aspekte von Gerechtigkeit und Ungerechtigkeit mit ein. Gekränkt worden zu sein verletzt nicht zuletzt das Gerechtigkeitsgefühl.

Bei *Wladimir Dal*, dessen Mitte des 19. Jahrhunderts erschienenes Wörterbuch der russischen Sprache in seiner Bedeutung dem deutschen Wörterbuch der Gebrüder Grimm entspricht, steht der Gerechtigkeitsaspekt sogar noch im Vordergrund. Außerdem wird bei ihm unter *obida* vor allem der Prozess der Kränkung verstanden, weniger das gekränkte Gefühl als sein Resultat. Das hat sich auch bei seinem Nachfolger *Dmitrij Uschakow*, dessen vierbändiges Wörterbuch in der zweiten Hälfte der 1930er-Jahre erschien, kaum geändert. Ebenfalls erscheint hier als gekränkt noch immer vor allem, wer ungerecht behandelt wird. Erst dann vollzieht sich offenbar sehr schnell ein Bedeutungswechsel. In der Neubearbeitung von *Uschakows* Wörterbuch durch *Sergej Oschegow*, erstmals erschienen Ende der 1940er-Jahre, steht plötzlich der Gekränkte im Mittelpunkt. Dabei ist es bis heute geblieben.

Das russische Verständnis von *obida* geht aber noch viel weiter als oben beschrieben. In seiner adverbialen Form, *obidno*, drückt er die Enttäuschung, ja den Schmerz aus, wenn etwas trotz guter Voraussetzungen, guter Absichten und durchaus großer Anstrengungen nicht geklappt hat. Ich möchte das an einem populären Beispiel zeigen. In dem sowjetischen Filmklassiker *Weiße Sonne der Wüste* (siehe Grund 88), einem *Eastern*, der in Russland so bekannt ist wie in Deutschland die Rühmann'sche *Feuerzangenbowle* (der Legende nach schauen sich alle Kosmonauten den Film am Vorabend des Starts in den Weltraum an), fasst einer der positiven Helden, ein dem Alkohol verfallener ehemaliger Zollmeister irgendwo in einer Sandwüste am Kaspischen Meer, seinen Schmerz über den Untergang des Russischen Imperiums und die Anarchie des Bürgerkriegs und den Versuch, ihn zu bestechen, in die Worte: »Mne sa derzhawu obidno«. Das kann man in seiner Hauptbedeutung etwa mit »Ich bin gekränkt für mein Land/meinen Staat« übersetzen.

Dieses Zitat ist längst zum geflügelten Wort geworden. Neben der Kränkung drückt das Zitat eben auch sehr viel über das Verhältnis der Menschen in Russland zu dem aus, was nicht nur umgangssprachlich, sondern auch in der öffentlichen Kommunikation *wlast* (siehe Grund 111) genannt wird.

Die Betrachtung eines so fundamentalen Begriffs wie *obida* kommt nicht ohne Politik aus. Man kann sich Russland heute als ein sich zutiefst gekränkt fühlendes Land vorstellen. Haben viele Russen nun (gute) Gründe, gekränkt zu sein? Diese Frage ist so (abstrakt) kaum zu beantworten. Kränkungen haben die Eigenschaft, kaum objektivierbar oder messbar zu sein. Wir alle fühlen uns irgendwann gekränkt. Niemand kann sich dem entziehen.

Gehen wir deshalb noch einmal zurück auf die psychologische Ebene. Es gibt einige Persönlichkeitsstrukturen, deren Träger leichter, schneller und nachhaltiger zum Gekränktsein neigen als andere. Man kann zum Beispiel sagen, dass Kränkungen umso mehr, umso tiefer und umso nachhaltender wirken, je unsicherer die Gekränkten sich ihrer selbst sind. Die politische, in großen Teilen auch die intellektuelle Elite in Russland sucht seit vielen Jahren nach einer neuen oder erneuerten Staatsidee. Was ist Russland, wenn es nicht mehr die Sowjetunion ist? Was ist Russland, wenn es kein Imperium mehr ist? Was ist Russland, wenn es keine Supermacht mehr ist? In diesem Sinn ist Russland heute ein suchendes Land. Man braucht nur eine beliebige russische Zeitung oder Website aufzuschlagen, eine politische Talkshow im Fernsehen anzuschauen oder einem Gespräch im Radio zuzuhören, und mit großer Wahrscheinlichkeit geht es irgendwann genau darum. Mit großer Wahrscheinlichkeit behauptet jemand dort, Russland sei etwas Besonderes und habe einen besonderen Weg oder gar eine besondere Mission. Und mit großer Sicherheit behauptet dort jemand, dass dem Land großes Unrecht angetan worden sei oder angetan werde, dass (von außen) mit allen Kräften zu verhindern versucht werde, dass Russland diesen besonderen Weg gehe oder diese besondere Mission finde.

Nun ist jede Kränkung ein Kommunikationsakt. Es gibt einen Kränkenden, eine Kränkungsbotschaft und einen Gekränkten. Im russischen öffentlichen Diskurs nimmt die Rolle des Kränkenden meist ein anonymer, kollektiver *Westen* ein (mitunter als Kulmination in den USA personalisiert, mitunter und in letzter Zeit immer häufiger aber auch der EU). Russland ist der Gekränkte (oder die Gekränkte): »Nas obideli« – »man hat uns gekränkt«. Die Kränkungsbotschaften, also das, was die Kränkung ausgelöst hat, variieren. Mal ist es die sogenannte *Osterweiterung der NATO*; dann wieder überall gesehene oder vermutete *doppelte Standards*; dann wiederum lassen es westliche Regierungen angeblich an der notwendigen Achtung Russland gegenüber vermissen, behandeln das Land also nicht auf *Augenhöhe*. Von Dauer ist nur, dass es immer Russland ist, das gekränkt worden ist, aber niemals selbst kränkt oder, in der Rückschau, gekränkt hat. Ein ganzes Land wird so zum Opfer erklärt. Russland, so die Botschaft, ist dagegen die Unschuld selbst. Die dauerhafte Kränkung ist dabei Grund und Begründung für diese Unschuld zugleich.

Mit diesem (Selbst-)Bild des unschuldigen und ungerecht behandelten Opfers korrespondiert ein anderes Bild, das eines siegreichen Russland im gerechten (Überlebens-)Kampf. Diesem Bild zufolge ist das Land von Feinden umstellt, wurde in seiner (tausendjährigen!) Geschichte immer wieder von allen Seiten angegriffen (in jüngster Zeit vor allem aus dem *Westen*), verteidigte sich heldenhaft und trug deshalb immer den (gerechten) Sieg davon. Und selbst wenn das mit dem Sieg einmal nicht so recht gelang, wie etwa im Ersten Weltkrieg, dann nur, weil böse ausländische Kräfte im Verein mit Verrätern im Land das hinterhältig hintertrieben.

Die größte Kränkung, die Russland diesem Diskurs zufolge in den vergangenen Jahrzehnten (selbstverständlich erneut durch den *Westen*) zugefügt wurde, eine wahrhaft *narzisstische* Kränkung, war der Zerfall des Russischen Imperiums in seiner letzten Ausprägung, der Sowjetunion. Eben diese Kränkung drücken die Putin'schen Worte von der »größten geopolitischen Katastrophe des 20. Jahrhunderts« aus. Der Untergang des Russischen Imperiums erscheint so nicht mehr als politische Niederlage einer Idee oder einer Gruppe, sondern als Demütigung des ganzen Landes.

35. Grund

Weil Innen und Außen so grundverschieden sind

Viele Menschen, die nach Russland kommen, schwärmen von der russischen Gastfreundschaft und Wärme. Ich auch. Aber um beides zu spüren zu bekommen, muss man entweder ein ganz fremder Gast sein, von dem angenommen wird, dass er bald wieder geht. Oder aber man muss lange hier sein, Freundschaften geschlossen haben und vielleicht Verwandte gewonnen. Denn das russische öffentliche Leben ist oft hart und verschlossen. Auf der Straße sind nur wenig lächelnde oder einfach freundliche Menschen zu finden. Augenkontakte sind selten. Es gibt im Land einen fundamentalen Unterschied zwischen Innen und Außen.

Außen, außerhalb der eigenen Wohnung, außerhalb des Freundes- oder Verwandtenkreises, außerhalb der Kollegenrunde ist buchstäblich Feindesland. Wer sich nicht wappnet, scheint die Devise zu sein, läuft Gefahr, darin umzukommen. Innen dagegen, innerhalb der eigenen Wohnung, innerhalb des Freundes- oder Verwandtenkreises, innerhalb der Kollegenrunde herrscht die Wärme (und meist auch die Gastfreundschaft), die vielen Fremden in Russland so positiv auffällt.

Das fängt schon im Treppenhaus an. Die Wohnungen sind akkurat, sauber und gepflegt, da wird liebevoll ausgestattet und repariert, wenn etwas kaputtgeht. Doch kaum ist die Wohnungstür zu, findet man sich oft in einem verwahrlosten Niemandsland wieder. Zigarettenkippen auf dem Boden, heruntergefallener Müll, Spuckreste, selbst Hundekot, nichts von alldem sollte einen verwundern. Und kaum jemand fühlt sich verantwortlich.

In letzter Zeit ändert sich das ein wenig, und deshalb denke ich manchmal, dass das ein Überbleibsel aus der Sowjetunion ist, als alles nominal Gemeinschaftseigentum war, aber in Wirklichkeit niemandem gehörte. Verantwortlich war der Staat, der diese Verantwortung damals vielleicht wahrnahm, nun aber, in kapitalistischen Zeiten, kaum mehr. Zumal die meisten Wohnungen inzwischen privatisiert sind. Die Russen sind ein Volk von Wohnungsbesitzern. In Moskau zum Beispiel leben rund 90 Prozent der Menschen in eigenen Wohnungen und nur 10 Prozent zur Miete. Aber privatisiert sind eben meist nur die Wohnungen, nicht das Treppenhaus, nicht der Grund und Boden, auf dem das Haus steht, nicht der Weg davor und die Blumenrabatte hinter dem Weg. All das bleibt bisher vorwiegend Sache des Staates oder besser der Stadt, also nicht unsere (scheinen viele Menschen zu denken).

Die hier am Beispiel der Wohnung beschriebene scharfe Trennung von Innen und Außen dürfte ihre Wurzeln zumindest teilweise in der langen, 70 Jahre währenden Diktatur haben. Dem Außen war einfach nicht zu trauen. Es war unberechenbar, willkürlich. Umso wichtiger wurde die Versicherung des Innen, der eigenen Leute. Das zeigt sich übrigens bis heute noch in der Sprache. Wenn man sagen will, dass jemand vertrauenswürdig sei, dann drückt man das dadurch aus, dass man ihn *swoj* nennt (oder sie *swoja*). Das heißt eigentlich *mein* oder *unser*, kann aber auch die Bedeutung von *eigen* oder *inländisch* annehmen.

Zum anderen mag der große Unterschied von Außen und Innen am grundsätzlichen Verhältnis von Staat und Mensch oder, wie man in Russland meist sagt, *vlast* und *narod* (also *Macht* und *Volk*) liegen. Ich gehe darauf ausführlicher in Grund 111 ein. Hier nur so viel: Beide, Staat und Mensch, misstrauen sich zutiefst. Der Erfahrung vieler Menschen in Russland nach sollte man sich nicht auf den Staat verlassen. Schon gar nicht, wenn man in Not ist. Das heißt nicht, dass der Staat nichts macht und nie hilft. Aber verlassen kann man sich darauf eben nicht. Auch deshalb sind die Familie und Freunde so besonders wichtig.

36. Grund

Weil es das Land der unaussprechlichen Abkürzungen ist

Abkürzungen können das Leben und mitunter die Kommunikation erheblich vereinfachen. Sie machen lange und schwer merkbare Bezeichnungen oder Namen erst im Alltag handhabbar. Wichtiger noch, Abkürzungen können viel Zeit sparen. Beim Schreiben vielleicht noch mehr als beim Sprechen. Wer würde schon *Bayrische Motoren-Werke* sagen, wo *BMW* doch so schön griffig klingt. Oder *I.-A.-Lichatschow-Fabrik*, wenn *SIL* das Gleiche ausdrückt, nur eben viel schneller und leichter? Wie viel einfacher war es doch für Fernsehsprecherinnen in der Sowjetunion, sagen zu können, der Generalsekretär des *ZK* der *KPdSU* habe dies oder jenes gesagt, anstatt den ganzen Sermon *Zentralkomitee der Kommunistischen Partei der Sowjetunion* aussprechen zu müssen. Ebenso gibt es heute das *MWD*, das Ministerium für Innere Angelegenheiten, das *MID*, das

Außenministerium, oder das *MER*, das Ministerium für Wirtschaftliche Entwicklung.

Man kann es aber auch übertreiben. Die russische Verkehrspolizei hieß früher *GAI* (für Staatliche Automobilinspektion) und wurde dann in *GIBDD* umgetauft (Staatliche Inspektion für die Sicherheit im Straßenverkehr). *GIBDD* hat sich übrigens im alltäglichen Sprachgebrauch nicht durchgesetzt, weshalb die Verkehrspolizei inzwischen selbst offiziell eine weitere Abkürzung ziert: *GosAwto-Inspektiza* oder Staatliche Autoinspektion.

Diese Form der Abkürzung durch Aneinanderreihung der jeweils ersten Silben war auch in der Sowjetunion sehr beliebt. Da gab es den *Komsomol*, das *Komitet Sozialistitscheskych Molodesch*, den kommunistischen Jugendverband. Oder den LitFond, die Vereinigung der Schriftsteller. Heute gibt es das MinFin, das Finanzministerium, und die *WGBIL*, die Staatliche Bibliothek für Ausländische Literatur.

Komplizierter wird es mitunter im Alltag. Eines Tages fanden wir in unserem Hauseingang folgenden Aushang der Hausverwaltung: »Sehr geehrte Hausbewohner, von ... bis ... wird *GWS* abgestellt (Abdrücken der *WWP GWS* am *ZTP*). Die Arbeit wird durch *OAO MOEK* durchgeführt.« *GWS* ist die Heißwasserversorgung, *WWP* und *ZTP* sind mir bis heute ein Rätsel (wobei *WWP* sonst meist entweder Bruttoinlandsprodukt oder *Wladimir Wladimirowitsch Putin* bedeutet). Die *OAO MOEK* ist die *Offene Aktiengesellschaft Vereinigte Moskauer Energiekompanie*. Der Grund des Aushangs war simpel: Für Reparaturarbeiten wurde für drei Tage das Heißwasser abgestellt. Ich denke, man hätte das auch einfacher und verständlicher ausdrücken können.

In meinem Briefkasten fand sich eines Tages eine Vorladung der Polizei. Sie wollten mich als Zeugen befragen. Die Vorladung fing so an: *OEB* und *PK UWD* des *SAO GU MWD RF* der Stadt Moskau forderte mich auf, an einem bestimmten Tag zu ihnen zu kommen. Ich bin sehr stolz, zumindest einigermaßen verstanden zu haben, wer hier was von mir verlangte: Es war die *Abteilung zum Kampf gegen*

Wirtschaftsverbrechen und Korruption der Verwaltung des Inneren des Westlichen Verwaltungsbezirks der Hauptabteilung des Innenministeriums der Russischen Föderation der Stadt Moskau. An diesem Tag wusste ich, dass meine Integrationsbemühungen in Russland durchaus erfolgreich waren.

Dieses Abkürzungswesen schlägt inzwischen so fröhliche Urständ, dass die Moskauer Stadtzeitung *The Village* unlängst eine Liste der 10 unverständlichsten Abkürzungen veröffentlicht hat. Ihr Champion war folgende: *GUSMOMOZPBSPIDIS*, ausgeschrieben die *Staatliche Gesundheitseinrichtung des Moskauer Gebiets im Moskauer Gebietszentrum für die Vorsorge vor und den Kampf gegen Aids und Infektionskrankheiten.*

37. Grund

Weil Aberglaube noch alltäglich ist

Aberglaube gibt es überall. Aber in Russland scheint er mir doch noch alltäglicher zu sein als zum Beispiel in Deutschland. Die Vorzeichen nicht zu (er)kennen kann deshalb leicht zu peinlichen Situationen führen. Bei einigen Vorzeichen ist es einfach, weil es sie gleich auch in Deutschland gibt. So bedeutet eine schwarze Katze auf dem Weg auch in Russland nichts Gutes. Das gilt ebenso für das Krächzen von Raben und Krähen. Ein zerbrochener Spiegel kündigt ebenfalls von künftigem Unglück, und das gleich für die kommenden sieben Jahre. In Trauerhäusern werden auch die Spiegel verhängt, um bösen Geistern ihr übles Spiel zu erschweren.

Andere Vorzeichen dagegen waren mir unbekannt. So sollte man zu Gast bei Bekannten und Freunden in Russland nicht pfeifen. Denn das, so glauben viele, führe dazu, dass den Gastgebern bald das Geld ausgeht. Sollten Sie in Russland jemandem zufällig auf den Fuß treten, empfiehlt es sich, sogleich den eigenen Fuß hinzuhalten, damit diese Person den Fehltritt symbolisch zurückgeben kann. Andernfalls, so der Aberglaube, werde man sich zerstreiten. Ähnliches Ungemach droht, wenn man sich über die Türschwelle begrüßt. Also, keine Umarmung, keine Wangenküsschen, kein Handschlag in der Türöffnung. Dahinter steht die überkommene Vorstellung des Hauseingangs als einer Art Sicherheitsschleuse, die die böse und unsaubere Außenwelt vom sicheren und reinen Heim trennt und schützt. Wenn man sie durch die Begrüßung überbrückt, bahnt man dem Bösen einen Weg ins Haus.

Ein Fauxpas ist es auch, spitze oder scharfe Gegenstände wie Messer oder Scheren zu verschenken. Das provoziert Streit und wünscht dem Beschenkten nichts Gutes. Allerdings gibt es gegen diesen Fluch ein einfaches Gegenmittel. Der oder die Beschenkte gibt im Gegenzug dem Schenkenden eine kleine Münze, ein paar Kopeken oder einen Rubel. Dann gilt es nicht als Geschenk, sondern Verkauf, und die bösen, aber blöden Geister sind überlistet. Schlecht beleumundet ist es, noch einmal zurückzukehren, weil man etwas vergessen hat, nachdem man die Wohnung verlassen hat. Auch das bringt angeblich Unglück. Aber auch hier gibt es eine Heilungsmethode. Vor dem erneuten Aufbruch sollte man in den Spiegel schauen – und alles wird gut!

Ein aus Aberglauben entstandener Brauch gefällt mir aber so gut, dass wir ihn zu Hause übernommen haben und, so wir es nicht vergessen, immer zu beachten versuchen. Bevor man sich auf eine Reise begibt, setzen sich, bei gepackten Koffern, alle, also die Reisenden ebenso wie die Daheimbleibenden, kurz hin (wenn sie stabil genug sind, auf die Koffer) und schweigen gemeinsam einen Augenblick. Danach wird unverzüglich aufgebrochen. Dieses kurze Innehalten vor einer langen Reise (und eventuell längeren Trennung) hat etwas zutiefst Beruhigendes.

38. Grund

Weil es nie langweilig wird

Dieser Grund ist eine Luxusliebe. Eine Liebe, die ich mir nur leisten kann, weil ich eben nicht aus Russland komme. Weil ich jederzeit wieder weg könnte. Weil ich es ruhig und langweilig haben könnte, wenn ich nur wollte. Und weil das dann nicht bedeuten würde, mein Land, meine Heimat verlassen zu müssen. Wobei das mit der Heimat so eine Sache ist. Ein wenig bin ich auch in Russland schon heimisch geworden. Oder besser gesagt in Moskau. Oder noch genauer in unserer Wohnung am Weißrussischen Bahnhof und in der Gegend drum herum. Ich komme nach Hause, wenn ich hierherkomme. Und Russland, Moskau ist natürlich die Heimat meiner Frau.

Aber weil ich eben den Luxus habe, jederzeit weg zu können, zumindest theoretisch, zieht mich das Abenteuer an, das Russland auf Schritt und Tritt ist. Das Leben hier ist fast nie vorhersagbar. Jederzeit kann etwas Neues, etwas Unerwartetes beginnen. Die meisten Menschen hierzulande, ich schließ meine Frau da ein, hätten es, so vermute ich, sicher viel lieber andersherum. Abenteuer, wenn *sie* auf Reisen sind, und mehr Ruhe und Beständigkeit zu Hause. Sie haben, nach nun rund drei unruhigen Jahrzehnten, genug davon, dass sich alles andauernd ändert.

Viele sehnen sich deshalb nach einer Zeit zurück, die noch vor Kurzem als *Zeit des Stillstands* der Inbegriff der Langeweile und der Perspektivlosigkeit war. Unter dem kommunistischen Generalsekretär *Leonid Breschnjew* schien in der Sowjetunion der 1970er-Jahre im Guten, vor allem aber im Schlechten die Zeit stehen geblieben zu sein. Der Krieg war seit mehr als zwei Jahrzehnten vorbei. Hunger gab es schon lange nicht mehr. Der Lebensweg eines jeden einzelnen Menschen schien von der Wiege bis zum Grab vorgezeichnet. *Breschnjew* schien den meisten ewig. Ebenso die Sowjetunion und die Kommunistische Partei.

Doch dann begannen plötzlich, fast aus dem Nichts, die Änderungen und hörten nicht mehr auf. Erst starb 1982 *Breschnjew*, dann, nur anderthalb Jahre später 1984, sein Nachfolger *Jurij Andropow*. Sein Nachfolger *Konstantin Tschernjenko* überlebte seine Wahl sogar nur für 10 Monate. Im Frühjahr 1985 ging der Stern von *Michail Gorbatschow* auf, *Perestroika* und *Glasnost* brachen in das bis dahin so berechenbare sowjetische Leben ein, und schon sechs Jahre später war die Sowjetunion Geschichte. Alles war nun ständig anders. Das Land Russland, in dem die Menschen sich plötzlich wiederfanden, hatte es so, in diesen Grenzen, vorher nie gegeben. Das Leben war nicht mehr bescheiden, aber stabil, sondern einige wurden sehr reich und viele noch ärmer. Russland (als Nachfolger der Sowjetunion) wurde im Ausland zwar nicht mehr gefürchtet, aber bald auch kaum mehr geachtet. Die Nachrichten im Fernsehen waren nicht mehr langweilig, sondern vielfältig. Und immer öfter waren sie schrecklich. Das Leben wurde für viele Menschen zu einem Kampf ums Überleben. Zwar freier als je zuvor, aber eben auch viel ungeschützter.

In Tschetschenien kam der Krieg zurück. Zweimal, 1991 und 1998, wurden fast alle Ersparnisse entwertet. Erst das Jahrzehnt Wirtschaftsaufschwung ab 1998 brachte wieder ein wenig Wohlstand und ein bescheidenes Gefühl von Sicherheit. Eine Entwicklung, die viele mit dem neuen Präsidenten *Wladimir Putin* verbinden. Aber auch dieser Wohlstand und diese Sicherheit werden von den meisten Menschen im Land als gefährdet, als nicht wirklich sicher empfunden. Dabei sehnen sie sich nach Ruhe und Stabilität. Mit entsprechenden Losungen gewann *Wladimir Putin* auch seine Wahlen. Alles, bloß keine Änderungen mehr.

Auf der anderen Seite ist eine der häufigsten Klagen von Russinnen und Russen, die von Reisen ins (west-)europäische Ausland zurückkehren, dass dort alles so langweilig, so wohlgeordnet, so voraussagbar sei. Die Menschen dort, heißt es dann oft, hätten das wahre, das gefährliche Leben längst verlernt. Und dann stolz und ein wenig selbstironisch: Das gäbe es halt nur noch in Russland.

39. Grund

Weil nur Säufer trinken, ohne zu essen

Russland gehört zu den Ländern mit dem höchsten Pro-Kopf-Konsum von Alkohol. Das ist ein Unglück für das Land. Nicht wenige der fast 20.000 Verkehrstoten jährlich (Zahl von 2017) gehen auf das Konto von betrunkenen Fahrern. Auch die im europäischen Vergleich sehr niedrige Lebenserwartung (vor allem der russischen Männer) hat direkt mit dem Alkohol zu tun. Wenn man allerdings auf eine andere Statistik schaut, scheint der Wodka-, Wein- oder Bierdurst in Russland gar nicht so sonderlich hoch zu sein. Mit rund 15 Litern reinen Alkohols liegt Russland gar nicht so weit vor Deutschland in der weltweiten Führungsgruppe. Was solch allgemeine Statistiken aber nicht zeigen, sind die Unterschiede.

Eines der größten Probleme in Russland ist schwarzgebrannter Wodka (oder was dafür ausgegeben wird). Die russische Steuerbehörde (auch in Russland sind die Steuern auf alkoholische Getränke hoch) schätzt den Anteil von Schwarzbrand am gesamten Konsum im Land zwischen einem Viertel und einem Drittel. Das bedeutet erstens, dass der Konsum weit höher liegt, als die Statistik aussagt, und dass ein großer Teil dieses illegalen Hochprozentigen im industriellen Maßstab hergestellt wird. Das ist erst einmal (abgesehen von den Steuerausfällen) eine gute Nachricht, denn hier stimmt auch meist die Qualität, jedenfalls ist dieser Wodka selten gesundheitsgefährdender als legal Gebrannter. Von größerer Gefahr ist der sogenannte *Samagon*, der *Selbstgebrannte*. Selbstbrennen ist vor allem auf dem Land immer noch weitverbreitet, und leider gibt es regelmäßig Berichte über Vergiftungen. Gerade arme Menschen (meistens Männer) trinken zudem fast alles, was Alkohol enthält. Hauptsache es dröhnt.

In einem Land, in dem Alkohol eine so wichtige Rolle spielt, mussten sich aber auch vielfältige Trinksitten entwickeln. Eine davon ist die Regel, nie allein oder zu zweit zu trinken. Mindestens drei sollen es sein. Wer allein trinkt, gilt als Säufer. So konnte es früher vorkommen (und ich habe es noch selbst erlebt), dass an einem Stehtisch bei einem Kiosk zwei Männer vor einer Flasche Wodka stehen, ein paar Plastikbecher haben sie auch dabei, und fragen die Vorbeigehenden, ob sie *nicht der Dritte* sein wollten? Erst wenn ein weiterer Trinkpartner gefunden ist, wird die Flasche angebrochen.

Eine andere Regel sind die allgegenwärtigen Toasts. Ich habe mich in Russland so sehr daran gewöhnt, dass vor dem Schlucken das Sprechen (oder Zuhören) kommt, dass ich immer ganz irritiert bin, wenn in Deutschland eingegossen, vielleicht noch »Prost« gesagt und angestoßen wird, und schon trinken alle. Oder aber, kaum denkbar in Russland, in einer Runde trinkt jemand allein. Das geht nicht, das gehört sich nicht.

Die dritte, vielleicht die wichtigste Regel beim Wodkatrinken sind die *Sakuski*. Damit werden eigentlich Vorspeisen bezeichnet (siehe Grund 60), aber ebenso Kleinigkeiten, die immer auf den Tisch kommen, wenn Hochprozentiges eingeschenkt wird. Das kann ein Stück Brot sein (an dem übrigens immer erst gerochen wird, bevor man abbeißt) oder Erdnüsse. Beliebt ist auch Matjeshering. Oder das *Gesalzene*, in Salzlake marinierte Gurken, Sauerkraut, Knoblauch oder Bärlauch. Im Grunde ist es ganz egal was. Es muss nur etwas zum Kauen sein. Ohne geht es nicht. Denn nur Säufer trinken ohne *Sakuski*. Andererseits darf es zur Not auch etwas Flüssiges zum Nachspülen sein. Saft, Wasser oder *Mors*. Ganz Harte spülen aber auch mit Bier nach. Doch das ist dann doch schon wieder jenseits der Grenze zum Saufen.

Kapitel 5

Alltag und Feiertag

40. Grund

Weil es keine Arbeitgeberjahre gibt

Russland könnte ein Arbeitnehmerparadies sein. Könnte. Das Arbeitsrecht, in vielen Teilen noch aus der Sowjetunion stammend, macht es zum Beispiel fast unmöglich, jemanden zu entlassen. Arbeitsgerichte urteilen zudem in strittigen Fällen meist zugunsten von Arbeitnehmern. Alles in Ordnung also? Keineswegs. Arbeitgeber sind überall auf der Welt erfinderisch, wenn es um ihre Interessen geht. Im Fall von Kündigungen sind sie besonders kreativ.

Eine sehr beliebte Methode ist es, neue Mitarbeiter bei der Unterzeichnung des Arbeitsvertrags gleich auch die Kündigung mit unterschreiben zu lassen. Undatiert natürlich. Die liegt dann beim Chef im Safe und wartet auf ihren Tag.

Nicht immer geht das aber. Der russische Staat mag Kündigungen nicht. Nicht so sehr, weil er sich so um die Menschen sorgen würde. Nein. Die Arbeitslosenstatistik muss stimmen. Nach innen und nach außen. Deshalb gibt es in Russland etwas, was nur auf den ersten Blick absurd aussieht. Man könnte es Null-Kurzarbeit nennen. Wenn ein Betrieb nichts zu tun hat, aber von oben (vom Staat) der Druck groß ist, nur ja niemanden zu entlassen, dann werden die Leute eben nicht entlassen, sondern mit Null-Bezügen nach Hause geschickt. Auf unbestimmte Zeit. Die Arbeitgeber sparen sich den Lohn, und der Staat freut sich über gute Arbeitslosenstatistik, während die Menschen zusehen müssen, wie sie zurecht kommen.

Nun gibt es aber einen Bereich, in dem Russland doch alle anderen Länder schlägt (außer einigen von denen, die ebenfalls aus der Sowjetunion hervorgegangen sind), das sind die arbeitsfreien Feiertage. Nicht dass es so viele davon gäbe. Insgesamt sind es zwölf über das Jahr verteilt: zwei Tage an Neujahr, das orthodoxe Weihnachtsfest am 6. Januar, der *Tag der Vaterlandsverteidiger* am 23. Februar (der einmal *Tag der Roten Armee* hieß), der Internationale Frauentag am 8. März, der Tag der Arbeit am 1. Mai und gleich noch der 2. Mai hinterher, der *Tag des Sieges* (über Hitlerdeutschland) am 9. Mai, der 12. Juni (der *Tag Russlands*, an dem 1990 der noch sowjetische *Kongress der Volksdeputierten Russlands* »Souveränität« erklärte), der *Tag der Volkseinheit* am 4. November (der den Revolutionsfeiertag drei Tage später ersetzt hat) und der *Tag der Verfassung* am 12. Dezember.

Mit der Anzahl der Feiertage ist Russland also nichts Besonderes. Gut, es gibt mit Weihnachten nur einen religiösen Feiertag und nicht, wie in Deutschland gleich, je nach Bundesland, fünf oder sechs. Aber das ist wohl kaum ein erwähnenswerter Unterschied. Das wirklich Schöne für Arbeitnehmer in Russland ist dagegen, dass diese Feiertage nie auf ein Wochenende fallen können. Das heißt, können sie natürlich schon. Der Kalender ist auch in Russland unerbittlich. Aber dann werden sie vor- oder nachgeholt. Wenn also ein Feiertag, sagen wir der 12. Juni, auf einen Samstag fällt, dann beschließt die Regierung, dass entweder der Freitag davor oder der Montag danach arbeitsfrei ist. Anders ausgedrückt: Es gibt in Russland keine sogenannten »Arbeitgeberjahre«, nur »Arbeitnehmerjahre«.

Besonders schön ist das an Neujahr. Der 1. und der 2. Januar sind Feiertage. Nehmen wir an, sie fallen auf einen Sonntag und einen Montag. Dann ist Samstag, der 31. Dezember, ohnehin kein Werktag. Der 1. Januar wäre ohnehin frei, fällt aber auf einen Sonntag und muss also nachgeholt werden. Damit ist der 3. Januar (ein Mittwoch) auch schon mal frei. Donnerstag und Freitag (4. und 5. Januar) wären nun eigentlich Arbeitstage. Aber der 7. Januar, das orthodoxe Weihnachtsfest, ist ja wieder ein Feiertag, der auf einen Sonntag fällt und daher vor- oder nachgeholt werden muss. Damit ist der 4. Januar auch schon arbeitsfrei. Bleibt nur noch der 5., ein Freitag. Hier gibt es zwei Möglichkeiten. Entweder könnte der kommende Sonntag vorgezogen und auf den Freitag vorverlegt werden. Da das nun aber Weihnachten ist, geht das schlecht. In diesem Fall kann die Regierung – und sie hat das schon gemacht – einen anderen Feiertag auf Freitag, den 5. Januar verschieben. Den zweiten Mai zum Beispiel, der keinen anderen Anlass hat als direkt nach dem 1. Mai zu kommen. Und voilà, die berühmten russischen Neujahrsferien sind perfekt: arbeitsfrei vom 31. Dezember bis zum 7. Januar einschließlich.

Es gibt durchaus auch Kritik an dieser Praxis. Nicht daran, Feiertage vor- oder nachzuholen, sondern daran, dass das ganze Land mehr als eine Woche in einen Tiefschlaf fällt. Oder besser gesagt, entzündet sich die Kritik daran, dass dieser Tiefschlaf in vielen Fällen eher ein lang anhaltender Alkoholrausch ist. Aber das halten viele für vorgeschoben und ist dann auch schon ein anderes Kapitel.

41. Grund

Weil man in Russland in der Stadt trampt

Ohne überall auf der Welt gewesen zu sein, wage ich doch zu behaupten, dass überall getrampt wird. So natürlich auch in Russland. Ich persönlich habe nur Tramperfahrung in alten EU-Ländern, wie Deutschland, Österreich, Frankreich, Italien und Schweden. Dort ist Trampen weitgehend eine Fortbewegungsart für junge Leute, vorwiegend auf dem Land oder im Urlaub, aber ohne eigenes Auto und mit wenig Geld. Ganz anders in Russland. Hier findet Trampen vor allem in der Stadt statt und ist eine Art Taxiersatz oder besser noch Alternativtaxi.

In der Sowjetunion gab es viel zu wenig Taxis, die zudem noch teuer waren und nur auf Bestellung oder an den nicht sehr zahlreichen Taxiständen Passagiere aufnehmen durften. Schon damals war das Trampen eine attraktive Alternative. Übrigens sagt niemand in Russland »trampen«, ein in der Sowjetunion verpönter Anglizismus. In Russland wird dagegen *abgestimmt*. Nicht der Daumen signalisiert den Autofahrern, dass da jemand mitgenommen werden will, sondern ein ausgestreckter Arm. Ein bisschen sieht das aus wie bei einer Abstimmung. Jedenfalls stellt man sich an den Straßenrand

Oben: Blick vom Lubjanka-Platz auf den Neuen Platz. Im Hintergrund eines der »Sieben Schwestern« genannten Stalinhochhäuser. **Unten:** Das berühmte Avantgard-Haus an der Moskwa, in den 1920er-Jahren für Regierungsmitarbeiter gebaut.

Oben: Geöffnete Schlossbrücke mit Peter-und-Paul-Festung im Hintergrund während der »Weißen Nächte«. **Unten:** Die Mojka im Zentrum von St. Petersburg.

Oben: Akademisches Puschkintheater in Pskow. **Unten links:** Max Jefremowitsch Gindenburg 95-jährig kurz vor seinem Tod in seiner Wohnung am Moskauer Friedensprospekt. **Unten rechts:** Aischat Magomedowa Ende der 2000er-Jahre in ihrem Büro in der dagestanischen Hauptstadt Machatschkala am Kaspischen Meer.

Oben: Foyer des Konstantinow-Theaters in Joschkar-Ola, Republik Mari-El. **Unten links:** Alexandra Sergejewa, eine Bewohnerin von Tschistopol, einer Kleinstadt am Fluss Kama in Tatarstan. **Unten rechts:** Arsenij Roginskij (1946–2017), langjähriger Vorstandsvorsitzender der Menschenrechtsorganisation Memorial, erklärt Besuchern des GULAG-Museums Perm-36, wie in sowjetischen Gefangenenlagern »politische Erziehung« betrieben wurde.

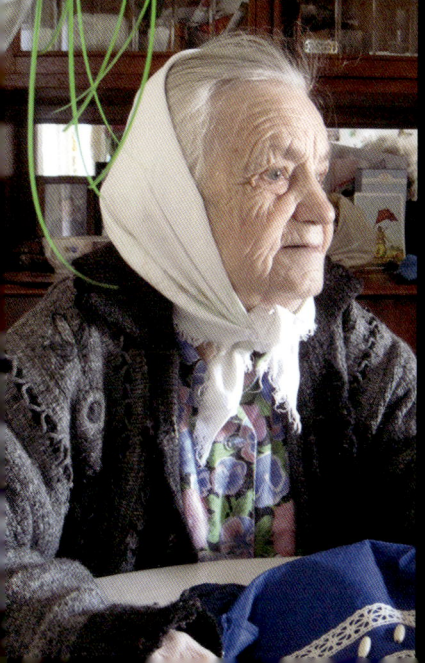

Pferde in einem Tal im Altai-Gebirge.

Oben: Das Kloster auf den Solowki-Inseln von der Seeseite.
Unten: Sonnenaufgang am Polarkreis im Sommer.

Oben: Die Verklärungs-Kathedrale im Kloster auf den Solowki-Inseln im Weißen Meer am Polarkreis.
Unten: Typische Fensterverzierung an einem alten Holzhaus in Sibirien.

Denkmal von Michail Schemjakin für Peter den Großen in der St. Petersburger Peter-und-Paul-Festung.

Oben: Denkmal für Peter den Großen von Jekaterina der Zweiten (der »Großen«) auf dem Senatsplatz in St. Petersburg. **Unten links:** Die Skulptur »Arbeiter und Kolchosbäuerin« von Vera Muchina wurde ursprünglich für die Weltausstellung in Paris 1937 geschaffen und steht heute am Moskauer Friedensprospekt. **Unten rechts:** Leninbüste in einem Moskauer Hof, ganz in der Nähe des Weißrussischen Bahnhofs. Die Büste zieht immer wieder Filmteams an.

Oben: Bahnhof von Sludjanka. Hier trifft die Transsibirische Eisenbahn auf den Baikalsee.
Unten: Bahnhof von Swir an der Strecke St. Petersburg–Murmansk.

Oben: Russische Datscha im Winter.
Unten: Traditioneller russischer Ofen mit Kochstelle und Ofenbank.

Oben: Traditionelle russische Banja mit Ofen und Birkenreisern.
Unten: Walenki, russische Filzstiefel. Wärmer werden die Füße im Winter nicht.

Oben: Mann im Wasserloch im zugefrorenen See beim Eisbaden.
Unten: Verlassenes Haus in einem russischen Dorf.

Einer von vielen unberührten Bergseen im Altai.

und hält die flache Hand mit dem Handrücken nach oben heraus. Nähert sich ein Fahrzeug, kann man die Hand auch ein wenig auf und ab bewegen, als würde man winken.

Hält ein Auto an, tritt man ans Fenster der Beifahrertür, das vom Fahrer heruntergelassen wird, und die Verhandlung beginnt. Die erste Frage ist immer, wo man hinwill. Ist es auf dem Weg des Autos oder zumindest kein allzu großer Umweg, beginnt meist die Verhandlung über den Preis. Hat man sich darauf geeinigt, steigt man ein und auf geht's (man kann natürlich auch einfach einsteigen, muss sich dann mit dem Fahrer aber bei der Ankunft über den Preis auseinandersetzen). Hier sieht man schon den ersten großen Unterschied zum Trampen im Westen. Fahrer, die anhalten, erwarten in aller Regel Bezahlung. Dass man umsonst mitgenommen wird, ist eine seltene Ausnahme. Die ungefähren Preise haben die Menschen im Kopf, wie den Preis für Milch, Kartoffeln oder Brot.

Das *Abstimmen* ist nicht immer ungefährlich, vor allem für alleinfahrende Frauen. Es gibt viele Geschichten über Vergewaltigung, Raub und sogar Mord. Gäste werden auch deshalb (und nicht nur, weil es höflich ist) oft von ihren Gastgebern zum *Abstimmen* auf die Straße begleitet. Alle werfen dann gemeinsam einen demonstrativen Blick auf Fahrer und Nummernschild, um zu zeigen, dass man sich ihn merken werde. Auch der Rückruf von zu Hause, dass man gut angekommen war, gehört unbedingt dazu.

Zu Sowjetzeiten überwogen diejenigen Fahrer, die Leute nur mitnahmen, wenn deren Ziel auf ihrem Weg lag. Das führte dazu, dass man oft erst mehrere Autos anhalten musste, bevor man das richtige gefunden hatte. Mit dem Kapitalismus und der Wirtschaftskrise in den 1990er-Jahren kamen dann Fahrer, die das Taxifahren praktisch zu ihrem Beruf machten, einem illegalen allerdings, da sie erstens meist keine Lizenz haben und zweitens selbstverständlich auch keine Steuern zahlen.

Mit dem Wirtschaftsaufschwung in den 2000er-Jahren tauchte dann in den großen Städten wie Moskau ein neuer Typ inoffizieller

Taxifahrer auf, die Auswärtigen. Meist kamen sie mit ihren Autos aus kleineren Städten, um ein paar Wochen als Taxifahrer im reichen Moskau Geld zu verdienen und dann wieder zurück nach Hause zu fahren. Das Problem mit diesen Fahrern ist, dass man ihnen meist genau zeigen muss, wie und wohin sie fahren sollen, weil sie sich in der Stadt nicht auskennen.

Inzwischen ist, zumindest in den großen Städten und ihrem Umland, auch das weitgehend wieder vorbei. In den vergangenen Jahren haben die Stadtverwaltungen große Anstrengungen unternommen, lizenzierte, meist gelbe Taxis zu etablieren, die man per Telefon oder im Internet bestellen kann. Das Internet mit seinen Taxidiensten wie Uber (der in Russland aber nur eine kleine Nebenrolle spielt; andere, wie das russische *Yandex-Taxi* sind viel größer) hat auch hier viel zur Veränderung beigetragen. So stirbt das *Abstimmen* zumindest in den großen Städten langsam, aber wohl sicher aus. Es ist inzwischen schlicht einfacher und bequemer, noch zu Hause oder im Restaurant schnell etwas in die Smartphone-App zu tippen, im Winter weiter schön im Warmen zu warten, bis die Nachricht kommt, das Taxi sei da, um dann zu einem fixierten Preis fahren zu können. Aber weniger abenteuerlich und damit ein wenig langweiliger ist es auch.

42. Grund

Weil es überall Garderoben gibt

Um im russischen Winter draußen überleben zu können (jedenfalls überall im Land außerhalb der subtropischen Schwarzmeerküste bei Sotschi), braucht es gute, warme Kleidung. In den russischen Kleiderschrank gehört daher unbedingt ein warmer Wintermantel, am besten aus Wolle, aber auch immer noch sehr oft aus Pelz. Überhaupt dauert schon in Moskau, bei Weitem nicht der nördlichsten Stadt des Landes und schon gar nicht der kältesten, der Winter mehr als ein halbes Jahr. Ich gebe zu, das ist die Sicht eines in dieser Hinsicht Immer-noch-Ausländers, die meisten Russen und Moskauer würden protestieren und ihren Frühling und Herbst verteidigen. Doch ich wage die Behauptung, dass es in Moskau und weiten Teilen des Landes nur zwei Jahreszeiten gibt: einen sich von Oktober bis April hinziehenden Winter und einen kurzen, mitunter auch richtig heißen Sommer in den übrigen Monaten.

Kurz: Einen großen Teil des Jahres sind die Menschen hierzulande mit einer mehr oder weniger großen Anzahl von Pullovern, Winterjacken und Mänteln unterwegs, und wenn sie dann ins Warme kommen, müssen diese Kleidungsstücke irgendwohin. Zu Hause oder zu Gast bei Freunden ist das kein Problem. Die Garderoben in russischen Wohnungen sind ausreichend groß und kräftig, die Vielzahl der Jacken und Mäntel zu tragen.

Aber auch im öffentlichen Raum ist fast immer vorgesorgt. Garderoben gibt es überall. In Krankenhäusern oder auf Ämtern, in Restaurants oder Universitäten warten meist ältere Frauen darauf, Mäntel und Jacken im Austausch für eine Garderobennummer entgegenzunehmen. Meist ist das Abgeben der Überbekleidung nicht freiwillig, sondern vorgeschrieben.

Das gilt in Theatern ebenso wie in Kliniken oder vielen Restaurants. Eine Ausnahme scheinen, warum auch immer, Cafés zu sein. Hier gibt es oft nur mitunter wackelige Kleiderständer, die schnell von Daunenjacken und Mänteln überladen sind und umzustürzen drohen. In Restaurants kommt es im Winter oft zu einer Vermischung der Berufe. Der praktisch überall übliche Türsteher (meist ein Mann in den besten Jahren) nimmt hier im Winter auch die Oberbekleidung entgegen. Da kann es dann schon einmal sein, dass man als Gast zu spüren bekommt, dass das eigentlich unter seiner Würde ist.

Was ich bis heute nicht so recht verstanden habe, ist (und meine russischen Freunde und Freundinnen konnte es mir komischerweise auch nicht erklären), ob und wann man Garderobieren Trinkgeld gibt. Angesichts der üblichen Lohn- und Gehaltshöhen dürfte sich ihr Verdienst in sehr engen Grenzen halten. Schon zu Sowjetzeiten war der Garderobierenjob eine Phalanx von Rentnerinnen und Rentnern, die ihr meist wenig üppiges Ruhegeld aufbesserten. Im Zweifel sollte man also lieber elegant ein paar Rubel in die Hände der Helfer gleiten lassen, wenn sie die Kleidung aushändigen oder einem gar, was aber nur bei Garderobemännern vorkommt, in den Mantel helfen. Es gibt aber eine Kategorie von Garderoben, bei denen ich mich dazu nicht durchringen kann: In Theatern oder Konzertsälen scheint mir derart Profanes schlicht nicht angemessen und der Garderobierenwürde auch nicht zuträglich. Ich hoffe sehr, dass ich mich hier nicht irre.

43. Grund

Weil Weihnachten und Silvester virtuell auf einen Tag fallen

Es gibt im Deutschen die Redewendung, etwas passiere erst dann, wenn Weihnachten und Ostern auf einen Tag fielen, also niemals. In Russland ist es nun so, dass in gewisser Weise Weihnachten und Silvester auf einen Tag fallen. Zwar nicht wirklich kalendarisch, sondern nur brauchtümlich, aber immerhin. Wie ist das gemeint? All das, was in Deutschland an Weihnachten und Silvester üblich ist, findet in Russland nur an Silvester statt: Ein *Väterchen Frost* genannter Weihnachtsmann kommt, und er hat in dem engelsgleichen *Snegurotschka* (auf Deutsch: *Schneeflöckchen*) eine Art Christkind zur Seite. *Väterchen Frost* kommt auf einem Schlitten und bringt den Kindern Geschenke. In den Wohnungen werden Tannenbäume aufgestellt (die wie in Deutschland oft Fichten sind) und mit allerlei Figuren, mitunter auch mit Lametta, geschmückt. So weit die Weihnachtsseite des Feiertags.

Gleichzeitig wird aber auch Silvester gefeiert. Auf Russisch nennt man das »das alte Jahr hinausbegleiten«. Die Tische biegen sich vor Köstlichkeiten, darunter unbedingt der Salat *Olivje* (siehe Grund 62) und *Hering unterm Pelz* (siehe Grund 52). Meist wird dem Alkohol kräftig zugesprochen. Und um Mitternacht begrüßen Böller und Raketen das neue Jahr. Das Fernsehen zeigt populäre Spielfilme, vor allem aber (im Sommer schon aufgezeichnete) Silvesterpartys mit allen Stars, die das Land zu bieten hat.

Weihnachten, das orthodoxe Weihnachten, das nach dem von der orthodoxen Kirche weiter benutzten Julianischen Kalender auf den 7. Januar fällt, ist ein rein religiöser Feiertag geblieben. Wobei »geblieben« nicht ganz richtig ist, denn es war früher einmal anders, fast so wie in Deutschland auch. Um das zu verstehen, müssen wir aber ein wenig in der Geschichte zurückgehen.

Weihnachten wurde in dem Teil Osteuropas, der heute Russland ist, mit der Christianisierung der sogenannten Kiewer Rus vor rund 1000 Jahren ein religiöser Feiertag. Neujahr hingegen begannen die Russen erst ab 1700 zu feiern, als Zar Peter der Große den im übrigen Europa üblichen Brauch einführte. Allerdings waren diese Neujahrsfeiern eher bescheiden. Viel wichtiger blieb *Maslenniza*, vergleichbar dem westlichen Karneval, vor Beginn der Großen Fastenzeit vor Ostern und Ostern selbst (siehe Grund 48).

Einige westliche, meist deutsche Weihnachtstraditionen brauchten noch länger auf ihrem Weg nach Osten. Nadelbäume galten dem Volksglauben nach als Zeichen des Todes. Sie im eigenen Haus zu haben brachte, so glaubte man, Unglück. Der erste russische Weihnachtsbaum, von dem wir wissen, geht dann auch auf eine ehemalige Deutsche zurück. Charlotte, die Frau von *Zar Nikolaus I.*, ehemals eine preußische Prinzessin, ließ ihn in ihren Privatgemächern aufstellen. Nach und nach kamen nun auch die anderen »westliche Moden« hinzu: Geschenke unter dem Weihnachtsbaum, das dem deutschen Nikolaus sehr ähnliche *Väterchen Frost* und eben auch *Snegurotschka*. In der zweiten Hälfte des 19. Jahrhunderts unterschied sich Weihnachten in Russland so kaum noch von Weihnachten in anderen Teilen Europas. Doch dann kam, 1917, die Revolution. Und mit ihr der sowjetische Atheismus.

Anfangs allerdings hatten die *Bolschewisten* anderes zu tun und ließen Weihnachten Weihnachten sein. Erst 1928 wurde der Feiertag abgeschafft und zum normalen Werktag. *Väterchen Frost* und Tannenbaum verschwanden. 1935 dann entschied der Diktator *Stalin* (in der Rückschau gesehen genau zwischen den großen Hungersnöten und dem *Großen Terror*), dass auch sowjetische Kinder einen Tag bräuchten, an dem sie Geschenke bekommen. Wahrscheinlich hatte sich die christliche Tradition als stärker erwiesen als erwartet, weshalb sie nun gekapert wurde. All das, was vorher an Weihnachten geschah, verlegte Stalin auf Silvester: *Väterchen Frost* mit *Snegurotschka* im Schlitten, die geschmückte Tanne mit Kerzen, die Geschenke unter dem Baum und die leuchtenden Kinderaugen. 1936 wurde zum ersten Mal im Kreml eine riesengroße Neujahrstanne aufgestellt, wie seither jedes Jahr. Christliche Symbole aber blieben verbannt. Für die Erwachsenen gab es nun, wenn die Kinder im Bett waren, Unterhaltung, große Partys und viel Alkohol.

Und so ist es auch nach dem Ende der Sowjetunion trotz der Rückkehr der Religion und der Öffnung der Kirchen geblieben. Weihnachten bleibt ein religiöses, im engeren Sinn kirchliches Fest. Neujahr ist dagegen für alle. Ein wenig mag das aber auch damit zu tun haben, dass das Christentum in Russland zwar die alles überragende Religion ist, hier aber eben auch zahlreiche Völker mit muslimischen oder buddhistischen Traditionen leben.

44. Grund

Weil der Jedes-Jahr-zu-Silvester-Film drei Stunden lang ist

Jedes Jahr zu Silvester schauen Millionen Deutsche im Fernsehen *Dinner for One*. Ein Ritual. Lange dauert es nicht. Nach knapp zwanzig Minuten kann weitergefeiert werden. Mit dem russischen Silvesterfilm ist das weit schwieriger. Er heißt *Ironie des Schicksals* und ist drei Stunden lang. Trotzdem wird er seit 1975 Silvester für Silvester gezeigt, und viele Leute schauen ihn sich an. Nebenbei gehen die Feiervorbereitungen oft weiter. Der Inhalt ist ja bekannt. Und der geht so.

Jedes Jahr zu Silvester, erklärt der Held am Anfang (und muss das viele Male im Film wiederholen, um seinen Fauxpas zu erklären), gingen er und seine Freunde in die *Banja*, um sich zu waschen. Und damit nimmt alles, also eine Liebesgeschichte (wie *Dinner for One* ja auch), seinen Lauf. Vorher muss aber noch die Kulisse beschrieben werden. Ohne sie keine Story. Der Film beginnt mit Bildern sowjetischer Einheitswohnburgen. Im Dezemberschnee werden immer wieder die gleichen vielen Etagen, Fenster und Balkons riesiger Plattenbauten gezeigt. Ein großer Teil der Menschen in Russland lebt in solchen Häusern. In Großstädten wie Moskau sind das bis zu 90 Prozent der Einwohner.

In solch eine ganz typische Wohnung, Küche und Bad an der immer gleichen Stelle, das Wohnzimmer Schlafzimmer zugleich, in Moskau ist der Held, der 30-jährige Arzt *Schenja Lukaschin,* mit seiner Mutter gerade gezogen. In Kürze will er heiraten. Nun aber feiert er, der eigentlich nicht trinkt, mit seinen Freunden in der *Banja*. Die setzten den volltrunkenen Schlafenden anschließend anstelle eines anderen Freundes in ein Flugzeug nach Leningrad. Dort angekommen, gibt *Lukaschin* einem Taxifahrer seine Adresse: *3. Straße der Bauarbeiter, Haus 25, Wohnung 12*. Dort angekommen, fährt er im Lift nach oben (der Schlüssel passt) und legt sich schlafen.

Es ist genau die gleiche Wohnung, mit der gleichen Adresse (und eben auch dem gleichen Schlüssel), aber eben in Leningrad und nicht in Moskau. Kurze Zeit später entdeckt ihn die Wohnungsbesitzerin, die ihren Freund zum Silvesteressen erwartet, entsetzt in ihrem Bett schlafend. Die Liebesgeschichte nimmt ihren verschlungenen Lauf. Der Freund, Freundinnen, die Mutter von *Nadja*, der Wohnungsbesitzerin, kommen und gehen. Sie und *Schenja Lukaschin* kommen sich bei *Salat Olivje*, *Schampanskoje* und zahlreichen lyrischen Liedern immer näher.

Einen wunderbaren Auftritt hat der brillante Schauspieler *Jurij Jakowlew* als *Nadjas* eifersüchtiger Freund *Ippolit* (was für ein Name!). Nachdem er mehrmals in Rage die Wohnung verlassen hat, kommt er wieder, um das zu tun, weshalb es *Schenja* überhaupt nach Leningrad verschlagen hat: sich zu waschen. Mit Grandesse stellt er sich im Wintermantel mit Schal und Pelzmütze unter die Dusche und verschwindet endgültig in der Neujahrsnacht. *Nadjas* Mutter, die ihm, dem Quatschnassen, im Treppenhaus begegnet ist, fragt, warum *Ippolit* denn so nass sei. *Schenja Lukaschin* antwortet: »Das sind seine Tränen.«

Irgendwann graut der Neujahrsmorgen. *Lukaschin* fliegt zurück nach Moskau und legt sich schlafen. Am Abend ist plötzlich auch Nadja da. *Lukaschin* stellt sie mit glänzenden Augen seiner Mutter vor. Das sei die, von der er ihr erzählt habe, seine Liebste. Sie habe einen wunderbaren Namen: *Nadja*. Trocken antwortet die Mutter: Vor allem sei der Name selten.

Warum es ausgerechnet dieser Film, eine eigentlich nicht sonderlich originelle lyrische Komödie, geschafft hat, Kult zu werden, ist wahrscheinlich genauso schwer zu beantworten wie bei *Dinner for One*. Vielleicht, weil er das Einerlei der sogenannten Zeit des Stillstands in der späten Sowjetunion sehr treffend aufs Korn nimmt. Das Leben ist so normiert, so normal, so wenig abenteuerlich, dass eben gerade daraus und nur daraus wirklich glaubhaft Abenteuer entstehen kann.

45. Grund

Weil fast jeder eine Datscha hat

Es gibt nicht viele Lehnwörter, die es aus dem Russischen ins Deutsche geschafft haben. *Datsche* ist so eines, zumindest im Osten Deutschlands. Aber wie das oft so ist mit Lehnwörtern, sie passen sich in der neuen Sprache an, bedeuten etwas leicht anderes, ganz einfach, weil die Lebenswirklichkeit hier an neuer Wirkungsstätte eine andere ist. Das deutsche Wikipedia schreibt unter dem Stichwort *Datsche*: »Eine Datsche ist ein Grundstück mit einem Garten- oder Wochenendhaus, das der Freizeit und der Erholung dient und Hobbygärtnerei ermöglicht.« Das stimmt für die russische *Datscha* natürlich auch, aber eben nur auch. Eine *Datscha* kann in Russland viel mehr sein und ist vor allem viel wichtiger.

Das zeigen schon die Zahlen. 2010 besaßen 48 Prozent aller Großstadtbewohner und 60 Prozent aller Russen eine *Datscha*. Das heißt, wer keine *Datscha* hat, ist in der Minderheit. Die *Datscha* ist ein zentrales Element des Lebens in Russland. Die Mitteilung, jemand fahre auf die *Datscha* oder sei auf der *Datscha* gewesen, verwundert niemanden, fordert nicht zu Nachfragen heraus. Das ist normal.

Ihren Anfang nahm die Datschenkultur in der 2. Hälfte des 19. Jahrhunderts. Der Name *Datscha* kommt vom russischen Wort für »geben«, *dat*. Eine *Datscha* war ein Haus, ein Grundstück auf dem Land, das der Zar verdienten Würdenträgern schenkte. Eine Art Prämie. Später dann, im wirtschaftlichen Boom des ausgehenden Jahrhunderts und mit dem Entstehen einer Mittelschicht, verbreitete sich das *Datscha* haben dann auch in das Bürgertum. Überall an den neu gebauten Eisenbahnstrecken aus den großen Städten heraus entstanden *Datschensiedlungen*. Es entwickelte sich eine eigene Datschenarchitektur. *Datschen* waren aus Holz, viel Glas und Fenster, unbedingt eine verglaste Veranda. Da sah vieles den Häusern in den deutschen Ostseekurorten sehr ähnlich.

Auch in der Literatur schlug sich dieses Wieder-raus-in-die-Natur nieder. Maxim Gorki beschreibt in seinem Theaterstück *Datschniki*, die deutsche Übersetzung trägt den Titel *Sommergäste*, den letzten Akt des Dramas eines untergehenden Bürgertums kurz vor der Revolution. Auch *Anton Tschechows* letztes Stück *Kirschgarten*, 1903 entstanden, zeigt das Ende einer Epoche, nur dass die tragischen Akteure hier Mitglieder der russischen Aristokratie sind.

Eine eigenständige sowjetische *Datschenkultur* entstand dann in der 1930er-Jahren. Der sowjetische Staat hatte seine eigene Adelsklasse, seine Funktionäre, denen er im Umkreis von Moskau, St. Petersburg und anderen Großstädten großzügige *Datschensiedlungen* bauen ließ. Die meisten dieser *Datschen* gab es aber nur, solange der Hausherr (und seltener die Hausfrau) auf seinem Posten war. Sie waren also nicht wie früher *gegeben*, sondern in gewissem Sinn nur geliehen.

Schon vor dem Krieg allerdings wurden *Datschensiedlungen* auch zu einem Massenphänomen. Bereits damals verließen zum Beispiel jedes Wochenende rund eine halbe Million Moskauer die Stadt zur Erholung im Grünen. Ein wahre, sich Woche für Woche wiederholende Massenwanderung, die, mit der Ausnahme der Zeit des Krieges, bis heute anhält. Das hat auch damit zu tun, dass die *Datschen* in einem sehr vom Staat bestimmten Land ein kleines Stück Freiheit darstellten.

Die Menschen entflohen zudem der Enge der überfüllten Stadtwohnungen. Noch heute haben die Moskauer in ihren Wohnungen im Schnitt nur etwa halb so viel Platz pro Person wie die Berliner. Früher mit den sogenannten Kommunalwohnungen, in denen sich mehrere Familien eine Küche und, wenn sie Glück hatten, auch ein Badezimmer teilten, war es noch weit schlimmer. Die *Datscha* hingegen hatte man mit seiner Familie allein.

Allerdings war die *Datscha* von Anfang an ein Sommerphänomen. Die Holzhäuschen ließen sich meist nicht heizen. Fließendes Wasser gab es nur in besonders privilegierten *Datschensiedlungen*.

Überall sonst wurde das Wasser aus Brunnen, später von einigen Wasserzapfstellen geholt. Im Herbst wurde alles winterfest gemacht, und es ging zurück in die Stadt.

Den Sommer über aber war und ist die *Datscha* Kinderparadies. Die russischen Sommerferien sind lang und dauern von Ende Mai bis zum »ersten Klingeln« am 1. September. Wer eine *Datscha* hatte, schickte die Kinder aufs Land, meist mit oder zu den Großeltern. Für die Kinder begannen Monate der Freiheit, und auch die Erwachsenen konnten sich wenigstens einige Zeit aus dem Weg gehen und mehr Privatheit haben.

Neben diesen eher sozialen Funktionen war die *Datscha* zumindest in der Sowjetunion aber noch aus einem anderen Grund wichtig. Sie war eine Versorgungsbasis mit allem Frischen. Das *Datschengrundstück* zierten meist keine Blumen oder Ziersträucher, sondern hier wurden Kartoffeln, Kohl und Rüben angebaut, mitunter in kleinen Gewächshäusern Tomaten und Gurken gezogen. All das, dazu Beeren und Baumfrüchte, wurde eingemacht und half auch bei oft angespannter staatlicher Versorgungslage über den Winter. Noch in den 1990er-Jahren, dem Wirtschaftskrisenjahrzehnt nach dem Ende der Sowjetunion, in dem oft kein oder nur ein kleiner Lohn bezahlt wurde und der immer wieder mit großer Verzögerung, überlebten viele Menschen in einem durchaus direkten Sinn dank ihrer (vor allem der Großeltern und Rentner) Hände Arbeit im *Datschengarten*. Erst in den 2000er-Jahren, in Zeiten des Wirtschaftsbooms, verdrängten Blumen und Sträucher zumindest im Umkreis der Großstädte allmählich die Kartoffelfurchen.

Und noch etwas anderes hat sich seit dem Ende der Sowjetunion geändert. Aus dem weitgehenden Sommervergnügen *Datscha* ist oft eine Ganzjahresveranstaltung geworden. Freitagnachmittag aus der Stadt und Sonntagabend in die Stadt geht auf den Moskauer oder St. Petersburger Ausfallstraßen nun rund ums Jahr gar nichts mehr. Viele der oft baufälligen Holzhütten wurden durch Steinhäuser ersetzt oder neue *Datschen* gleich aus Ziegel und Beton gebaut.

Das verändert auch den Charakter der *Datschen*. Vom Sommerhaus werden immer mehr von ihnen zur Zweitwohnung, zum Landhaus. So, von diesem Massenphänomen aus gesehen, ist Russland heute schon ein reiches Land.

46. Grund

Weil es den russischen Ofen gibt

Auf den ersten Blick sehen die traditionellen russischen Holzhäuser nicht sonderlich winterfest aus. Aber das kann natürlich nicht sein. Tatsächlich sind sie ganz ausgezeichnet für den Winter gerüstet. Holz ist ein gutes Dämmmaterial. Wichtiger aber ist der russische Ofen, die *Petschka*. Ein russischer Ofen wird gemauert und danach meist weiß getüncht. Er ist das Zentrum des Hauses. Über dem Ofen streckt sich der Schornstein in den Himmel. Um den Ofen die Zimmer. Das ist das Prinzip: ein Ofen für das ganze Haus.

So ein traditioneller russischer Ofen ist fast schon ein Kunstwerk, ihn zu bauen edle Handwerkskunst. Leider ist dieses Können in heutigen Zeiten, in denen selbst in kleineren Städten und größeren Dörfern die Fernheizung dominiert, weitgehend abhandengekommen. Denn ein russischer Ofen ist nicht einfach eine Art Bollerofen nach dem Prinzip: Wird geheizt, ist es warm, ansonsten wird es schnell wieder kalt. Er besteht vielmehr, neben der Brennkammer, aus vielen verschiedenen und gewundenen Kanälen, die die Luft so lenken, dass das steinerne Ungetüm sich aufheizt und die Wärme über einen langen Zeitraum wieder abgibt. Anders ausgedrückt, ist ein russischer Ofen eine Art vormoderner Wärmespeicher.

Eine russische Freundin ist noch in einem Haus mit solch einem Ofen aufgewachsen. Dieses Haus ihrer Großmutter steht in einem Dorf nicht weit von *Nischnij Nowgorod*. Der Ofen ist gewaltig. Es dauert einen guten Tag, bis er angeheizt ist. Dafür reicht die Wärme selbst bei russischer Kälte (in diesem Fall bis minus 35 Grad) dann drei bis vier Tage, bis erneut geheizt werden muss. Das spart nicht nur Arbeit, sondern auch Heizmaterial, in Russlands traditionellen Öfen fast immer Holz.

Doch der russische Ofen dient nicht nur zum Heizen. Selbstverständlich wurde und wird im Winter auf ihm auch gekocht und gebacken. Das führt übrigens zu einer weiteren Einrichtung des russischen Bauernhauses, der Sommerküche. Da es weder Sinn machte, noch erträglich wäre, den Ofen auch im Sommer anzuheizen, gibt es im Hof, meist einige Meter vom Haus entfernt, noch einen kleineren Ofen, der, ebenfalls mit Holz befeuert, im Sommer als Herd dient.

Damit ist der Nutzen des russischen Ofens (und besonders solch eindrucksvoll großer Exemplare wie im Haus der Großmutter meiner Freundin) aber noch nicht ausgeschöpft. Im Winter wird auf dem Ofen geschlafen. Die Ofenbank war ja früher auch in Deutschland nicht unbekannt. Rund um den Ofen gruppierte sich des Nachts also die ganze Familie.

Ich erzähle hier in der Vergangenheit. Zwar gibt es noch viele Öfen in den mehr als 130.000 bewohnten russischen Dörfern. Aber erstens geht es den Dörfern schlecht (siehe Grund 26). Und zweitens mögen auch Dorfbewohner in Russland lieber eine moderne Gasheizung als die alten, großen Öfen, die angefeuert werden müssen, für die Holz gehackt und geschleppt werden muss. Je mehr Gasleitungen also in die Dörfer gelegt werden (und alle Dörfer zu *gasifizieren* ist erklärtes Ziel der Regierung), umso weniger Öfen gibt es. Oft werden sie dann abgerissen und die Ziegel für andere Bauten verwendet. Das Dorfleben ist halt vor allem für Städter romantisch, die sich jederzeit wieder in ihre modernen, ferngeheizten Wohnungen zurückziehen können.

Ein Refugium für russische Öfen gibt es aber noch. Das sind die *Banjas* auf den *Datschen*. Auch wenn hier ebenfalls moderne elektrische Saunaöfen, oft finnischer Herstellung, auf dem Vormarsch sind, gibt es doch weiter viele Menschen, denen es einfach gefällt, einen alten, holzgefeuerten Ofen zum Anheizen der *Banja* zu haben.

Das Schwierigste dabei ist, heute noch einen wirklich kompetenten Ofenbauer zu finden.

47. Grund

Weil es geriffelte Gläser gibt

Geschmack und Design im Alltag war nicht die Stärke der Sowjetunion. Der Alltag war eher grau, wenig haltbar, ein wenig billig und, angesichts einer so in die Zukunft gerichteten Ideologie, seltsam altbacken. Aber es gab natürlich Ausnahmen. Eine solche Ausnahme sind die *geriffelten Gläser*. Aus ihnen wurde Tee ebenso getrunken wie Saft, Wasser, wie Bier oder Wein, denn sie halten die Hitze aus und platzen nicht. Und selbst zum Wodkatrinken waren sie geeignet. Waren? Sind! Diese *geriffelten Gläser* sind aber nicht nur praktisch, sie sind, ich scheue dieses Wort nicht, einfach schön. Ein russisch-sowjetischer Beitrag zum zeitlosen Alltagsdesign.

Woher diese Trinkgläser kommen, verliert sich ein wenig in der Geschichte. Sicher ist nur, dass es sie auch im vorrevolutionären Russland schon gab. Der Mythos will, dass sie bereits unter *Peter dem Großen* erfunden wurden, angeblich, weil sie wegen der Riffeln erstens fast unzerbrechlich sind, vor allem aber wegen Peters Faible für die Kriegsflotte. So sollen die damaligen Gläser eben wegen der Riffeln selbst dann nicht vom Tisch gerollt sein, wenn sie wegen hohen Wellengangs umfielen.

In der Sowjetunion wurden sie dann in den 1940er-Jahren sozusagen wiedererfunden. Der Volksmund schreibt das neue, bis heute weitgehend unveränderte Design der berühmten Bildhauerin *Vera Muchina* zu. Wie dem auch sei, kurze Zeit später waren die *geriffelten Gläser* überall und in jedem Haushalt zu finden. Sie kosteten nur wenige Kopeken. *Geriffelte Gläser* standen auch an den Wasserautomaten, die es überall in der Sowjetunion gab und die für eine Kopeke ein Glas Mineralwasser ausgaben. Drei Kopeken kostete es, wenn noch ein wenig Sirup hinzukam. In den Kantinen standen *geriffelte Gläser* mit *Kompott* oder *Mors* ebenso bereit wie für Tee aus dem *Samowar*, oft bis zu einem Drittel mit Zucker vorgefüllt.

Auch im Haushalt sind die *geriffelten Gläser* doppelt nützlich. Zum einen natürlich als schier unverwüstliche Trinkgläser, die auch noch etwas hermachen. Dann aber auch beim Kochen und Backen. Gefüllt bis zum oberen Ende der Riffelung, passen genau 200 ml in ein Glas. Randvoll fasst das Glas dagegen einen ganzen Viertelliter. Damit sind, ein bisschen Augenmaß angenommen, fast alle notwendigen Mengen ausreichend genau abzumessen.

Richtig edel werden diese Alltagsgläser aber erst mit einem anderen urrussischen Gebrauchsgegenstand, dem *Podstakannnik*, was das Wörterbuch etwas ungelenk, aber inhaltlich korrekt mit *Teeglasuntersatz* übersetzt. Das ist ein tiefer Untersatz mit Henkel (die billigeren, alltäglichen aus einem leichten Metall, die Luxusvarianten aus Silber), der aus dem *geriffelten Glas* eine Tasse oder besser einen Becher macht. Wer schon einmal in Russland mit dem Fernzug gefahren ist, könnte mit diesem praktischen Utensil bereits Bekanntschaft gemacht haben. In ihnen wird von den Schaffnerinnen (meist sind das Frauen) Tee serviert. Oder jedenfalls wurde. Heute werden die *Podstakanniki* leider immer öfter durch Einwegplastiktassen ersetzt.

48. *Grund*

Weil Masleniza den Karneval vergessen lässt

Auch in Russland gibt es Karneval. Aber er ist ganz anders. Wie in anderen Ländern mit langer christlicher Tradition auch, ist die Woche vor Beginn der großen Osterfastenzeit eine besondere. Der Ursprung dieses Festes zum Ende des Winters liegt aber auch in Russland in vorchristlichen, heidnischen Traditionen, die von der Kirche dann übernommen und dem christlichen Glauben angepasst wurden. Diese Vorfastenwoche heißt *Masleniza*. Das kommt vom russischen Wort für Butter. Butterwoche also etwa. Denn in dieser letzten Woche vor der Osterfastenzeit ist zwar Fleisch schon verboten, aber andere Tierprodukte, vor allem Butter und Eier, sind noch erlaubt. Bevor es also völlig mager wird, darf noch einmal geprasst werden.

Vor den sieben Wochen strengen Fastens bis zur Nacht auf den Ostersonntag haben die Menschen in früheren Jahren noch einmal, wie man so sagt, so richtig die Sau rausgelassen: groß gefeiert, fett gegessen – und sich, zumindest die Männer, ein wenig geprügelt. Dabei hatte jeder Tag eine eigene Bedeutung. Am Montag, dem *Tag der Begrüßung*, bastelte man eine große Strohpuppe. Der Dienstag war unterschiedlichen Spielen vorbehalten, aber auch Tanzveranstaltungen zur Brautschau. Mittwochs gab es *Bliny*, die russische Art des Pfannkuchens, bei den Schwiegermüttern. Donnerstag war der Tag der Ausschweifungen und der Zügellosigkeit. Es wurden Pferderennen veranstaltet, und junge Männer trafen sich zur Gruppenprügelei. Am Freitag kam die Schwiegermutter zum *Blinyessengegenbesuch*. Der Samstag war der *Tag des Abschieds,* und am Sonntag wurde die Strohpuppe verbrannt. Eine Tradition übrigens, die es auch im Westen gibt, wie zum Beispiel die *Nubbelverbrennung* in Köln.

Wie so vieles in Russland bricht diese Tradition nach der Revolution sehr schnell ab. Religion war verboten, und alles religiöse Brauchtum war verpönt und wanderte, wenn es überhaupt erhalten blieb, bald in den Untergrund ab. Wer noch fastete, tat dies wenn nicht gleich heimlich, so doch ohne besonders darauf hinzuweisen. Vom *Maslenizafeiern* blieb vor allem die Tradition des *Blinyessens*. Das ist auch nach dem Ende der Sowjetunion so geblieben: *Masleniza*, das sind vor allem köstliche *Bliny*. Zwar wurden hier und da auch andere *Maslenizatraditionen* wieder aufgenommen, aber wirklich populär sind sie bisher nicht wieder geworden.

Mit den *Bliny* ist das anders. Sie sind überhaupt ein wichtiger, nicht wegzudenkender Bestandteil der russischen Küche. Erheblich dünner als deutsche Pfannekuchen werden sie oft gefaltet oder gewickelt serviert. *Bliny* gibt es mit fast allem. Marmelade und Honig, Lachs und Hering, Fleisch und Pilzen. Vor allem aber *Smetana*, so etwas Ähnliches wie Crème fraîche, nur viel leckerer, und Kaviar sind die Klassiker.

Blinyteigrezepte gibt es viele. Mein liebstes ist zugleich eines der einfachsten: In einen halben Liter Milch kommen drei Eier und fünf oder sechs gehäufte Esslöffel Mehl. Dazu ein wenig Zucker und Salz. Das alles wird verquirlt und sollte dann mindestens eine halbe Stunde stehen. Der Teig sollte fast noch flüssig sein. Nun beginnt das eigentlich Schwierige, das Backen oder besser Braten der *Bliny*. Dazu wird eine gut eingebratene Pfanne benötigt. Ich bevorzuge eine gusseiserne. In Russland gibt es auch spezielle *Blinypfannen* zu kaufen, mit einem ganz niedrigen Rand. Die Pfanne wird leicht eingefettet und auf kleine Flamme gestellt (am Gasherd gelingt das Ganze besser als auf der Elektroplatte). Nun etwa eine Suppenkelle des Teigs in die Pfanne gießen, sodass der Boden ganz mit einer dünnen Teigschicht bedeckt ist. Nach ein, zwei Minuten muss der *Blin*, so die Einzahl, gewendet werden. Am besten gelingt das mit einem breiten Pfannenmesser. Die fertigen *Bliny* werden dann übereinandergeschichtet und mit etwas Butter versehen im leicht angeheizten Backofen warm gehalten. Guten Appetit!

49. Grund

Weil die Badesaison nicht auf den Sommer beschränkt ist

Die zweite Januarhälfte ist in großen Teilen Russlands meist der kälteste Teil des Winters. In Moskau sinkt die Temperatur dann oft unter minus 20 Grad, in Sibirien fast überall auf minus 40 Grad oder noch weniger. Das gilt dann selbst in Russland als ziemlich kalt. Diese regelmäßig jährlich wiederkehrende Kälteperiode nennt man *kreschtschenskye morosy*, übersetzt »Taufkälte«, so genannt nach dem orthodoxen Kirchenkalender, nach dem am 19. Januar die Taufe Christi gefeiert wird.

An diesem Tag werden überall in Russland, oft in Form eines Kreuzes, Löcher in die Eisdecken von Seen und Teichen gehauen. Menschen aller Herkunft, allen Alters und jeden Geschlechts ziehen sich bei tiefen Minusgraden aus und springen in das eisige Wasser. Meist tauchen sie dreimal mit dem Kopf unter, viele bekreuzigen sich auch, bevor sie schnell und meist bibbernd wieder aus dem Wasser steigen. Auf manchen Gesichtern sind noch Schreck und Angst zu sehen, die meisten aber zeigen ein eher glückliches, zufriedenes, ja gar selig zu nennendes Lächeln.

Woher kommt diese Tradition? Wenn man die heute Untertauchenden fragte, würden wohl die meisten antworten, es sei eine alte kirchliche Tradition, am Tag der Taufe Christi selbst dreimal unter Wasser zu tauchen, getreu der orthodoxen Taufzeremonie. Auch gibt es die Vorstellung, sich damit, einer Art besonderer Beichte gleich, »aller Sünden« zu entledigen. Die Anziehungskraft dieser Tradition ist jedenfalls so stark, dass man 2018 auch Präsident Putin erstmals in ein Wasserloch steigen sah. Andere Politiker und Politikerinnen machten es ihm nach.

Forscht man allerdings nach, ist das mit der alten Tradition längst nicht so eindeutig. Seit etwa dem 11. oder 12. Jahrhundert beginnt die Kirche am Tauftag Christi stehende und fließende Gewässer zu weihen. Damit sollten offenbar damals, nur kurz nachdem das Christentum in russischen Landen Fuß zu fassen begonnen hatte, noch immer weit verbreitete heidnische Rituale wie das Feuerspringen verdrängt werden. Vom Unterwassertauchen, das gar noch Sündererlass bietet, ist in alten kirchlichen Schriften aber nie die Rede.

Eine Volkstradition wurde trotzdem daraus. Eine alte russische, im Wörterbuch von *Wladimir Dal* aus der Mitte des 19. Jahrhunderts belegte Volksweisheit besagt, im Jordan solle derjenige untertauchen, der nach Weihnachten schwere Sünde auf sich geladen habe. Das bezog sich laut *Dal* aber nur auf Menschen, die in der Nachweihnachtszeit besonders schwer gesündigt hatten oder die der Zauberei oder Hexerei verdächtigt wurden. Immerhin hat die Tradition des Eisbadens im 19. Jahrhundert auch Eingang in die Literatur gefunden. *Nikolaj Leskow* schildert es in seinem 1872 erschienenen, in vielem dokumentarischen Roman *Die Klerisei*. Das in den letzten Jahrzehnten des 19. Jahrhunderts erschienene monumentale und hoch angesehene Konversationslexikon *Brokgaus-Jefron* dagegen widmet zwar dem kirchlichen Feiertag von Christi Taufe einen ausführlichen Artikel und berichtet auch über die Tradition der Wasserweihe. Vom Eisbaden aber kein Wort. Die Kirche blieb ebenfalls reserviert. Bis zur Revolution verbot sie ihren Gläubigen gar, diesem aus ihrer Sicht heidnischen Brauch zu frönen. Heute ist man etwas liberaler. Die Leute sollen ruhig tauchen gehen, sagen die Priester, für das Seelenheil bringe das aber nichts.

Ich selbst habe das Eisbaden nie probiert. Mein Mut reicht maximal zum Wälzen im Schnee nach dem *Banja*-Gang. Aber viele, die es getan haben, sprechen von einer tiefen Befriedigung, wobei mir nicht klar ist, ob es dabei um eine physische Reaktion auf das kalte Wasser oder doch eher um den Stolz geht, sich überwunden und *es* getan zu haben. Wann das Eisbaden so populär zu werden begann, wie es heute ist, ist nicht ganz klar. Es gibt Leute, die sagen, in den 1980er-Jahren, als die atheistische, antireligiöse Ausrichtung des sowjetischen Staates schon nicht mehr so streng war, hätte das Eisbaden bei vielen als eine Art öffentliches Glaubensbekenntnis gegolten, auf das einen der sowjetische Staat aber nicht festnageln konnte. Ob das stimmt oder nachträglich ausgedacht wurde, weiß ich nicht. Ich kann mich jedenfalls daran erinnern, dass es Anfang der 1990er-Jahre schon überall praktiziert wurde. Und seither wird es jedes Jahr populärer. Heute gehört es so fest zum russischen Winter, dass fast alle davon überzeugt sind, das wäre schon immer so gewesen.

50. Grund

Weil im Winter Filzstiefel die Füße wärmen

Winterzeit ist Kalte-Füße-Zeit. Warme Winterstiefel sind daher in Russland ein Muss. In den großen Städten sind immer öfter moderne Thermostiefel meist ausländischer Produktion zu sehen. Aber auf dem Land (und beim Städter auf der Datscha) tun vor allem die guten alten Filzstiefel, *Walenki* genannt, Dienst. Es gibt bei starkem Frost einfach nichts Besseres. Die Filzstiefel mögen ein wenig unförmig und steif sein und sich nicht wirklich der Fußform anpassen. Dafür aber halten sie die Füße bei fast jeder Kälte warm. Nur in der Stadt sind *Walenki* nicht so praktisch, da das dort gestreute Salz zu Pfützen führt. Feuchte Filzstiefel aber wärmen nicht nur nicht mehr, sondern fangen an zu faulen. Doch auch dafür haben sich die Produzenten etwas einfallen lasse, eine Mischung aus *Walenki* und Gummistiefel. Um den Fußteil der *Walenki* wird einfach eine Gummierung gegossen. Viele der zahlreichen russischen Verkehrspolizisten, die bei jedem Wetter an den Kreuzungen oder am Wegesrand stehen, tragen diese Gummifilzstiefel.

Das russische Wetter ebenso wie die Weglosigkeit und der im Frühjahr und Herbst allgegenwärtige Matsch haben dazu geführt, dass es in Russland (wie übrigens in allen Nordländern) verpönt ist, mit Straßenschuhen in die Wohnung zu gehen. Schuhe werden an der Haus- oder Wohnungstür ausgezogen. Die meisten Wohnungen sind mit einem ganzen Heer von Hausschuhen und Schlappen speziell für Gäste ausgerüstet. Auf dem Land, auf dem es viel häufiger raus- und reingeht, haben *Walenki* noch einen anderen Vorteil: Sie sind ausgesprochen einfach an- und auszuziehen. Aus den Hausschuhen geschlüpft und in die *Walenki* und fertig. Und noch eine weitere Eigenschaft der *Walenki* macht sich im Winter positiv bemerkbar: Filzstiefel sind auf Schnee rutschfest.

Eine Zeitlang, direkt nach dem Ende der Sowjetunion, galten *Walenki* als unmodern. Sie waren zu einem Symbol der (tatsächlichen oder angeblichen) Rückständigkeit des Landes geworden, die es zu überwinden galt. Das hat sich wieder geändert. Die praktische Seite der *Walenki* hat sich durchgesetzt. Wenn es richtig kalt ist, gibt es schlicht nichts Besseres. Ganz ohne Mode geht das natürlich nicht. Wer will in der Stadt schon wie ein Hinterwäldler aussehen? In Geschäften und auch im Internet wird inzwischen eine Vielzahl von modischen *Walenki* angeboten. Früher waren alle grau, nun gibt es sie in Weiß, Rot, Blau und allen anderen Farben, mit Stickereien, als Militärstiefel stilisiert und sogar mit hohem Absatz.

51. Grund

Weil Bahnfahren alltäglich und trotzdem etwas Besonderes ist

Es gibt einen alten Witz, der die Rückständigkeit der sowjetischen Industrie aufs Korn nimmt. Darin heißt es, die Sowjetunion sei das größte Land der Welt, sie habe den höchsten Fernsehturm, die längste Eisenbahn und stellte, vor allem, die größten Mikrochips der Welt her. Das Schöne an diesem Witz ist natürlich, dass alle seine Behauptungen damals wahr waren. Und zwei von ihnen stimmen auch heute, nach der Auflösung der Sowjetunion, noch für Russland. Mit gut 17 Millionen Quadratkilometern ist es das größte Land, und mit etwa 85.000 Kilometern Länge hat die russische Eisenbahn auch das längste Schienennetz der Welt.

Diese schiere Länge, die Weite des Landes und, das kommt noch dazu, der Mythos Sibiriens machen die Faszination des Bahnreisens in Russland aus und haben eine ganz eigene Bahnfahrkultur entstehen lassen. Im übrigen, dem dicht besiedelten, Europa dauern Bahnreisen meist ein paar Stunden und werden üblicherweise tagsüber gemacht. Zwar gibt es auch hier Nachtzüge, aber sie waren die Ausnahme und sterben, wie es scheint, langsam aus. In Russland mit seinen großen Abständen zwischen den Städten, seinen heute, in Ost-West-Richtung, 11 Zeitzonen und von Norden nach Süden bis zu 5.000 Kilometern Ausdehnung besteht der Großteil der Fernzugverbindungen aus Zügen, die mehr zum Schlafen als zum Sitzen ausgerüstet sind.

Im europäischen Teil des Landes steigt man oft am späten Nachmittag oder abends in den Zug, um am frühen Morgen oder vormittags anzukommen. Wer weiter weg will, vor allem nach Sibirien oder in den Fernen Osten, ist oft mehrere Tage unterwegs. Die Strecke *Moskau–Wladiwostok* dauert mit einer Direktverbindung mindestens sechs Tage. Das will vorbereitet sein. Meist gibt es zwei Klassen, den billigeren sogenannten *Plazkartnyj Wagon* oder die *Coupéwagen*. Die *Platzkartenwagen* sind offen. 54 Betten stehen in Nischen und am Gang zur Verfügung. Privaten Rückzugsraum gibt es nicht. Die *Coupéwagen* bestehen aus neun Viererabteilen, jeweils rechts und links zwei Kojen übereinander. Hier muss man sich mit weniger Mitreisenden arrangieren. Und genau in diesem Arrangement besteht das Besondere des Bahnfahrens in Russland.

In der Bahn werden die Benimm-Regeln des sonstigen öffentlichen Lebens zumindest teilweise aufgehoben und angepasst. Das Erste ist die Kleidung. Kaum ist jemand Neues im Coupé angekommen, stehen die schon Anwesenden auf und gehen raus. Sie machen Platz zum Umziehen. Dann werden bequeme Sachen herausgeholt, ein Trainingsanzug oder Haushosen, und sich umgezogen. Auch Latschen oder Hausschuhe gehören unbedingt dazu. Was auf der Straße undenkbar wäre, ist hier normal. Die meisten Reisenden haben auch Proviant dabei. Wenn die Reise lang genug ist und man sich bekannt gemacht hat, gehört es zum guten Ton, das Mitgebrachte zu teilen. Natürlich ziert auch hier die Bescheidenheit denjenigen, der sich erst ein wenig zurückhält, um dann das Angebotene höflich doch anzunehmen.

Ein wichtiger Bestandteil jeder Bahnfahrt ist auch der Tee. An einem Wagenende, nahe der Schaffnerkabine, gibt es einen Samowar, der die ganze Fahrt über heißes Wasser bereithält. Früher waren diese Samoware holzkohlebefeuert, was nicht ganz ungefährlich war und immer wieder zu Bränden führte. Heute sind sie alle elektrisch. Als Passagier kann man sich Teebeutel mitbringen und mit dem heißen Wasser aus dem Samowar aufbrühen. Man kann ihn sich aber auch beim Schaffner oder der Schaffnerin kaufen und ins Abteil bringen lassen.

Die vorübergehende und nicht ganz freiwillige Intimität des Bahnfahrens und seine Länge ist wahrscheinlich eine der hervorragendsten Möglichkeiten, in Russland mit völlig fremden Menschen ins Gespräch zu kommen. Es ist gerade das Wissen, dass man sich nach der Bahnfahrt mit großer Wahrscheinlichkeit nie mehr wiedersehen wird, der die Menschen im Zug gesprächiger macht und sie oft mehr von sich mitteilen lässt als in anderen Situationen. Es ist eine streng und klar begrenzte Intimität auf Zeit. Sie beginnt langsam nach dem Kennenlernen im Abteil und endet in den allermeisten Fällen abrupt beim Aussteigen am Endpunkt der Reise. Schon beim Abschied auf dem Bahnsteig ist meist wieder die normale Distanz des Fremden zu spüren, bevor alle ihrer Wege gehen.

Kapitel 6

Leib und Seele

52. Grund

Weil hier – und nur hier – Heringe einen Pelz tragen

Eigentlich mag ich keine Rote Beete. Wirklich nicht! Eben deshalb hätte ich eine der leckersten russischen Speisen, die ich kenne, fast gar nicht erst angerührt. Dunkelrot stand damals eine tortenartige Masse in einem tiefen Teller auf dem Tisch. Aber glücklicherweise erlaubten mir die Umstände nicht, Nein zu sagen. Es war im Spätwinter 1991 in Minsk (das ist die Hauptstadt von Belarus, oder Weißrussland, war aber seinerzeit Teil der gerade so noch existierenden Sowjetunion), und ich war bei einer Geburtstagsfeier zu Gast. Eigentlich zufällig, denn ich kannte die Jubilarin, eine Französischlehrerin, gar nicht. Aber meine Gastgeber waren eingeladen, und so musste ich mit.

Seljodka pod schuboj wurde die tiefrote Masse genannt, die in nicht unerheblicher Menge auf dem kleinen Teller vor mir gelandet war. Nicht, dass ich diese Worte damals schon hätte auseinanderhalten, geschweige denn verstehen können. Es war erst meine zweite Reise in die Sowjetunion, und ich konnte noch fast kein Russisch. Meine Gastgeber hingegen kamen über ein paar Brocken Englisch und Deutsch nicht hinaus. Das Geburtstagskind konnte zwar Französisch, aber das wiederum ist nicht meine Stärke.

Es fiel mir also schon rein sprachlich schwer, Nein zu sagen. Ich wollte aber auch nicht unhöflich sein. Und woher sollte ich wissen, wie man in diesem mir noch reichlich rätselhaften Land etwas ablehnt, ohne diese so überaus freundlichen, ja herzlichen Menschen zu verletzen. Das Gleiche galt übrigens für den Wodka, der in für meinen Geschmack viel zu großen Gläsern und viel zu reichlich zum Essen eingeschenkt wurde. Also stocherte ich erst ein wenig unentschlossen auf meinem Teller herum, nahm all meinen Mut zusammen und schluckte meinen Rote-Beete-Unwillen mit einer halben Gabel voll dieser, so viel hatte ich immerhin verstanden, sehr russischen und sehr traditionellen Vorspeise hinunter.

Noch bevor ich zum Wodka greifen konnte, geschah eine wundersame Verwandlung. Erst wenig und dann schon etwas mehr, und hastdunichtgesehn schaufelte ich immer mehr dieser Köstlichkeit in mich hinein. Es folgte der unvermeidliche Trinkspruch. Der Wodka spülte so weich nach, wie es nur russischer Wodka kann, und flugs bat ich um eine weitere Portion, die mir nicht nur freundlich, sondern mit merklicher Freude gewährt wurde: »*Kuschajte, kuschajte!*« (»Essen Sie, essen Sie!«) riefen meine nun fröhlichen Gastgeber.

Doch was aß ich da? Mittels unserer begrenzten gegenseitigen Sprachkenntnisse, einer Vielzahl von Armen, eines kleinen deutsch-russischen Wörterbuchs und meiner Geschmacksnerven bekam ich nach und nach heraus, dass *Seljodka pod schuboj* auf Deutsch wörtlich, wenn auch etwas seltsam *Hering unterm Pelz* bedeutet. Und tatsächlich, ganz unten fanden sich viele kleine Stücke sehr feinen, sehr leckeren Matjesherings (jedenfalls ist der deutsche Matjes die Heringsvariante, die dem russischen, in Salzlake eingelegten Hering am nächsten kommt). Doch so richtig delikat macht dieses traditionelle Silvestergericht (das es aber natürlich auch sonst im Jahr überall gibt) erst der »Pelz« oben drüber. Der besteht aus mehreren Lagen: erst klein geschnittene Zwiebeln, dann eine über der anderen drei Schichten aus gekochten und geriebenen Kartoffeln, Möhren und – ganz oben – eben die Rote Beete, die allem das beeindruckende Aussehen gibt. Dazwischen gehört jeweils die in der russischen Küche ohnehin unvermeidliche Majonnaise (die hierzulande meist das schöne Attribut »provençal« trägt). In heutigen Zeiten, dem sowjetischen Mangel weitgehend entkommen und eben deshalb auch öfter auf den Kaloriengehalt achtend, wird die Majonnaise für den *Hering unterm Pelz* mitunter hälftig mit *Smetana* gemischt. *Smetana* ist mit der in Deutschland bekannteren Crème fraîche zu vergleichen, wenn auch, hier werde ich zum russisch-kulinarischen Patrioten, viel sanfter und cremiger. Ich komme ins Schwärmen.

Der Abend dauerte noch lange. Da Hering ohne Wodka und eine Feier, umso mehr eine Geburtstagsfeier, ohne viele kunst- und einfallsreiche Trinksprüche in Russland undenkbar ist, ging dieser Kelch auch an mir nicht vorbei. Ich lobte also die Kochkünste meiner Gastgeber, pries das Naturgeschenk von Hering und Roten Beeten und beglückwünschte alle Anwesenden zu diesen Wonnen russischer kulinarischer Tradition. Ob mich jemand verstanden hat, weiß ich nicht. Das war zu dieser späten Stunde auch nicht mehr wichtig. Der Weg nach Haus dauerte lang.

53. Grund

Weil zur russischen Sauna, der Banja, unbedingt ein »Besen« gehört

Russland ist ein nördliches und damit, zumindest im Winter, sehr kaltes Land (auch wenn am südlichsten Zipfel, ganz unten am Schwarzen Meer bei *Sotschi*, subtropisches Klima herrscht). Da verwundert es nicht, dass es auch hier ein traditionelles Schwitzbad gibt. Die russische Sauna wird *Banja* genannt – und ist natürlich auch keine Sauna, aber auch kein Dampfbad. Die *Banja* ist etwas ganz Eigenes. Die finnische Sauna ist trocken und recht heiß. Das (oft römisch genannte) Dampfbad dagegen zeichnet sich durch eine so hohe Luftfeuchtigkeit aus, dass Wassertropfen eine Art Nebel bilden. Dafür bleiben die Temperaturen eher gemäßigt. Die russische *Banja* wiederum ist beides, feucht und heiß zugleich (Extremsport ist eine russische Spezialität).

Traditionell ist die *Banja*, wie ihre Kollegen in anderen Ländern, ein Bad. Zum russischen Dorf, zum russischen Bauernhof gehört unbedingt eine *Banja*. Überall dort, wo bis heute noch kein fließendes Wasser aus dem Hahn kommt (und das gibt es leider immer noch viel häufiger als gut wäre), ist die *Banja* schlicht Ort der Reinigung.

Geheizt wird sie fast überall in Russland immer noch mit Holz. Elektroöfen in *Banjas* gelten als unrussisch. Auch die berühmteste Banja im Moskauer Stadtzentrum, die *Sanduny*, wird holzbefeuert. Dort Heizer zu sein ist so prestigevoll wie physisch und technisch anspruchsvoll.

Ursprünglich waren die meisten *Banjas*, vor allem natürlich die auf dem Dorf, sogenannte *schwarze Banjas*. Das heißt, im Schwitzraum wird unter einem großen Haufen von Steinen ein Feuer gemacht. Sobald die Steine heiß sind, lässt man das Feuer abbrennen und macht das Fenster auf, um den Rauch abziehen zu lassen. Danach lässt man dann Wasser auf den Steinen verdunsten, und das Schwitzen kann beginnen. *Schwarz* heißen diese *Banjas*, von denen es nur noch wenige gibt, weil der Rauch die Wände der Schwitzkammer mit Ruß färbt.

Heute haben die meisten *Banjas* einen gemauerten Ofen, der von außen befeuert wird. Besonders an der russischen *Banja* ist auch, dass sich oft ein großer Wasserbehälter in der Schwitzkammer befindet. Das Wasser wird vom Feuer mit erhitzt und ist kochend heiß. Weil es in der Schwitzkammer ist, erhöht es die Luftfeuchtigkeit und ermöglicht damit das Schwitzen auch bei noch nicht so hohen Temperaturen.

Nach dem Gang in die *Banja* wird sich gewaschen. Manchmal heißt es aber auch einfach, man gehe *sich nun waschen*. Zum eigentlichen Waschen nach dem *Banjagang* dienen heute selbst auf dem Dorf oft ganz profane Duschen (so es fließend Wasser gibt, also immer mehr, aber lange noch nicht überall). Dort wo es keine Duschen gibt oder wo man es traditionell mag, wird das heiße Wasser aus dem Schwitzraum benutzt. In einem Eimer oder einer Schüssel wird es mit kaltem Wasser auf angenehme Temperatur gebracht und dann mit einer Kasserolle über den Kopf und den Körper gekippt. Zum Schluss, nach dem *Banjagang* (aber auch nach der profanen Dusche in der Stadtwohnung), wünscht man sich *c legkim parom*, »mit leichtem Dampf«.

Das kochende Wasser im Kessel ist aber noch für etwas anderes wichtig, für den Besen oder, russisch, *Wenik*. Der *Wenik* ist eigentlich kein Besen, sondern ein Bündel aus Reisern von Laubbäumen. Meist nimmt man Birke, aber auch andere Baumarten taugen. Wichtig ist, dass die Ästchen dünn sind und die Blätter noch dran. *Weniki* werden im Sommer gefertigt. Dazu werden einfach ein paar Äste zusammengebunden. Dann werden sie getrocknet und sind so das ganze Jahr über nutzbar. Vor allem im Sommer und im Herbst werden *Weniki* überall an russischen Landstraßen zum Verkauf angeboten.

In der *Banja* werden die *Weniki* dann im heißen Wasser eingeweicht und sind nun fertig für den Gebrauch. Am besten ist, man ist nicht allein in der *Banja*. Man legt sich hin, und der Partner oder die Partnerin (in russischen *Banjas* wird sich übrigens bis heute meist streng geschlechtlich getrennt *gewaschen*) streicht einem mit einem *Wenik* erst einmal sanft über die Haut. Durch die Blätter wird die heiße Luft in der *Banja* aufgewirbelt und verstärkt so das Hitzeempfinden. Doch damit nicht genug. Vom sanften Streichen geht es nun zum Schlagen über. Erst am Rücken und den Armen, dann die Beine und zum Schluss auch die Vorderseite. Die so Traktierten werden immer rosiger, denn besser und effektiver kann man die Durchblutung der Haut kaum stimulieren.

Das ist sehr angenehm und entspannend. Manche übertreiben es aber auch. Besonders in Männergesellschaften kann es passieren, dass aus der Reinigung und Entspannung in der *Banja* ein Wettbewerb wird. Wer hält höhere Temperaturen aus? Wer prügelt am härtesten? Wer bleibt am längsten in der Schwitzkammer? Und, besonders erfinderisch, wer gießt mit den exotischsten Flüssigkeiten auf?

54. Grund

Weil Trinksprüche (fast) nie zu Ende gehen

Auch der schönste Abend geht einmal zu Ende. Wenn der Aufbruch beschlossen ist, wird irgendjemand in einer russischen Runde mit großer Wahrscheinlichkeit vorschlagen, *napososchok* zu trinken. *Napososchok* könnte man mit *auf das Spazierstöckchen* übersetzen. Die Gläser werden ein letztes Mal gefüllt (oder aufgefüllt, denn mit angetrunkenen Gläsern anzustoßen gilt nicht), es wird *napososchok* getoastet, und das sollte es dann gewesen sein. Ist es aber oft nicht. Denn zwischen dem Entschluss, nun Schluss zu machen, und der Ausführung des letzten Toasts kann viel passieren. Zum Beispiel kann ein neues, interessantes Thema auftauchen. Oder den Versammelten (oder zumindest Teilen von ihnen) wird plötzlich klar, dass der Entschluss zum Aufbruch voreilig war. Oder alle vergessen einfach (oder tun so), dass das letzte Glas bereits getrunken ist. Doch irgendwann erinnert sich jemand, dass man das Ende des Abends schon verkündet, ja gar darauf getrunken hatte, und schlägt vor, nun den wirklichen, den *letzten napososchok* zu trinken. Gesagt, getan. Danach folgt mitunter der *Allerletzte* und dann, vielleicht, der *wirklich Allerletzte*. Ein natürliches Ende gibt es nicht.

Was heute einerseits eine schöne Tradition ist und andererseits manchmal einfach nett und lustig, hat, wie so oft, seine Wurzeln in der überlebenswichtigen Gastfreundschaft im Mittelalter und der gegenseitigen Verehrung, derer sich Gast und Gastgeber immer wieder versichern mussten. Der Gast musste gehen wollen, der Gastgeber alles daransetzen, den Gast zum weiteren Verweilen anzuhalten. Das war ein wenig wie bei Loriot, wenn aus Höflichkeit niemand als Erster durch die Tür zu gehen wagt.

Aus der Zeit von *Iwan dem Schrecklichen* im 16. Jahrhundert sind gar zehn solcher Abschiedstoasts überliefert, von denen *napososchok* erst der sechste ist. Der erste, *sastolnaja*, wurde noch am Tisch auf die Gastgeber getrunken. Der zweite galt dem Verlassen des Tisches. Der dritte wurde auf dem Weg zur Haustür getrunken, der vierte beim Übertreten der Schwelle. Der fünfte folgte im Hof, wenn Pferde und Kutschen gebracht wurden. Der sechste war dann *napososchok*. An den siebten, *stremenaja*, erinnert man sich heute mitunter noch. Er galt dem Fuß im Steigbügel. Danach folgte der achte schon im Sattel, der neunte beim Ritt oder der Fahrt aus dem Tor und der zehnte, wenn es denn wirklich gelungen war abzufahren.

Einen anderen Sinn hatte dieses Abschiedsritual bei Kriegen. Dann wurden die in den Kampf und damit wahrscheinlichen Tod ziehenden Männer, Väter und Söhne von Familie und Gesinde noch eine Weile begleitet. Schwer war es, von den Lieben zu scheiden, deren Rückkehr so ungewiss war. Aus dieser Zeit ist noch ein weiterer Trinkspruch erhalten, der mir besonders ans Herz geht, der *sabugornaja*, der *Hinter-dem-Hügel*. Vom Liebsten, vom Vater, vom Sohn blieb nur noch die Erinnerung.

55. Grund

Weil das beste Eis der Welt überall auf den Straßen verkauft wird und selbst im Winter Eissaison ist

Es muss im selbst für Moskauer Verhältnisse sehr kalten Januar 1992 gewesen sein. Das Thermometer stand bei minus 25 Grad, Schnee war noch nicht sehr viel gefallen, und der Nordwind fegte durch die Stadt. Nun ist Moskau mit seinen breiten Straßen und hohen Häusern ohnehin ein sehr windiger Ort. Bei minus 25 Grad ist das besonders unangenehm. Aber da es ja bekanntlich kein schlechtes Wetter, sondern nur schlechte Kleidung gibt und wir neugierig waren, waren wir im Stadtzentrum unterwegs. In der Ferne, auf einem der weiten Plätze, ich glaube, es war der Manegenplatz am Kreml, damals noch eine einzige riesige Asphaltfläche, sahen wir eine lange, eine sehr lange Schlange. Dort standen Leute ganz offensichtlich nach etwas an. Unsere Neugier wurde noch größer. Es war noch die Zeit, in der die Geschäfte meist leer waren und man immer eine Einkaufstasche oder zumindest eine Plastiktüte dabeihatte. Denn wer wusste schon, wann plötzlich irgendwo etwas Brauchbares oder gar Notwendiges zum Kauf angeboten wurde. Da musste man bereit sein. Also näherten wir uns schon aus Gewohnheit der Schlange, um zu schauen, was so viele Leute dazu brachte, bei minus 25 Grad auszuharren. So viele Menschen konnten nicht irren. Hier musste es etwas Wertvolles zu kaufen geben.

Zu meiner großen Verwunderung standen die Menschen in klirrender Kälte nach Eis an. Es gab *Stakantschiki*, auf Deutsch »Gläschen«, mit Sahneeis. Der Name kommt davon, dass die Eiswaffel die Form eines Wasserglases hat. Das Eis war köstlich. Selbst die Kälte konnte den Genuss nicht mindern. Ich muss gestehen, dass ich mir nicht zuletzt wegen dieses wunderbaren russischen Eises das Eisessen im Winter angewöhnt habe. Die *Stakantschiki* gibt es auch heute noch. Zwischendurch sah es zwar mal so aus, als ob westliche Marken das traditionelle russische Eis verdrängen würden. Doch Qualität setzt sich, selbst gepaart mit ein wenig Gewöhnung und Nostalgie, auch in Russland mitunter durch. Im Sommer werden die *Stakantschiki* überall von mobilen Kühltruhen aus verkauft und kosten zwar keine Kopeken mehr (dafür ist der Rubel nicht mehr genug wert), aber umgerechnet nicht mehr als ein paar Dutzend Eurocent. Im Winter gibt es sie in jedem Lebensmittelgeschäft. Ich ziehe sie jedem anderen Eis vor. Selbst wenn die Waffeln mitunter etwas pappig ausfallen, das Eis macht das wett.

56. Grund

Weil es Wobla gibt

Wer durch russische Städte geht, wird immer wieder sehen, wie am Straßenrand ganze, getrocknete Fische etwa von der Größe eines Herings verkauft werden. Meist ist das *Wobla*, ein Fisch, der nur im *Kaspischen Meer* vorkommt und im Frühjahr, zum Laichen, die zu dieser Zeit noch mit Eis bedeckte Wolga hochschwimmt. Diese getrocknete *Wobla* (im Russischen weiblichen Geschlechts) wird typischerweise zu Bier gegessen.

Die Tradition des *Woblatrocknens* ist alt. Im ausgehenden 19. Jahrhundert und am Anfang des 20. Jahrhunderts wurde sie gar industriell betrieben. Die *Wobla* taucht in der Wolga etwas früher auf als der Hering und galt früher als nicht sonderlich wertvoller Speisefisch. Da die Heringsfänger aber, um den richtigen Zeitpunkt nicht zu verpassen, immer schon ein wenig vor dem Hering an der *Wolga* sein mussten, vertrieben sie sich die Zeit des Wartens mit dem *Wobla*-Fang. Heute ist die *Wobla* eine Delikatesse, allerdings eine Volksdelikatesse. Die frisch gefangenen Fische werden eingesalzen und später, wie Stockfische, an Holzgerüsten aufgehängt, um in der Luft zu trocknen. So werden sie lange haltbar und können gut transportiert werden.

Das Auseinandernehmen von *Wobla* und Essen ist eine Wissenschaft für sich. Erst werden die Fische ein wenig gewalkt oder auf den Tisch geschlagen, damit sie wieder weicher werden. Dann muss die Haut abgezogen werden. Das ist, zugegebenermaßen, eine mitunter mühsame Angelegenheit (weshalb das Walken vorher so wichtig ist, etwa wie beim Schälen einer Apfelsine). Danach wird die *Wobla* einfach zerlegt und das Fleisch wie beim Hähnchen von den Gräten geknabbert.

Von Kennern hoch geschätzt werden vor allem der *Wobla*-Kaviar und die Fischblase. Beim Kaviar bedarf es, glaube ich, keiner Erklärung. Die Fischblase ist aber etwas Besonderes. Sie wird an einem Ende mit spitzen Fingern angefasst und dann mit einem Streichholz oder besser noch mit einem Feuerzeug gegrillt. Ganz schnell zieht sie sich unter dem Feuer zusammen und schmeckt dann ein wenig nach geräuchertem Fisch.

Übrigens gab es *Wobla* schon zu Zeiten der Sowjetunion kaum in Geschäften zu kaufen. Auch damals war das eine typische Straßen- und, in der späten Sowjetunion, Markthandelsware. Auch heute noch gilt *Wobla* aus dem Supermarkt als minderwertig, und es hält sich das (Vor-)Urteil, nur die Hausmachervariante schmecke wirklich gut. Wer es aber bequem haben will, kann sich den Trockenfisch inzwischen auch im Supermarkt schon in mundgerechte Stücke zerlegt und der Gräten entledigt in Plastiktüten verpackt kaufen. Meist hängen die Beutel praktischerweise direkt neben dem Bierregal.

57. Grund

Weil Kaviar mitunter Grundnahrungsmittel ist

In einem der bekanntesten und beliebtesten sowjetischen und damit heute auch russischen Filme, dem Eastern *Weiße Sonne der Wüste* (siehe Grund 88), gibt es eine Szene, die nichtrussische (nicht-sowjetische) Zuschauer wahrscheinlich etwas ratlos zurücklässt. Einer der Helden, ein ehemaliger Zollmeister des zaristischen Russischen Reiches irgendwo an einem Außenposten in der zentralasiatischen Wüste am Kaspischen Meer, hat sich nach der Revolution und in den Wirren des Bürgerkriegs dem Suff hingegeben. Wie viele Trinker isst er schlecht. Also versucht ihn seine Ehefrau zu füttern. In der Hand einen großen Holztrog voll mit schwarzem Kaviar, führt sie ihm wie einem Kind immer wieder den vollen Löffel zum Mund. Doch der Zollmeister mag den Kaviar nicht. Angeekelt wendet er sich ab, schiebt den Trog zurück und klagt: »Schon wieder dieser Kaviar. Ich kann das verdammte Zeug nicht mehr essen. Du hättest wenigstens einmal ein Stückchen Brot beschaffen können.«

Das klingt ein wenig exaltiert, weit hergeholt. Ist es aber nicht. Die Frau verteidigt sich auch. Wo hätte sie in diesen wilden Zeiten des Bürgerkriegs denn auch Brot hernehmen sollen. Nur wenig später, im Zweiten Weltkrieg, wurde das russische Alltagsleben erneut völlig durcheinandergewirbelt. Die obige Filmszene stammt, wie eine Erzählung meiner Schwiegermutter zeigt, durchaus aus dem russischen Erleben. Sie war 1942, die deutschen Eroberer hatten ihre Geburts- und Heimatstadt *Rostow am Don* in Südrussland erobert und nach einem zwischenzeitlichen Gegenangriff der Roten Armee wieder verlassen müssen, zusammen mit ihrer Mutter in die Kleinstadt *Tschistopol* in *Tatarstan* evakuiert worden. Dort waren sie sicher, bis über die Wolga hatten es die Deutschen nie geschafft. In *Tschistopol* wurden die spätere Mutter und die spätere Großmutter meiner Frau bei einer örtlichen Familie einquartiert. Brot gab es, wie meine Schwiegermutter erzählte, in dieser Zeit in *Tschistopol*, einer Stadt am Fluss, nicht immer, Kaviar dagegen schon.

Natürlich ist das weniger eine Geschichte über russische Essgewohnheiten als vielmehr eine über die wiederkehrenden Tragödien, denen das Land sich im 20. Jahrhundert selbst aussetzte und denen es von anderen, hier von brennenden und mordenden Deutschen, ausgesetzt wurde. Aber weil die meisten Störe auf dieser Welt in der in das Kaspische Meer fließenden Wolga laichen, ist Russland seit jeher eines der Zentren der Kaviarproduktion. Kaviar war und ist folglich in Russland sehr viel weniger eine Luxusdelikatesse als vielmehr eine zwar besondere, feiertägliche, aber doch ziemlich normale Speise.

Zu Zeiten der Sowjetunion wurde sehr viel Kaviar gegen harte Devisen in den reichen Westen exportiert. Die Planwirtschaft ließ aber doch auch immer genug Kaviar im Land und hielt die Preise ausreichend klein, um die edlen Fischeier zumindest an Feiertagen und zu Festen vielen Menschen zugänglich zu halten. Nach dem Ende der Sowjetunion brach dann aber das bis dahin herrschende System einer weitgehend nachhaltigen Störbewirtschaftung zusammen. Kriminelle Banden im Verein mit korrupten Beamten schlachteten so viele Störe ab und bereicherten sich am Kaviarverkauf, dass der Störbestand zum Ende des 20. Jahrhunderts gefährlich geschrumpft war. Erst internationale Abkommen, die den Kaviarexport aus Russland und anderen Anrainerstaaten des Kaspischen Meeres mit Ausnahme des Irans verbieten, haben dazu geführt, dass sich der Störbestand langsam wieder erholt.

Heute gibt es zwar kaum russische Lebensmittelgeschäfte, die keinen Kaviar anbieten. Aber es dominieren vor allem die roten Sorten von unterschiedlichen Lachsarten, meist aus der Lachszucht. Schwarzer Störkaviar ist inzwischen auch in Russland so teuer, dass er in Geschäften meist nicht frei im Regal ausliegt, sondern in abgeschlossenen und mitunter elektronisch gesicherten Vitrinen.

58. Grund

Weil es ein Teeland ist

Das Allererste, was man in Russland angeboten bekommt, ist immer noch ein Tee. Russland ist ein Teeland. Oder war es zumindest. Das zeigt sich schon an der Sprache. Süßes und Gebäck wird *k tschaju* gereicht, *zum Tee*, und nicht zum Kaffee, wie in Deutschland. Noch in den 1990er-Jahren musste man für einen guten Kaffee in Moskau eines der internationalen Hotels aufsuchen oder in ein teures Restaurant gehen. Als Alternative galten georgische oder armenische Etablissements, in denen türkischer Kaffee oder, wie es in Russland oft mit Rücksicht auf die Armenier heißt, *Kaffee auf östliche Art* zu haben war. Im russischen Alltag aber gab es Tee, Tee und noch einmal Tee. Und nur für ganz Hartnäckige löslichen Kaffee, der, wie im Deutschland der 1970er-Jahre damals neu war und deshalb ein wenig die Aura des Modernen hatte.

Der erste Tee kam im 18. Jahrhundert aus China nach Russland. Eine größere Bevölkerungsschichten erfassende Teetrinktradition bildete sich aber erst im 19. Jahrhundert aus. Hauptsächlich wird schwarzer Tee getrunken. Grüner Tee ist, wie Kaffee, eine eher neumodische Erscheinung. Traditionell wurde Wasser im *Samowar* erhitzt. Wenn man das Wort *Samowar* direkt übersetzt, kommt »Selbstkocher« dabei heraus. Ursprünglich wurden *Samoware* mit Holz befeuert, später, im 20. Jahrhundert, setzten sich dann elektrische *Samoware* durch.

Mit dem heißen Wasser aus dem *Samowar* wird die sogenannte *Sawarka* in einer kleinen Teekanne angesetzt. Das ein sehr starker Teesud. Zum Teetrinken wird dieser Sud in eine Tasse gegossen (umso mehr, je kräftiger der Tee werden soll) und dann mit heißem Wasser aus dem *Samowar* verdünnt. Die meisten Menschen in Russland lieben ihren Tee sehr süß. Drei, vier oder gar fünf Stück Würfelzucker sind keine Seltenheit. Außerdem wird zum Tee oft Marmelade gereicht, die in Russland dickflüssig ist. Sie kommt in winzig kleine Schüsselchen und wird mit dem Teelöffel zum Tee gegessen. *Samoware* haben etwas Kontemplatives. Leider sterben sie gerade aus. Sie wurden fast überall von billigen elektrischen Wasserkochern verdrängt. Oder das Wasser wird auf dem Gasherd zum Kochen gebracht.

In sowjetischen und später russischen Kantinen standen früher riesige *Samoware*, in die bis zu 20 Liter Flüssigkeit passten. Das war allerdings meist schon fertiger Tee, der dort nur warm gehalten wurde und von den Gästen aus vorbereiteten und meist gut mit Zucker gefüllten *geriffelten Gläsern* (siehe Grund 47) getrunken wurde. Doch auch diese *Samoware* sind verschwunden, verdrängt von meist lieblosen Kartons mit Teebeuteln.

Wie wichtig Tee in der russischen Trinktradition ist, zeigt auch ein Blick in die sowjetischen Lager. Dort hatte Tee den Status einer Währung, ähnlich den Zigaretten im Nachkriegsdeutschland. Gegen guten Tee konnte man fast alles bekommen. Wer genug Tee zusammen hatte, war zudem in der Lage, *Tschifir* zu machen. Eigentlich ist *Tschifir* nicht mehr als ein sehr, sehr starker Tee, der sehr lange, am besten über Nacht, ziehen gelassen wird. Dadurch entsteht ein dicker Sud mit so viel Koffeingehalt, dass man davon high werden kann. *Tschifir* half auch ein wenig gegen den in den Lagern endemischen Hunger.

Interessanterweise sind trotz dieser Teedominanz Cafés im ganzen Land auf dem Vormarsch, jedenfalls in den großen Städten. An jeder Ecke findet man heute Filialen einer der großen Kaffeehausketten. Allerdings ist auch hier die Teekarte lang, mitunter länger als das Kaffeeangebot. Das muss wohl etwas mit den Vorstellungen von Modernität und Weltoffenheit zu tun haben. Denn es gäbe schon ein russische Tee-Analogon, die *Tschajnaja*, wie ein Teehaus auf Russisch heißt. Aber *Tschajnajas* sind, im Gegenteil zu Cafés, so selten, dass sie eher Liebhaberobjekten gleichen.

Bleibt noch eine Eigenschaft des Teetrinkens anzumerken. Der Abend ist schon fortgeschritten und neigt sich dem Ende zu. Die Gastgeber bieten Tee an. Alle nehmen an, einige bitten vielleicht stattdessen um einen Kaffee. Kaum ist der Tee getrunken, drängen die Gäste plötzlich zum Aufbruch. Es sei schon spät, heißt es, die letzte Metro fahre bald oder man sitze doch schon so lange. Sie haben die Botschaft verstanden. Nach dem Abendmahl ist das Teeangebot ein sanfter, durchaus höflicher Rausschmeißer.

59. Grund

Weil es immer und zu jedem Gericht Brot gibt

Bevor ich 1993 nach Moskau gezogen bin, habe ich in Deutschland immer wieder russische Gäste betreut. Für die meisten von ihnen waren damals Reisen in den Westen, ja, Reisen ins Ausland überhaupt eine ganz neue Erfahrung. Viele gehörten zu denjenigen, die in der Sowjetunion als politisch verdächtig gegolten hatten oder gar *Dissidenten* gewesen waren. Überhaupt war es für Sowjetbürger schwer, ein sogenanntes *Ausreisevisum* zu bekommen. Es reichte nicht, einen Reisepass zu haben. Erst 1992, die Sowjetunion gab es schon nicht mehr, wurde diese zusätzliche Kontrolle über die eigenen Bürgerinnen und Bürger auch im neuen Russland abgeschafft.

Bei gemeinsamen Essen, in Restaurants oder auch bei privaten Einladungen, konnte ich damals immer wieder das gleiche Verhalten beobachten, ohne es mir sogleich erklären zu können. Kaum wurde das Essen serviert, schauten die russischen Gäste suchend auf dem Tisch herum. Manchmal fanden sie, was sie suchten, vor allem bei den privaten Einladungen und sobald das Hauptgericht aufgetischt wurde, oft aber auch nicht. Zu fragen waren sie mitunter zu höflich oder zu schüchtern. In Restaurants, vor allem denen südeuropäischer Küche, waren sie oft glücklicher. Denn dort gehörte schon damals ein Brotkorb zum Standard.

Ja, sie suchten Brot. Denn in Russland ist ein gedeckter Tisch bis heute ohne Brot kaum denkbar. In Restaurants, vor allem den einfacheren und mit einheimischer Küche, fragen Kellnerinnen und Kellner fast immer automatisch, ob man zum bestellten Gericht auch Brot wolle und wenn ja, welches, *schwarzes* oder *weißes*? Das Gleiche gilt für die weit verbreiteten *Stolowajas*, Kantinen oder Selbstbedienungsgaststätten. *Schwarzbrot* (wie in Russland das deutsche Graubrot genannt wird) wird hier meist in halben Schnitten angeboten, Weißbrot in ganzen und muss per Stück bezahlt werden.

Die weiter überragende Bedeutung von Brot fürs Essen in Russland mag daran liegen, dass Mangel an Lebensmitteln im Gedächtnis der Menschen weit lebendiger ist als im Westen. Obwohl die meisten heute lebenden Russen selbst keinen wirklichen Hunger mehr erlebt haben, sind die Erzählungen über die Hungersnöte im und nach dem Bürgerkrieg, Anfang der 1930er-Jahre, vor allem aber den Mangel während und nach dem Zweiten Weltkrieg sehr präsent. Entsprechend ist der Brotpreis auch heute noch ein Politikum. Mehl und Brot werden vom Staat subventioniert.

Doch auch ganz abgesehen von den historischen oder politischen Gründen, aus denen Brot in Russland so wichtig ist, bleibt es eine schöne Tradition, immer Brot auf dem Tisch zu haben. Ich habe mich so daran gewöhnt, dass ich inzwischen in Deutschland ebenso suchend auf dem Tisch herumschaue wie meine Gäste in damaligen Zeiten.

60. Grund

Weil Vorspeisen bis zum Schluss auf dem Tisch bleiben

Die Speisenfolge bei einem russischen Gastmahl sieht erst einmal nicht besonders aus: Vorspeisen, Suppe, Hauptgericht (hier mal *das Zweite*, mal auch *das Heiße* genannt) und Nachspeise. So weit, so normal. Allerdings ist hierzulande nicht das Hauptgericht das Wichtigste. Das sind die Vorspeisen, die *Sakuski*. Meist biegt sich der Tisch unter zahlreichen Salaten, unbedingt Matjeshering, oft verschiedenen Sorten von Wurst und Fisch, fein geschnitten. Beides, Wurst wie Fisch, gibt es oft auch als Rollen, in denen verschiedene Sorten unterschiedlich gewürzt zusammengefügt werden. Sehr beliebt sind auf unterschiedliche Weise geräucherte Fische, darunter gern Heilbutt und Aal. Gebeizter Lachs gehört unbedingt dazu und eigentlich auch geräucherter Stör, der aber inzwischen so teuer geworden ist, dass ihn sich kaum noch jemand leisten kann. Das Gleiche gilt auch für schwarzen, also Störkaviar, früher zumindest ein Feiertagsmuss. Je südlicher man kommt, gehört unbedingt in Salz und Gewürzen eingelegter Speck, der sogenannte *Salo*, auf den Tisch (eigentlich eine ukrainische Spezialität, die aber auch in

Russland, vor allem im Süden, an der Grenze zur Ukraine, weit verbreitet ist).

Auch sogenanntes *Grün* darf nicht fehlen. Unter diesem Sammelbegriff werden Frühlingszwiebeln, Petersilie, Dill und unbedingt Korianderkraut (nicht der häufig als Gewürz benutzte Samen der gleichen Pflanze) zusammengefasst. All dieses Grün wird frisch gewaschen und roh in den Mund gesteckt. Besonders beliebt sind die dunkelgrünen Halme der Frühlingszwiebeln: kurz angeleckt, ins Salzfass getunkt und dann abgebissen. Ebenfalls sehr typisch ist *Solenije*, eingelegte Salzgurken, Sauerkraut, sauer eingelegter Weiß- und Rotkohl, Knoblauch und Bärlauch.

Ganz besondere Vorspeisen sind *Hering unter dem Pelz* und *Salat Olivje*, die in den Gründen 52 und 62 gesondert und ausführlicher behandelt werden. Einen besonderen Namen hat der *Forschmak*, was auf Jiddisch schlicht und einfach *Vorspeise* bedeutet. Diese jüdische Vorspeise gilt inzwischen als urrussisch und darf in kaum einem Restaurant russischer Küche auf der Speisekarte fehlen. Für *Forschmak* werden Salzheringe, Zwiebeln und Weißbrot durch den Wolf gedreht oder im Mixer zerkleinert. Alles Weitere sind dann schon individuelle Varianten. Manche nutzen Eier zum Binden, andere Schmelzkäse. Wieder andere finden, *Forschmak* ohne Äpfel sei kein *Forschmak*.

Vielfältig sind sie also, die russischen Vorspeisen. Vor allem aber sind sie wichtig. Denn sie bleiben den ganzen Abend auf dem Tisch. Nach ihnen kommt die Suppe – und wird wieder abgetragen. Dann das Hauptgericht, dessen Reste meist auch wieder vom Tisch verschwinden, sobald der Gang beendet ist. Nur das Dessert, das übrigens auch im Russischen so französisch heißt, bleibt ebenfalls stehen.

Diese Tradition hat wohl mit zwei Dingen zu tun: Zum einen darf ein Gast nie vor einem leeren Teller sitzen. Zum anderen aber ist ohne *Sakuski* nicht ans Wodkatrinken, ans Toasten und Anstoßen zu denken.

61. *Grund*

Weil Teller und Gläser nie leer bleiben

In fremden Ländern sind es oft die kleinen, selbstverständlichen Dinge und Gewohnheiten, die zu den größten Verwirrungen führen können. Der unvergleichliche bayrische Satiriker Gerhard Polt hat aus diesen Widersprüchen der Selbstverständlichkeiten ein ganzes Genre geschaffen. Ich bin gleich ganz am Anfang meiner Russlandkarriere heftig an eine dieser unsichtbaren Grenzen gestoßen. Dass ich sehr lange gebraucht habe zu kapieren, was da passiert, hat etwas mit der großen russischen Gastfreundschaft zu tun.

Es war zu Beginn der 1990er-Jahre. Ich habe damals auf meinen Reisen durch das Land meist bei Freunden, alten oder auch neueren Bekannten und deren Freunden, Bekannten und manchmal auch Nachbarn übernachtet. Die Hotelinfrastruktur außerhalb der großen Metropolen war, vorsichtig ausgedrückt, noch sehr ausbaufähig. Auch hatte ich wenig Geld und musste sparen. Viel wichtiger war aber, so mit den Menschen im Land in einen viel engeren Kontakt zu kommen, viel mehr zu lernen und viel mehr Freundschaften zu schließen, als das sonst möglich gewesen wäre. Ich denke, alle Vielreisenden kennen das.

Da lebte ich nun also bei Menschen, die zu jener Zeit selbst nicht viel hatten. Insbesondere mit der Beschaffung der Lebensmittel war es oft schwierig. Viele Geschäfte waren leer oder zumindest fast leer. Kartoffeln, Weißkohl und Brot waren meist noch zu bekommen, vielleicht auch das, was in Russland Kompott genannt wird, also in reichlich Wasser und Zucker eingekochte Früchte, als Getränk verkauft.

Es wird bis heute in Russland heftig darüber gestritten, ob das eine echte Lebensmittelknappheit war oder vielmehr Erzeuger und Händler darauf spekulierten, dass bald die Preise freigegeben werden würden (was dann Neujahr 1992 tatsächlich auch geschah). Wie dem auch sei, die Läden waren leer, also musste man zaubern, vor allem, wenn man Gäste hatte.

Denn Gäste ohne Essen und Trinken zu lassen ist schlicht unmöglich. Ich Ausländer hätte mich mit meinen D-Mark und Dollars in den *Berioska-Läden* eindecken können, den russischen Intershops, aber anzunehmen, dass ein Gast das Essen mitbringt, wäre für meine Gastgeber unter aller Würde gewesen. Also beschränkte ich mich, wie es meinem Status gebührte, auf eine Flasche Wein oder Wodka. Trotzdem waren die Tische immer voll. Es gab alles. Vorspeisen, Suppe, Hauptspeise und oft auch eine Torte zum Schluss. Manchmal gab es mehr, manchmal gab es weniger, aber immer genug. Ich werde heute noch rot, wenn ich an die Anstrengungen meiner damaligen Gastgeber denke, vor allem aber, weil mir das alles erst viel später klar geworden ist.

Nun saßen wir also, aßen und tranken. Die Teller waren gefüllt, die Gläser und vor allem die Wodkagläser auch. Es gab reichlich Trinksprüche, Erzählungen, Witze wurden gemacht. Die Stimmung war gut. Ich aß brav meinen Teller leer und trank, das hatte ich schon gelernt, das Wodkaglas jedes Mal *bis zum Grund*, also in einem Zug, aus (sonst gilt der Trinkspruch nicht). Meist blitzschnell war der Teller wieder gefüllt (von der Hausfrau) und das Wodkaglas auch (vom Hausherrn). Irgendwann sagte ich auf die, wie ich heute weiß, rhetorische Frage, ob ich noch etwas wolle, Nein. Doch alle Versicherungen, ich hätte nun wirklich genug getrunken, sei satt, hätte keinen Hunger mehr, nichts passe mehr in mich hinein, halfen nichts. Gnadenlos wurde nachgeschenkt und der Teller mit Salat, einer *Pirogge* oder einem Stück Huhn nachgefüllt. Am Ende des Abends war ich regelmäßig bis zur Übelkeit vollgefressen und, vorsichtig ausgedrückt, ziemlich angetrunken. Über die zahlreichen Kater am nächsten Morgen schweige ich hier.

Das Gleiche wiederholte sich fast jeden Abend. Ich wollte aber niemanden kränken. Als gelernter Protestant steckte und steckt es tief in mir drin, dass Teller leer gegessen gehören und Gläser ausgetrunken. Alles andere scheint mir grob unhöflich. Besonders natürlich all diesen so netten und gastfreundlichen Menschen in einem mir immer noch reichlich fremden Land gegenüber. Nach einer Weile fragte ich meine Russischlehrerin, was ich denn falsch machen würde und wie ich höflich aus dieser Falle herauskäme, jeden Abend ganz gegen meinen Willen dermaßen abgefüllt zu werden. Die gemeinsam gefundene Erklärung war so einfach, dass es schon wieder komisch ist. Meine Anstrengungen, durch Aufessen und Austrinken höflich zu bleiben, dürften meinen Gastgebern in Anbetracht der herrschenden Knappheit Schweißperlen ebenso auf die Stirnen getrieben haben wie mir die sich immer wieder füllenden Teller und Gläser.

Für Gastgeber in Russland ist das Schlimmste, was passieren kann, dass es nicht reicht, dass ein Gast nicht satt wird. Oder, vielleicht noch schlimmer, denkt, die Gastgeber seien geizig oder der Gast nicht willkommen. Wer aufisst und austrinkt, zeigt diese Logik nach, dass er noch nicht satt ist. Alle meine Versicherungen, es sei nun wirklich genug und ich wolle nicht mehr, wurden mit großer Wahrscheinlichkeit nur als Zeichen meiner Bescheidenheit und Höflichkeit interpretiert. Also mussten sie missachtet werden. Die einfache Lösung wäre gewesen (und ist es heute), schlicht nicht aufzuessen oder auszutrinken. Das wird nicht krummgenommen, sondern zeigt den Gastgebern, dass die Gäste satt sind und sie ihrer Pflicht auch wirklich Genüge getan haben.

62. Grund

Weil Salat Olivje zwar auch aus Kartoffeln besteht, aber eben KEIN Kartoffelsalat ist

Es gibt wohl wenig, was russische Köchinnen und Köche so sehr beleidigen kann, wie den Salat *Olivje* einen Kartoffelsalat zu nennen.

Das ist er mitnichten. Der russische Salat mit dem französischen Namen ist ein Festtagsessen und eine nationale Institution, ein nationales Symbol. Also nicht vergleichbar mit einem schnöden Kartoffelsalat. Das Neujahrsfest, das in Russland Weihnachten und Silvester vereint (siehe Grund 43), ist ohne *Olivje* unter den zahlreichen Vorspeisen schlicht undenkbar. Dabei ist der Salat ein Einwanderer. Oder besser gesagt, sein Schöpfer war ein Einwanderer. Glauben jedenfalls alle. Obwohl man das gar nicht so genau weiß. Jedenfalls hatte er einen französischen Namen und hieß *Lucien Olivier*. Andererseits ist auch das nicht so ganz klar, denn einigen Quellen zufolge hieß der Koch, der Mitte des 19. Jahrhunderts in Moskau ein Restaurant mit dem selbstverständlich ebenfalls französischen Namen *Ermitage* führte (so viel ist immerhin gewiss), nicht *Lucien*, sondern ganz profan russisch *Nikolaj*. Französisch war seinerzeit die Sprache des russischen Adels und auch des emporstrebenden Bürgertums. Das klang nach Kultur und Qualität.

Das Restaurant *Ermitage* jedenfalls, unweit eines heute noch bestehenden gleichnamigen Parks im Moskauer Stadtzentrum gelegen, war eine Speisestätte der gehobenen Gesellschaft. Entsprechend war der Salat *Olivje* auch kein einfaches Gericht. Ein aus jener Zeit überliefertes Rezept zeigt das allein mit den Zutaten, und das ohne überhaupt etwas über die berühmte Soße zu verraten, die dem Ganzen erst den letzten Schliff gegeben haben soll (was wir auch nicht können, da *Lucien Olivier* ihre Zusammensetzung bis zu seinem Tode geheim gehalten hat). Nur, dass sie auf Majonnaisebasis zubereitet wurde, wollten Restaurantbesucher später mit Bestimmtheit bestätigen. Also, ein Salat *Olivje* des 19. Jahrhunderts bestand aus dem Fleisch wilder Haselhühner, Kalbszunge, schwarzem Kaviar, Kopfsalat, Krebsfleisch, Mixed Pickles, frischen Gurken, Kapern und hartgekochten Eiern. Von Kartoffeln damals keine Spur.

Doch dann kam, wie so oft in Russland, die Revolution auch dem Salat *Olivje* in die Quere und veränderte, wenn auch nicht alles, so doch viel. Die meisten Zutaten des klassischen *Olivje* waren nach der Revolution und auch später in der Sowjetunion kaum zu beschaffen. In der Folge etablierte sich eine zur veränderten politischen Situation passende Volksvariante. Dazu gehörten nun als Basis gekochte Kartoffeln, Salzgurken, Hühner- oder Rindfleisch, hart gekochte Eier, Erbsen und Salatmajonnaise. Später wurde das teure und nicht immer verfügbare Fleisch oft durch Kochwurst ersetzt. Diese einfache und doch schmackhafte Zubereitung machte den Salat überaus populär, und mit der Zeit wurde er unersetzbarer Bestandteil des Neujahrstisches und bei anderen Feiertagen.

Salat *Olivje* ist heute auch in Restaurants so verbreitet, dass die Tageszeitung *Trud* 2009 analog des bekannten Big-Mac-Indexes einen *Olivje*-Index erfand, mit dem man angeblich die Preise, Lebensstandard vor allem aber die Inflation in unterschiedlichen Landesteilen vergleichen kann. Nach Meinung der Erfinder des *Olivje*-Index gelingt ihnen das bei der Inflationsbestimmung sogar genauer als der staatlichen Statistikbehörde *Rostat*.

63. Grund

Weil es so viele tolle Suppen gibt

Die Auswahl an köstlichen Suppen in Russland ist fast unendlich. *Borschtsch* und *Soljanka* sind auch in Deutschland bekannt und verbreitet. Aber die nicht weniger leckeren *Okroschka*, *Rassolnik* oder *Schtschi* eher nicht. Das ist schade und soll deshalb hiermit ein wenig geändert werden.

Fangen wir mit der *Okroschka* an. Das ist eine typische Sommersuppe, denn sie wird weder gekocht (bis auf die Eier und die Kartoffeln) noch heiß serviert. Dafür ist sie leicht und erfrischt auch an heißen Sommertagen herrlich. Als Erstes werden, wie schon erwähnt, Kartoffeln und Eier gekocht, am besten gleich in einem Topf. Dann wird alles klein geschnitten, was die Gemüsebeete im Garten so hergeben: Gurken, gern auch eingelegte, Frühlingszwiebeln, Rettich, Radieschen, Möhren, Steckrüben, Sellerie. Auch gehackte Petersilie, der unvermeidliche Dill (siehe Grund 67), Selleriekraut oder Kerbel kommen hinzu. Die gepellten Kartoffeln und Eier werden klein geschnitten und ebenfalls in die Suppenschüssel gegeben. Etwas salzen, vielleicht leicht pfeffern, und schon ist alles fertig. Fast jedenfalls. Denn nun kommt die Schüssel auf den Tisch. Die Mischung wird auf die Teller verteilt und mit Kefir, Buttermilch oder *Kwas* begossen. Einen Schlag *Smetana* obendrauf und guten Appetit! *Okroschka* mit Kefir und Buttermilch ist ein wenig traditioneller, aber mit *Kwas* ist sie einfach sensationell. *Kwas* ist ein traditionelles russisches Erfrischungsgetränk, das aus altbackenem Brot gebraut wird.

Nun zum *Schtschi*. Wie bei all den Suppen, um die es hier geht, gibt es auch davon Dutzende Varianten. *Schtschi* kann aus Rettich gemacht werden, aus Brennnesseln, aus Sauerampfer oder Möhren. Es gibt sie aus Fleisch oder Fisch, aus Petersilienwurzeln oder Sellerie. Mein Lieblings-*Schtschi* aber ist aus Sauerkraut. Viele Engländer denken bei Sauerkraut ja an Deutschland. Viele Russen sind dagegen zutiefst davon überzeugt, dass Sauerkraut eine urrussische Speise ist. Allerdings wird Sauerkraut in Russland meist kalt als Vorspeise serviert (als Teil der sogenannten *Solenije*, salzig oder mitunter auch sauer eingelegtem Gemüse). Heiß gibt es Sauerkraut nur als Suppe. Diese Suppe nennt man eben *Schtschi*. In einer einfachen, aber sehr wohlschmeckenden Variante werden gekochte Kartoffeln und leicht glasig gebratene Zwiebeln mit frischem Sauerkraut in einer Gemüsebrühe leicht aufgekocht. Die Suppe wird noch mit der Salzlake, in der das Sauerkraut lag, abgeschmeckt – und auf den Tisch. Natürlich ist auch hier der Klecks *Smetana* obligatorisch.

Der Name *Rassolnik* kommt von *Rassol*, der Salzlake. Sie ist die Grundlage, und damit ist fast schon alles gesagt. Denn das Drumherum oder vielleicht besser das Drin ist vor allem eine Frage des persönlichen Geschmacks. Einige Zutaten aber gibt es schon, die in den meisten *Rassolnik*-Rezepten vorkommen: Salzgurken, Graupen und Kartoffeln. Meist gibt es noch ein wenig Fleisch, Zwiebeln und Lorbeerblätter. Vor allem aber eben die Salzlake, die übrig bleibt, wenn die eingelegten Gurken, das Sauerkraut oder, in Russland sehr beliebt, die grünen Tomaten aufgegessen sind.

64. Grund

Weil ohne Kascha nichts geht

Eines der Dinge, an die ich mich, bei Freunden in Russland zu Gast, besonders schwer gewöhnt habe, waren die warmen und reichhaltigen Frühstücke, die ich morgens aufgetischt bekam. Oft waren es Würstchen oder das Huhn und die Kartoffeln vom Vorabend, die wieder aufgewärmt wurden. Schnell habe ich aber herausgefunden, dass das die Gästevariante des russischen Frühstücks war. Das Normalfrühstück dagegen ist *Kascha*-Domäne.

Kascha heißt direkt übersetzt Brei. Russland ist Brei-Land. Es gibt Haferflocken-*Kascha*, selbstverständlich Grieß-*Kascha*, Buchweizen-*Kascha*, Hirse-*Kascha*, Graupen-*Kascha* oder Maismehl-*Kascha* und noch einige andere mehr. Die einfachen Varianten werden mit Milch oder Wasser aufgekocht, gezuckert (ohne Zucker geht gar nichts!) und fertig. Ob im Kindergarten, beim Militär, im Jugendlager oder im Erholungsheim, überall ist *Kascha* die Grundlage eines langen und oft ermüdenden Tages.

Der Spitzenreiter unter den Breien ist ohne Frage der Grießbrei. Eine Luxusvariante des Grießbreis hat es mir besonders angetan, die *Gurjewskaja Kascha*. Die Bezeichnung geht auf einen Grafen *Dmitrij Gurjew* zurück, der Anfang des 19. Jahrhunderts der erst dritte russische Finanzminister war. Erfunden haben soll diesen Grießbrei der Extraklasse der Legende nach ein leibeigener Koch namens *Georgij Jurisowskij*, bei dessen Besitzern *Dmitrij Gurjew* abgestiegen war.

Die Kascha soll *Gurjew* so ausgezeichnet gemundet haben, dass er *Jurisowksij* seinen Vorbesitzern abkauft habe, um sie künftig jeden Morgen essen zu können.

Die Zubereitung der *Gurjewskaja Kascha* ist kompliziert und langwierig, daher für Morgenmuffel ohne Koch eher ungeeignet. Man kocht einen dicken Grießbrei und lässt gleichzeitig Sahne in einem Topf bei kleinem Feuer heiß werden, sodass sie eine Haut bildet. Dann wird eine dünne Schicht Grießbrei in eine feuerfeste Schüssel gelegt, die Sahnehaut ganz vorsichtig abgezogen und über den Grießbrei gelegt. Darüber werden im Mörser zerstampfte Wahlnüsse gestreut. Das Ganze wiederholt man fünf, sechs Mal. Danach kommt die Schüssel noch 15 Minuten in den Backofen. Oben drauf werden (im Winter) Trockenfrüchte oder im (Sommer und im Herbst) Waldbeeren gelegt. Ein Gedicht!

Ein so wichtiges Gericht wie die verschiedenen Breisorten kann nicht ohne Einfluss auf Sprache und Denken bleiben. Wenn jemand wirres Zeug redet oder schlicht Unsinn, dann heißt es in Russland schnell, er habe *Kascha*, also Brei, im Kopf. Und während man in Deutschland die Suppe auslöffeln muss, die man sich eingebrockt hat, ist es in Russland selbstverständlich die *Kascha*.

65. Grund

Weil man mit Moosbeerensaft alles heilen kann

Gleich an meinem allerersten Tag in Russland wurde mir ein roter, leicht wässeriger, für meinen Geschmack damals etwas zu stark gesüßter, dabei aber gleichzeitig erfrischend säuerlicher Saft vorgesetzt. Das sei *Kljukwennyj Mors*. Ich habe mich auf der Stelle verliebt. Die beiden Worte, aus denen die Bezeichnung dieses Safts besteht, müssen erklärt werden. *Kljukwennyj* ist ein Adjektiv und kommt von *Kljukwa*, der Moosbeere. *Mors* bezeichnet das, was ins Deutsche wohl am ehesten damit beschrieben ist, was nach EU-Standard als Nektar verkauft werden darf. *Mors* gibt es in Russland in vielen Varianten, die meisten und beliebtesten aus Waldbeeren: Brombeeren, Himbeeren, Preiselbeeren, manchmal, eine Ausnahme, auch Sauerkirschen. Die Mors-Königin ist aber die *Kljukwa*. Sie wächst überall im Norden, wo es feucht und nicht allzu warm ist. In Deutschland in den norddeutschen Moorgebieten, im Alpenraum auch und in Russland fast überall nördlich von Moskau. Es sind rote, saure Beeren, etwa so groß wie Heidelbeeren. Die botanische Bezeichnung oxycoccos bedeutet genau das: »saure Beere«.

In der Sowjetunion war *Kljukwa* kaum zu kaufen. Nur auf den sogenannten Kolchosemärkten war die Beere zu bekommen. Allerdings zu hohen Preisen. *Kljukwa* stand trotzdem hoch im Kurs. Zum einen sind die Beeren auch frisch eingefroren gut aufzubewahren. Um den Mors zu kochen, nimmt man einfach eine Handvoll Beeren, zerstampft sie und kocht sie in Wasser unter Zugabe von Zucker. Der fertige Mors wird abgeseiht und in den Kühlschrank gestellt. Da *Kljukwa* sehr viel Vitamin C enthalten, dazu größere Mengen Beta-Karotin, Kalzium, Magnesium und noch zwei Dutzend weiterer nützlicher Elemente, gilt *Klukwennij Mors* als sehr gesund. Jedes russische Kind kennt das Ritual, frischen Mors gekocht zu bekommen, wenn es sich erkältet. Heute gibt es wohl kaum ein russisches Restaurant, das neben den üblichen Säften nicht auch *Klukwennij Mors* auf seiner Speisekarte stehen hat.

Die rote Beere ist zudem sehr dekorativ und eignet sich, wie auch die ihr verwandte Preiselbeere, ausgezeichnet, um daraus Soßen für Fleischgerichte zu machen. In St. Petersburger Restaurants waren schon im 19. Jahrhundert »Wachteln in Honig-Kljukwa-Soße« eine große Delikatesse. Auch das in Russlands Küche allgegenwärtige Sauerkraut wird oft mit Kljukwa verfeinert. In der späten Sowjetunion wurden *Kljukwa* dazu benutzt, künstliches Blut für Film und Theater herzustellen. Der ausgepresste Saft ist tatsächlich dunkelrot, ein wenig sämig und sehr anhaftend.

In den russischen Sprachgebrauch ging die *Kljukwa* im 19. Jahrhundert über. Nach einer Russlandreise wurde dem französischen Schriftsteller Alexandre Dumas unterstellt, er habe in seinen Reisebeschreibungen behauptet, im Schatten der Krone einer *Kljukwa* gelegen zu haben, was bei einem maximal 30 Zentimeter hohen Sträuchlein doch ein wenig schwierig ist. Seither wird eine unglaubwürdige Behauptung eine *raswesistaja Kljukwa genannt*, ein Moosbeerenstrauch mit ausladender Krone.

66. Grund

Weil die georgische Küche einfach dazugehört

Die georgische Küche hat für die russische Küche etwa die gleiche Bedeutung, die die italienische für die deutsche hat. Sie ist inzwischen so selbstverständlich, dass es manchmal schwierig wird, zu verstehen, wo die russische Küche endet und die georgische anfängt. So wie Spaghetti Bolognese oder Pizza ohne zu zögern in deutschen Haushalten zum Alltagsessen gehören, stehen in Russland oft *Lobio* (Bohneneintopf mit Korianderblättern), *Zaziwi* (Huhn in einer Joghurt-Nuss-Soße) oder *Chatschapuri* (Fladenbrot mit georgischem Käse gefüllt oder überbacken) auf dem Tisch.

Diese Namen hören sich für deutsche Ohren exotisch an und waren es sicher auch einmal für russische. Doch das ist vorbei. Es kennt sie jedes Kind. Und liebt die Gerichte. Georgische Restaurants gibt es in jedem Winkel Russlands, und guter Wein war lange Jahre fraglos georgischer Wein (bis sich Mitte der 2000er-Jahre die politischen Beziehungen verschlechterten und Russland ein Embargo für georgischen Wein einführte, das inzwischen glücklicherweise – für Georgier wie für Russen – aber längst wieder aufgehoben wurde).

Es gibt auch sonst einige Parallelitäten in den Beziehungen Russland–Georgien und Deutschland–Italien. Russland ist das nördlichere Land, Georgien das südliche, in dem alles wächst und gedeiht. Die Russen gelten als eher schwerfällig und wenig expressiv. Die Georgier dagegen haben das Image von leichtlebigen Südländern. Die russische Küche ist erdig und schwer, die georgische vielfältig und würzig. Die Russen trinken Wodka, Wein gilt als etwas Besonderes, und es gibt einen Hang zum lieblichen, ja sogar eher süßen Wein. Für die Georgier gehört Wein zum Alltag, und bis auf hervorragende Dessertweine sollte er schon eher trocken sein.

Georgien hat eine mehr als zweitausendjährige Geschichte. Es war die Kolchis, in der die griechische Argonautensage spielte. Zwischen dem 11. und 13. Jahrhundert gab es ein georgisches Großreich. Russland ist dagegen verhältnismäßig jung, aber heute groß und mächtig. In Russland wird die georgische Kultur (und nicht zuletzt die Esskultur) geschätzt. Russland ist für Georgien *der* große Nachbar, wichtig und, wegen der Größe und der gemeinsamen Geschichte, auch bedrohlich zugleich. Das sieht man schon daran, wie unterschiedlich in Georgien und in Russland darüber erzählt wird, wie Georgien 1801 Teil des Russischen Imperiums wurde. Für die meisten Russen hat das zaristische Reich Georgien damals vor der weiteren Knechtschaft durch das Osmanische Reich gerettet, und der Anschluss an Russland geschah freiwillig. Die meisten Georgier hingegen glauben, ihr Land habe damals nur die Wahl zwischen der moslemisch-osmanischen Skylla und der russisch-orthodoxen Charybdis gehabt. Da die meisten Georgier auch orthodoxe Christen sind (wenn auch mit einer eigenen, autokephalen Kirche), wählten sie die Russen.

Was folgte, waren fast 200 Jahre Leben in einem gemeinsamen, von Russland aus regierten Staat, in dem aber Georgier nicht selten herausragende Rollen spielten, öfter wahrscheinlich als aus allen anderen Ländern. Der Georgier Stalin war der einzige russische Herrscher nicht-ostslawischer Herkunft. In Russland werden Georgier von den meisten Menschen nicht wirklich als Fremde aufgefasst. Eher werden sie als Lieblingsverwandte gesehen. Eine Zuneigung, die von georgischer Seite oft nicht in gleicher Weise erwidert wird.

Über Deutsche und Italiener gibt es ein Bonmot: Die Deutschen liebten die Italiener, aber sie achteten sie nicht. Die Italiener hingegen achteten die Deutschen, aber sie liebten sie nicht. Über Russen und Georgier ließe sich Ähnliches sagen. Was die Russen aber tatsächlich an den Georgiern so lieben, dass sie es gleich vereinnahmen, ist die wunderbare georgische Küche.

67. Grund

Weil es immer und überall Dill gibt

Dill ist eine ganz, ganz alte Kulturpflanze. Schon im antiken Rom war sie in Mode. Allerdings aßen die Römer Dill nicht, sondern stellten ihn zur Dekoration in die Vase. In Deutschland wird Dill heute für Soßen verwendet, mit Joghurt oder Quark als Brotaufstrich, vor allem aber getrocknet als Gewürz. Durchaus vielfältig, aber auch nicht allzu auffällig. In Russland dagegen ist Dill allgegenwärtig.

Das fängt schon auf der Straße an. Fast überall kann man bei Straßenhändlern sogenanntes *Selen, Grünes,* kaufen. Unter diesem Sammelbegriff werden Petersilie, Frühlingszwiebeln, Koriander und eben Dill, manchmal auch Basilikum, zusammengefasst. Das ist einfach etwas, was auf keinem gut gedeckten Tisch in Russland fehlen darf. Wobei das *Grün* meist einfach gewaschen, hübsch auf einem Teller angerichtet und einfach zu allem geknabbert wird, zur Vorspeise ebenso wie zur Suppe und zum Hauptgang.

Doch Dill dient nicht nur als aromatische Beispeise. Dill wird überall hinzugefügt. Zur Suppe gehört fein gehackter Dill, wie früher Maggi (und heute wohl Sojasoße) in Deutschland. Da ist es egal, ob es sich um *Borschtsch* handelt, eine *Soljanka*, Hühnerbouillon oder Kartoffelcremesuppe. Es gibt Dill-Kartoffelchips zu kaufen, Pizza mit Dillbelag oder Hamburger, bei denen das eher fade Salatblatt mit ein wenig Dill aufgepeppt wurde. In Moskauer Restaurants gibt es Dill-Gazpacho, Dill-Sushi und Dill-Hummus. Wahrscheinlich ist das eine Methode, sich exotische Speisen anzuverwandeln. Tu Dill dran, und es schmeckt alles gleich wie bei Muttern. Im Jahr kommt so eine ganz schön große Menge Dill zustande. Russland hat einen Pro-Kopf-Verbrauch von 1,6 Kilogramm Dill pro Jahr.

Diese Dill-Affinität, ja geradezu Dill-Abhängigkeit ist natürlich nicht nur mir aufgefallen. Sie ist so offensichtlich, dass sich viele, die ein wenig näher mit dem Land in Kontakt kommen, nach einiger Zeit fragen, wie dem zu entkommen sei und ob das überhaupt möglich ist. Auf Facebook gibt es eine eigene Gruppe mit dem Namen *Dillwatch*. Ihr Ziel ist es, Fälle zu dokumentieren, in denen Dill in unangemessener Weise bei Speisen verwendet wird. Die Gruppe hat mehrere Tausend Mitglieder, die meisten seit Längerem in Russland lebende Ausländer.

Es gibt aber noch eine andere Möglichkeit, mit der russischen Dill-Manie fertig zu werden. Man schließt sich ihr einfach an. Eine ganze Reihe meiner russischen Lieblingsgerichte wären undenkbar, ja viel, viel weniger lecker ohne eine gehörige Dosis Dill (eine Dosis, die ich früher wahrscheinlich als Überdosis vehement abgelehnt hätte). Zum Besten, was die vielfältige russische Vorspeisenküche zu bieten hat, gehört ein Karotten-Schmelzkäse-Dill-Salat. Dafür werden Karotten klein geraspelt, ein großes (ein wirklich großes!) Bund Dill gehackt, jede Menge Knoblauch gepresst und mit russischem Schmelzkäse vermischt. Es muss aber unbedingt russischer Schmelzkäse sein. Traditionelle sowjetische Marken wie *Wolna* oder *Druschba*, die in kleinen 90-Gramm-Blöcken verkauft werden, eignen sich am besten. Importware ist meist zu weich, zu raffiniert und nicht ausreichend klebrig. Jetzt sollte der Salat mindestens eine Nacht stehen, um richtig gut durchzuziehen, um dann mit frischem Brot serviert zu werden. In diesen Momenten kann ich die ganze Aufregung um Dill überhaupt nicht verstehen, denn ich befinde mich selbst im siebten Dillhimmel.

68. Grund

Weil Wodka das Nationalgetränk ist

Viele Volkswirtschaften haben Schlüsselbranchen, von deren Wohlergehen zwar nicht alles, aber viel abhängt und die sich tief in das nationale (Selbst-)Bewusstsein gegraben haben. In Deutschland ist das die Automobilindustrie. In Russland ist das nicht anders. Doch soll hier nicht, wie man denken könnte, von Öl oder Gas die Rede sein, sondern vom Wodka. Der Wodka ist ein echter Krisenindikator. Seit einiger Zeit sinkt der Absatz der russischen Wodkaindustrie. Wohlgemerkt: Nicht der Wodkaverbrauch (vulgo: die Menge, die durch die Kehlen fließt) sinkt, sondern der Absatz der Produzenten. Ein russisches Paradox? Ja, aber ein sehr altes und gut erklärbares!

Die Erklärung hat zwei Teile. Zum einen wird in Russland weit mehr Wodka gekauft als offiziell produziert. Jedes Jahr werden gut 40 Prozent mehr mit einer Steuermarke versehene Wodkaflaschen gehandelt als in den staatlich lizenzierten Fabriken hergestellt. Wie das? Der Rest stammt aus illegaler Produktion, die Steuermarken sind gefälscht. Die Zahl der Fälschungen nimmt jedes Jahr zu. In gewisser Weise hat sich das die Regierung selbst zuzuschreiben. Denn sie kämpft seit vielen Jahren gegen den hohen Alkoholkonsum in Russland. Das tut sie aus gutem Grund. Mit rund 15 Liter reinen Trinkalkohols pro Einwohner und Jahr liegt Russland weltweit an vierter Stelle (und die drei Länder davor, Belarus, Litauen und Moldau, haben früher auch der Sowjetunion angehört). Zudem ist Russland ein Schnapsland. Mehr als die Hälfte des Alkohols wird als Wodka, Cognac oder anderer Hochprozentige getrunken (zum Vergleich: Der Pro-Kopf-Alkoholkonsum in Deutschland liegt bei knapp 12 Litern, und nur knapp 20 Prozent davon sind Spirituosen). Um den Alkoholkonsum also zu senken, erhöht die Regierung seit Jahren regelmäßig die Alkoholsteuer. Viele Verbraucher weichen auf die billigeren, weil »steuerfreien« Sorten aus.

Straßenlaterne am Newa-Ufer in St. Petersburg mit links der Admiralität und rechts der Isaaks-Kathedrale im Hintergrund

Oben: Das Puschkindenkmal ist ein beliebter Treffpunkt im Moskauer Stadtzentrum. **Unten:** Denkmal für Wladimir Majakowski auf dem Moskauer Triumpfplatz. Im Hintergrund das Hotel Peking.

Denkmal für die Dichterin Anna Achmatowa am Ufer der Newa in St. Petersburg. Am gegenüberliegenden Ufer liegt das Untersuchungsgefängnis Kresty, in dem in den 1930er-Jahren der Ehemann und Sohn der Dichterin als politische Gefangene inhaftiert waren.

Oben: Hausmuseum Trigorskoje in Puschkinskije Gory.
Unten: Hof am Moskauer Gartenring vor dem Eingang zum Wohnungsmuseum für Michail Bulgakow mit Figuren aus seinem Roman »Der Meister und Margarita«.

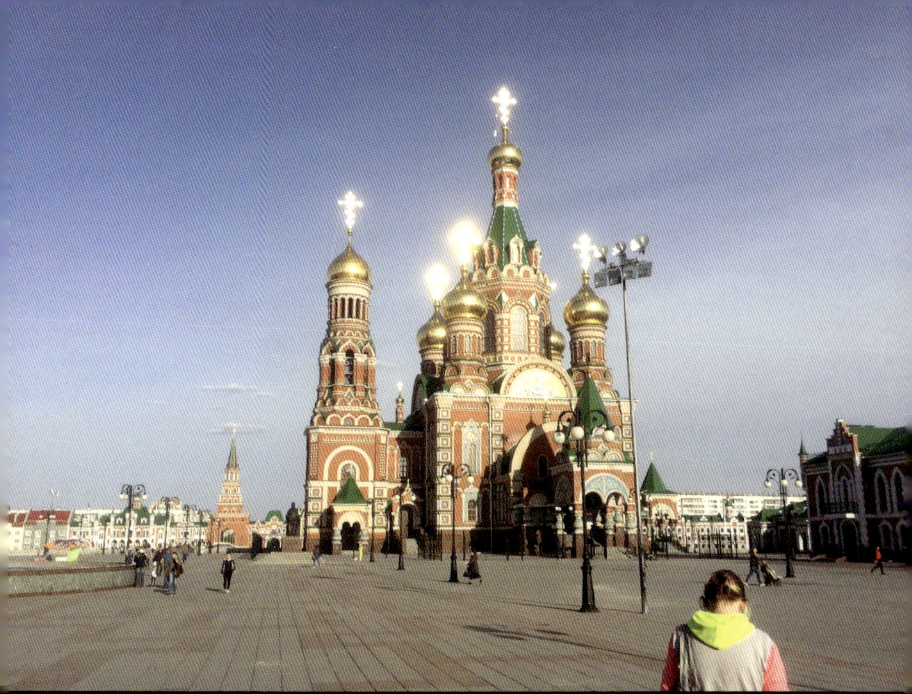

Oben: Die Verkündungs-Kathedrale im Zentrum von Joschkar-Ola in der Republik Mari-El, einer von vielen Kirchenneubauten im postsowjetischen Russland. **Unten:** Das Dorfzentrum von Saktuj, dem Hauptort des Tunka-Tals in Burjatien zieren auch im nun kapitalistischen Russland noch immer überdimensionierte Hammer und Sichel.

Die Metro-Station Majakowskaja in Moskau wurde am 11. September 1938 eröffnet.

Oben: Blick von der Insel Olchon im Baikalsee ans Westufer. **Unten:** Felseninsel mit Möwennestern im Baikalsee nahe der »Sandbucht«, einem beliebten Ausflugsziel an der Westküste.

Oben: Ein Dorf im Tunka-Tal in Sibirien mit Blick auf den schneebedeckten Sajan.
Unten: Schamanisch-buddhistisches Heiligtum im Tunka-Tal in Burjatien.

Oben links: Salat Olivje. **Oben rechts:** Suppe Rassolnik.
Unten: Wodkagläser mit Salzgurken und Schwarzbrot.

Oben links: Geriffelte Gläser mit traditionellem Glashalter findet man heute fast nur noch in Zügen.
Oben rechts: Russischer Samowar mit Tasse. **Unten:** Portion Hering unterm Pelz.

Oben: Der jüdische Friedhof von Bargusin unweit des Baikalsees in Sibirien. **Unten links:** Russische Banja mit Wasserloch fürs Eisbaden. **Unten rechts:** Im Tunka-Tal in Sibirien unweit der russisch-chinesischen Grenze wurden die Brücken über den Irkut verengt, sodass illegal gerodetes Holz nicht mehr so leicht nach China geschmuggelt werden kann.

Oben: Ausflugsschiff am Westufer des Baikalsees. Im Dunst im Hintergrund ist das 60 Kilometer entfernte Ostufer zu sehen. **Unten:** Der sibirische Strom Ob bei Nowosibirsk.

Oben: Typische Geste eines russischen Verkehrspolizisten, der ein Auto anhält. **Unten:** Das Moskauer GUM am Roten Platz. Es wurde 1893 eröffnet und war damals eines der größten und modernsten Kaufhäuser der Welt.

Gogoldenkmal am Moskauer Boulevard-Ring. Ursprünglich stand an dieser Stelle ein grübelnder Gogol, der aber unter Stalin durch diesen optimistischeren Doppelgänger ersetzt wurde.

Neu erbaute Holzkirche im Hafen von Kem am Polarkreis am Ufer des Weißen Meeres.

Der zweite Teil der Erklärung hat auch etwas mit dem Preis, vor allem aber mit dem chemischen Geschick vieler Russinnen und Russen zu tun. Wenn der Wodka im Geschäft knapp wird (wie zu Zeiten der *Gorbatschow'schen* Prohibition 1986–1987) oder zu teuer (wie jetzt), werden viele russische Küchen, Datschen oder Garagen flugs in kleine (manchmal auch große) Destillerien umgewandelt. Folge: Der Umsatz sinkt, die gekippte Wodkamenge bleibt gleich oder wird sogar noch größer.

Vor allem steigt der reine Alkoholkonsum, denn eine Spezialität dieser Hausbrennereien ist der sogenannte *Spirt*. So wird in Russland 96-prozentiger Trinkalkohol genannt. Dazu muss man wissen, dass für Wodka, anders als die meisten Schnapsbrände, aus dem Obst oder Gemüse erst Trinkspiritus gemacht wird, der dann mit Wasser auf 40 Prozent Alkohol verdünnt wird. Vielen »echten Männern« in Russland gefällt aber ohnehin der kräftige *Spirt* viel besser als gewöhnlicher Wodka. Eine Folge davon ist die hohe Männersterblichkeit. Oder besser, die geringe Lebenserwartung russischer Männer. In Russland gibt es zudem mit mehr als 10 Jahren einen der größten Unterschiede weltweit zwischen der Lebenserwartung von Frauen und Männern. In Europa ist Russland (zusammen mit Albanien) Schlusslicht bei der durchschnittlichen Lebenserwartung von Männern. Eine genaue Statistik, welchen Anteil daran *Samagon* hat (wie Selbstgebrannter in Russland heißt), gibt es nicht. Aber schon unter *Gorbatschow* wurde Mitte der 1980er-Jahre die gesundheitsfördernd gedachte Antialkoholkampagne auch deshalb abgebrochen, weil es eben wegen des *Samogons* mehr Alkoholtote gab als je zuvor.

In jüngster Zeit läuft Bier dem Wodka langsam, aber, wie es scheint, sicher den Rang ab. Der Bierkonsum steigt, der Wodkakonsum sinkt (so man der staatlichen Statistik trauen kann). Das Problem ist, dass das auf die Menge des Pro-Kopf-Alkoholverbrauchs keinen Einfluss hat. Er bleibt weiter hoch. Deshalb wurde vor einigen Jahren die Alkoholsteuer auch auf Bier ausgeweitet.

69. Grund

Weil Smetana Mund und Zunge schmeichelt

Liebe, so sagt man, geht durch den Magen. Bevor die Liebe hervorrufende Speise aber dorthin gelangt, muss sie erst einmal durch den Mund und über die Zunge. Auf diesem Weg ist die Schmeichelei russischer *Smetana* unübertroffen. Nichts geht so sanft und cremig den Schlund hinunter wie diese weiße russische Köstlichkeit. Daher ist es so schön, dass die russische Küche ohne *Smetana* nicht auszudenken ist.

Doch zuerst zur Aussprache. *Smetána* wird auf der vorletzten Silbe betont, nicht auf der ersten, wie der berühmte tschechische Komponist *Bedrich Smétana*. Wikipedia behauptet, *Smetana* sei nichts anderes als fette saure Sahne, in Deutschland auch als *Schmand* bekannt oder, aus dem Französischen importiert, als *Crème fraîche*, und verlinkt die Artikel dazu in den jeweiligen Sprachen. Das mag technologisch, vom Herstellungsprozess her korrekt sein, weil alle aus pasteurisierter Sahne hergestellt werden. Und doch mögen meine Zunge, mein Gaumen, meine Geschmackszellen das nicht glauben. Das Glücksgefühl, das Wohlbehagen, das gute *Smetana* hervorruft, stellt sich bei *Schmand* oder *Crème fraîche* einfach nicht ein.

In russischen Läden kann man *Smetana* in unterschiedlichen Fettstufen kaufen, mit 10, 15, 20 oder 30 Prozent Fett. Am besten schmeckt sie lose erworben auf einem Bauermarkt, von denen es in den Städten leider immer weniger gibt. Fast in jede russische Suppe gibt es einen Schlag *Smetana*. Kein *Bortschtsch*, keine *Soljanka* ist komplett ohne den weißen, sich erst nach oben kringelnden und dann langsam verschwindenden Klecks in der Mitte des Tellers oder der Schüssel. *Bliny*, die russischen Pfannkuchen, werden selten ohne *Smetana* serviert. Auch zu *Pelmeny*, den russischen Maultaschen, Kohlrouladen (ein Gericht, von dem die meisten Russen nicht glauben wollen, dass es das auch in Deutschland gibt), *Hering unter dem*

Pelz (siehe Grund 52) gehört unbedingt *Smetana*. Kuchenteig wird mit *Smetana* verfeinert, Torten mit ihr verziert, Puddings cremig gemacht und Obstsalate verfeinert. Auch die in Russland sehr populären Kartoffelpuffer sind ohne *Smetana* kaum denkbar (während Apfelmus zu ihnen unbekannt ist). Oft wird *Smetana* auch einfach mit einem Klacks Marmelade zum Tee oder zum Kaffee gegessen.

Um die Sache abzurunden: *Smetana* ist einfach immer und überall. Sie ist eine Allzweckwaffe, bei der Möchtegernsterneköche vielleicht die Nase rümpfen, ohne die ein russisches Leben, frei nach Loriot, vielleicht möglich, aber völig sinnlos ist.

Kapitel 7

Politik und Geschichte

70. Grund

Weil sich in Russland die Dissidenten erfunden haben

Einem bekannten Bonmot zufolge ist Russland ein »Land mit unvorhersagbarer Geschichte« (siehe auch Grund 72). Das Gleiche ließe sich mit kaum weniger guten Gründen zwar auch von anderen Ländern und Nationen sagen, wenn nicht gar von den meisten. Im Grunde wird ja jedes Land, das ein nationales Trauma erlitten hat, zu einem Land mit unvorhersagbarer Geschichte. Wenn es aber ein schweres Trauma ist, wie zweifellos in Russland, zieht sich dieser Zustand der »Unvorhersagbarkeit« oft sehr in die Länge. Zudem hat Russland im 20. Jahrhundert nicht bloß ein Trauma erlitten. Es hat eine andauernde nationale Katastrophe erlebt, eine Katastrophe, die 70 Jahre andauerte und bis heute nachwirkt. Erster Weltkrieg, Revolution, Großer Terror, Zweiter Weltkrieg, Dutzende Millionen Menschen gingen durch den *Gulag*, das stalinistische Lagersystem. Viele von ihnen kamen nicht zurück. Dieser Terror wirft bis heute seinen langen Schatten. Erst dieser Schatten macht die sowjetischen *Dissidenten*, ihr Auftauchen, ihr Wirken, ihre Methoden und ihre Wirkung verständlich.

Terror als Herrschaftsinstrument war stets ein integraler Bestandteil der sowjetischen Wirklichkeit. Das Haupterbe dieser Jahrzehnte ist Angst, eine permanente, im Unterbewusstsein verwurzelte Angst der Menschen vor der Allmacht des Staates bis heute. Die *Staatsmacht*, wie es auf Russisch heißt, kann mit einem machen, was immer sie für richtig hält. Das wussten alle Menschen in der Sowjetunion genau, und das glauben auch heute noch sehr viele Menschen in Russland von ihrem Staat zu wissen.

Die sowjetischen *Dissidenten* haben diesen Teufelskreis als Erste durchbrochen. Seit den 1950er-Jahren gab es den *Samizdat* (russisch etwa für »Selbstverlag«), die Vervielfältigung und Verbreitung also von Manuskripten jenseits staatlicher Kontrolle. Hier, in diesen kleinen und kleinsten Kreisen wurde erstmals in einer Art von Öffentlichkeit über den Stalinismus diskutiert. Die *Samizdat*-Kultur war ganz vom antistalinistischen Pathos durchdrungen. Es war gerade die Diskussion über den Stalinismus, in deren Umfeld sich jene zahlenmäßig nicht große, doch überaus aktive Gemeinschaft zu konsolidieren begann, deren Mitglieder später *Dissidenten* genannt wurden. In der zweiten Hälfte der 1960er-Jahre erschienen im *Samizdat* dann Texte, die gegen aktuelle politische Verfolgungen protestierten, Texte, die zum Stalinismus als solchem scheinbar in keinem unmittelbaren Zusammenhang mehr standen. Doch auch in diesen Texten war der Gedanke an die tragische jüngste Vergangenheit als Grundlage der akuten Besorgnis der Bürger stets präsent. In der Sowjetunion war mithin der gegenwärtige Kampf für staatsbürgerliche Freiheit, den die *Dissidenten* begonnen hatten, schon damals untrennbar mit dem *Kampf um die Geschichte* verbunden, mit der Bewahrung und Aufarbeitung der Erinnerung an die Vergangenheit, vor allem an den Stalin'schen Terror.

Die Erinnerung an den Stalinismus teilte sich dabei auf lange Zeit, über mehrere Jahrzehnte, in zwei Stränge. Den einen Strang bildete die persönliche Erinnerung, die Erinnerung in der Familie, die auf der Lebenserfahrung der Opfer des Terrors und ihrer Angehörigen beruhte. Sie war latent und wurde als verbotenes oder halbverbotenes Wissen empfunden. Diese Erinnerung war gegenständlich und äußerst konkret. Eine Analyse oder ein Verstehen gab es kaum. Der zweite Strang bestand dann in der dissidentischen Reflexion – in Memoiren, deren Autoren es wagten, sie im *Samizdat* zu veröffentlichen, in Geschichtspublizistik, Übersetzungen westlicher Forschungsarbeiten, Romanen und Gedichten.

Diese fundamentalen, tief gehenden Reflexionen machten die *Dissidenten* zu bedeutenden Erfindern. Sie erfanden eine »Sprache des Rechts«, die bis heute das Verständnis von Menschenrechten entscheidend beeinflusst – und das bei Weitem nicht nur in Russland. Sie forderten vom Staat schlicht, sich an die eigenen Gesetze zu halten. Nichts anderes tun Menschenrechtler heute auf der ganzen Welt. Es ist bemerkenswert, dass es nicht ein großer ideologischer Entwurf war, der die (letztlich erfolgreiche) Wühlarbeit der Freiheit in der Sowjetunion vorangetrieben hat, sondern es eben diese allmähliche Etablierung einer »Sprache des Rechts« von unten war, die die Diktatur mit zu Fall brachte.

Heute sieht es so aus, als ob die Selbstbefreiung von vor 25 Jahren in Russland weitgehend vergessen sei. Doch das scheint nur so. Dieser Weg ist nicht gerade, sondern verschlungen. Und er wird zu neuen russischen Eigenarten führen. Er kann eine Weile aufgehalten werden, in seiner Bewegung behindert. Verhindert werden kann er nicht mehr. Dafür haben die *Dissidenten in* der Sowjetunion zusammen mit ihren Kollegen in anderen sozialistischen Ländern den Grundstein gelegt. Sie wollten in Würde leben. Sie haben unter großen persönlichen Risiken gezeigt, dass das (fast) immer möglich ist. Das ist ihr Vermächtnis.

71. Grund

Weil trotz der Verheerungen und Verbrechen der Deutschen im Krieg die Menschen nicht nachtragend sind

Als ich Anfang der 1990er-Jahre die ersten Male nach Russland kam, damals noch in die Sowjetunion, hatte ich in meinem Gedächtnisgepäck all die schrecklichen Verbrechen, die Deutsche hier im Osten Europas während des Vernichtungskriegs begangen hatten. Mein Großvater hatte an diesem Krieg teilgenommen, wenn auch nur ganz zum Schluss (und ich weiß nicht, ob er als Soldat überhaupt noch bis nach Russland gekommen ist). Er kam am 9. Mai 1945 in der Nähe der tschechischen Stadt Tabor in sowjetische Kriegsgefangenschaft und starb im April 1947 in einem Kriegsgefangenenlager bei Moskau. All dies im Kopf, erwartete ich zumindest eine gewisse Reserviertheit der Menschen mir als Deutschem gegenüber. Doch das Gegenteil war der Fall.

Ich wurde überall ausgesprochen freundlich aufgenommen. Über Deutschland sprachen alle mit Achtung, mitunter sogar mit Hochachtung. Dabei waren es, zu meinem Unbehagen, eher die Deutschen zugeschriebenen Sekundärtugenden, die als Begründung vorgebracht wurden: Pünktlichkeit, Organisation, Ordnung, Effizienz. Natürlich spielt auch das eine Rolle, was auf Deutsch meist ein wenig sperrig Vergangenheitsbewältigung genannt wird. Die ehrliche Scham vieler Deutscher vor den deutschen Verbrechen im europäischen Osten wird in Russland durchaus gesehen und anerkannt. Dieses in historischen Dimensionen doch recht schnelle Vergeben der deutschen Untaten wäre aber ohne tiefere Wurzeln kaum denkbar. Über Jahrhunderte ist Modernität für Russland aus dem Westen gekommen. Über Jahrhunderte gab es in Deutschland eine große Faszination für Russland. *Lew Kopelew*, Jude aus Kiew, der Moskau als seine Heimatstadt und Russisch als seine Muttersprache ansah, hat das nach seiner Ausbürgerung aus der Sowjetunion und nachdem er deutscher Staatsbürger geworden war, mit seinem Team in den zehn Bänden der *Ost-Westlichen Spiegelungen* darüber, wie Russen die Deutschen seit dem 10. Jahrhundert sahen und umgekehrt, dokumentiert.

Spätestens ab dem 18. Jahrhundert haben vor allem enge, auch dynastische Verbindungen zu Deutschland Russland geholfen, den Anschluss an die europäische Moderne zu halten. Deutsche, oft aus dem Baltikum, spielten als Handwerker, später Ingenieure, Wissenschaftler, in der Staatsverwaltung und beim Militär eine große Rolle in der Entwicklung des Landes. Diese Verbindung ist in der Erinnerung der Menschen in Russland weit lebendiger als umgekehrt in Deutschland, und zwar, trotz aller Kriege, überwiegend positiv.

Ich habe es nur einmal erlebt, dass mein Deutschsein auf Ablehnung stieß. Das war, als ich Anfang der 1990er-Jahre Interviews mit ehemaligen sowjetischen Zwangsarbeiterinnen für ein paar Radioreportagen gemacht habe. Das waren vor allem Frauen, von den Männern waren die meisten bei der Zwangsarbeit in Deutschland umgekommen und nicht nach Hause zurückgekehrt. Die Mutter einer russischen Freundin, die als kleines Mädchen zusammen mit ihrer Mutter und ihrem Bruder nach Deutschland verschleppt worden war, wollte nicht mit mir reden. Mit Deutschen wollte sie nie wieder etwas zu tun haben. Ihrer Tochter aber riet sie, diesen Schmerz nicht in die nächste Generation zu tragen, und erlaubte ihr, mir über ihre Erlebnisse und Leiden in Deutschland zu erzählen.

72. Grund

Weil wenig in Russland unvorhersagbarer ist als die Geschichte

Geschichte ist eine kniffelige Angelegenheit. Zwar gibt es oft eine ganze Menge Fakten, auf die man sich schnell einigen kann. Aber je genauer man hinsieht, umso mehr geht es um ihre Interpretation, darum, was das nun bedeutet. Denn wie man die Geschichte liest, hat auch immer damit zu tun, wie man sich selbst sieht, also mit dem, was Identität genannt wird. Wer bin ich? Wer sind wir? Wo kommen wir her? Wo wollen wir hin? Diese Fragen sind in allen Ländern wichtig. Ja, eigentlich leiten alle Länder ihre Existenz, ihre Grenzen in der einen oder anderen Weise aus der Geschichte ab. Politisch mehr oder weniger stabile Länder sind mit ihrer Geschichte, der vorherrschenden Vorstellung davon, was in ihr wichtig ist und wie daran erinnert werden soll, mehr oder weniger im Reinen (wobei das kein ewiger Zustand ist, sondern eher ein ewiges Gespräch mit sich selbst). Andere Länder sind noch auf der Suche nach einer allgemein akzeptierten, mehr einigenden als trennenden Geschichtserzählung. Sie haben es schwerer. Russland gehört gegenwärtig zu den Suchenden.

Zwar wird in den vergangenen Jahren in Russland von vielen immer wieder auf eine lange, tausendjährige russische Geschichte verwiesen. Aber dafür, was Russland heute ist, hält diese alte Vergangenheit wenig Antworten bereit. Das fängt schon mit den Grenzen an, also damit, wo Russland heute aufhört. Der russische Staat, der sich heute Russische Föderation nennt, ist noch nicht sehr alt. In seinen jetzigen Grenzen (die international nicht anerkannte Annexion der Krim 2014 nicht in Rechnung gestellt) gibt es ihn erst seit 1992. Davor gab es die viel größere Sowjetunion. Und davor das Russische Reich, ein Imperium, das in seiner Spätzeit auch viel größer war als Russland heute.

Wie bei allen Ländern hat die russische Geschichte helle wie dunkle Seiten. Die gegenwärtige politische Führung (und soweit das aus Umfragen erkenntlich ist, auch ein großer Teil der Menschen) sieht das Land aber vorwiegend als guten Sieger. Das im russischen Bewusstsein alles bei Weitem überragende geschichtliche Ereignis ist der Sieg der Sowjetunion im Zweiten Weltkrieg oder, in der russischen Diktion, im *Großen Vaterländischen Krieg*. Dieser *Große Vaterländische Krieg* begann mit dem deutschen Überfall auf die Sowjetunion am 22. Juni 1941 und endete mit der deutschen Kapitulation, nach Moskauer Zeit am 9. Mai 1945 (weshalb der *Tag des Sieges* in Russland auch jedes Jahr am 9. Mai gefeiert wird). Auf diesem Sieg gegen den schrecklichen und grausamen Angreifer Deutschland unter Hitler, erlitten von ihren Großvätern und Großmüttern, sind die Menschen in Russland sehr stolz, und das natürlich zu Recht.

Was in Russland aber gern ausgeblendet wird, ist, dass dieser Sieg unter Stalin, einem grausamen und blutrünstigen Diktator als Oberbefehlshaber errungen wurde. Auch, dass er kein rein russischer ist, sondern ein von allen Völkern der Sowjetunion gemeinsam errungener. Zudem verschwindet die der Befreiung unmittelbar folgende Besetzung eines großen Teils Ost- und Mitteleuropas für mehr als 40 Jahre meist hinter der hellen Erinnerung an den Sieg. Er verdeckt außerdem oft den stalinistischen Terror, der im Land mindestens

12 Millionen Tote gefordert hat (wahrscheinlich aber mehr). Der Terror wird von vielen Menschen in Russland als etwas angesehen, das bei der Erinnerung an den großen Sieg stört. Führung und Menschen ziehen heute eine einfache Geschichtserzählung, die das Gute und Siegreiche betont, einer komplizierteren vor, in der auch die negativen Seiten, das, wofür man sich schämen müsste, vorkommen. Ein kritischer russischer Publizist brachte das einmal auf den, zugegeben polemisch zugespitzten, Punkt, Russland irre sich nicht, die Geschichte mache Fehler!

Das ist alles umso erstaunlicher, als das Land viel Erfahrung mit bewusster Geschichtsfälschung durch den Staat hat, der damals Sowjetunion hieß. Über die gesamten 70 Jahre seines Bestehens wurden immer wieder Menschen, die gerade eben noch Macht hatten, populär waren, für eine Erfindung, ihr Talent als Schauspieler öffentlich gefeiert, plötzlich zu Feinden erklärt. Das fing schon ganz früh, direkt nach *Lenins* Tod 1924 an. Plötzlich galt *Trozkij*, der zweite Mann hinter Lenin, als *Verräter*. Andere führende Bolschewisten wie *Kamenjew, Sinowjew, Bucharin* und *Stalin* vertrieben ihn ins Exil (wo er später von *Stalins* Schergen ermordet wurde). Aber schon wenige Jahre später stellte sich heraus, dass auch sie *Feinde* und *Schädlinge* waren. *Stalin* ließ sie nach Schauprozessen erschießen. Nach *Stalins* Tod 1953 wurde dessen allmächtiger Geheimdienstchef *Lawrentij Berija* als angeblicher amerikanischer Spion hingerichtet. Später dann war der neue starke Mann *Nikita Chruschtschew* nicht der Richtige, sein Nachfolger *Leonid Breschnjew* hatte das Land in die Stagnation geführt und den Reformer *Michail Gorbatschow* zeihen heute viele, die Sowjetunion auf dem Gewissen zu haben (womit er aber ganz gut leben kann).

All diese Wendungen hatten für die Menschen in der Sowjetunion durchaus praktische Folgen. Seiten mit in Ungnade Gefallenen mussten auf Anweisung von oben aus Enzyklopädien gerissen werden, frühere Verbindungen mit angeblichen Verrätern und Feinden wurden geleugnet. In vielen Familienarchiven finden sich Bilder auf denen Gesichter übermalt sind oder einzelne Personen rausgeschnitten, weil es schlicht gefährlich sein konnte, mit ihnen in Verbindung gebracht zu werden.

Diese ganz schlimmen Zeiten sind glücklicherweise längst vorbei. Nach dem Ende der Sowjetunion sind Millionen politisch verfolgte Menschen rehabilitiert worden. Leider aber hat der russische Staat in den vergangenen Jahren wieder begonnen, eifersüchtig über seine Version von Geschichte zu wachen. Seit 2013 wacht eine staatliche Kommission über angebliche Versuche, *die Geschichte zu fälschen*, und wer die Urteile der Nürnberger Kriegsverbrecherprozesse nach dem Zweiten Weltkrieg infrage stellt, kann sogar ins Gefängnis wandern. Die Vergangenheit bleibt in Russland eine komplizierte, unberechenbare und mitunter gefährliche Angelegenheit.

73. Grund

Weil manche Gesellschaftsexperimente in Stein gegossen sind (das Haus an der Moskwa)

Grau, eckig, ein wenig düster steht in Moskau ein Haus direkt gegenüber dem Kreml am Ufer der *Moskwa*. *Gosdom*, *Staatshaus*, wurde es genannt, als es 1931 für die neue sozialistische Elite gebaut wurde. 505 Wohnungen für Parteiarbeiter und Regierungspersonal, für Militärs und Geheimdienstleute. Sie sollten es besser haben, nahe zum Zentrum der Macht und wohl auch unter deren Kontrolle. Der Form nach war dieses Haus ein Experiment. Neues Wohnen sollte hier geübt werden. Wohnen neuer, sozialistischer Menschen. Geplant und gebaut hatte es aber ein Architekt einer vergangenen Epoche. Der berühmte *Boris Iofan* stammte aus *Odessa* am Schwarzen Meer, hatte in Italien studiert und dort eine italienische Gräfin geheiratet.

Doch das *Haus an der Moskwa*, so nannte es nach dem Krieg *Jurij Trifonow* in seinem berühmten Roman, war höchst modern, als es gebaut wurde. Die Wohnungen waren mit allem, auch technischem, Komfort ausgerüstet, der vor dem Krieg vorstellbar war. Die Planer orientierten sich am neuesten Standard in den USA. Die Vierzimmerwohnungen waren im engen, ständig wachsenden und unter enormer Wohnungsnot leidenden nachrevolutionären Moskau ein fast unerhörter Luxus. Das Haus, kubisch und 11 Stockwerke hoch, war eine Stadt in der Stadt. Es gab einfach alles: Ein Theater und ein Kino (bis heute das größte in der Stadt), Läden und Kindergarten, Klubräume, Sporthallen und Tennisplatz, Bibliothek und Buchhandlung, Krankenstation, Wäscherei, Friseur, Schuhmacher und ein Kaufhaus für gehobene Waren. Aber selbstverständlich alles nur für die privilegierten Hausbewohner.

Doch diese kleine Insel des Wohllebens in einem insgesamt immer noch sehr armen Land lebte nur ein kurzes Glück. Bald gesellte sich zum äußeren Grau der Fassaden inneres Grauen. Im Großen Terror 1937–1938 zerstörte Stalin die revolutionäre sowjetische Elite. Aus fast jeder Wohnung des Elitenhauses wurden Menschen auf die Moskauer Erschießungsplätze *Butowo* und *Kommunarka* oder in die Folter- und Hinrichtungskeller des *NKWD*-Geheimdienstes abgeholt. Damalige Bewohner berichteten später, man habe aus Angst nicht darüber gesprochen. Viele der Bewohner haben wohl bis zum Schluss nicht geglaubt, dass es sie (auch) treffen werde. Es traf aber sehr viele. Aus 345 der 505 Wohnungen wurde mindestens ein Mensch abgeholt, um im *Gulag* zu verschwinden oder per Genickschuss hingerichtet zu werden. Auch den Vater von *Jurij Trifonow*, der seine Kindheit im *Haus an der Moskwa* verbrachte, holten sie 1938 und erschossen ihn.

Überall am Haus erinnern heute Marmortafeln an die vielen sowjetischen Berühmtheiten, die Generäle, Schriftsteller oder Parteifunktionäre und Minister, die hier einst lebten. Aber kein Wort darüber, wie sie das Haus verließen, freiwillig oder in den Handschellen der *NKWD*-Schergen, und nichts darüber, was danach mit ihnen geschah. Immerhin wurde auf Initiative von Bewohnern Anfang der 1990er-Jahre in einer der Wohnungen ein kleines Museum eingerichtet. So können wir heute sehen, wie die Menschen damals in den 1930er-Jahren hier lebten.

In den 1990er-Jahren waren die Wohnungen vor allem bei zahlungskräftigen Ausländern zur Miete beliebt. Viele Bewohner, plötzlich in eine kapitalistische Existenz geworfen, lebten und überlebten, wie im Übrigen viele andere Moskauer auch, von der Miete. Die neue Zeit verkündete weithin sichtbar ein riesiger Mercedes-Stern auf dem Dach, ein Symbol der neuen Epoche, das sich kein politischer Spindoktor besser hätte ausdenken können. Heute ist das graue Haus ein Luxusobjekt im Moskauer Stadtzentrum. In Sichtweite von Kreml und *Christerlöserkirche*, unweit des hippen Ausgehviertels in der ehemaligen Schokoladenfabrik *Roter Oktober*, gibt es kaum einen privilegierteren Ort zum Wohnen in der Stadt. Zur Stadt gehört es dabei aber ebenso wenig wie das *Gosdom* vor 90 Jahren. Die Höfe sind abgesperrt, der Zutritt ist erneut nur den privilegierten, also heute reichen, Bewohnern erlaubt.

74. Grund

Weil es Memorial hervorgebracht hat

Beim deutschen Philosophen *Friedrich Nietzsche* gibt es die schöne Sentenz: »Das habe ich getan, sagt mein Gedächtnis. Das kann ich nicht getan haben, sagt mein Stolz. Endlich – gibt mein Gedächtnis nach.« Das gilt nicht nur für uns schwache Menschen, sondern auch für Nationen. Eben deshalb braucht es in allen Ländern Menschen, die hartnäckig dem Gedächtnis nachhelfen. Auf dass es nicht aufgebe. In Russland hat diese Aufgabe die *Gesellschaft Memorial* übernommen.

Das war weder vorauszusehen, noch so geplant. Aber zum Ende der Sowjetunion zeigte sich ein immer mächtiger werdendes Bedürfnis vieler Menschen, zu erfahren, was der totalitäre Staat mit ihren Angehörigen und Liebsten, ihren Freunden und Verwandten gemacht hatte. Millionen Menschen gingen auf die Straße, um eine Öffnung der Archive zu fordern und der Allmacht des KGB Grenzen zu setzen. Immer drängender wurden diese Forderungen, und im Januar 1989 wurde in Moskau unter dem Vorsitz von Friedensnobelpreisträger *Andrej Sacharow Memorial* gegründet.

Die selbst gestellte Aufgabe von *Memorial* bestand (und besteht bis heute) aus drei Teilen: Aufklärung über die staatlichen Verbrechen und politische Verfolgung in der Vergangenheit, Aufklärung über aktuelle Menschenrechtsverletzungen und soziale Fürsorge für die Opfer politischer Verfolgung und ihrer Angehörigen. Dem liegt die Überzeugung zugrunde, dass eine demokratische Entwicklung Russlands nur möglich ist, wenn die Verbrechen der Vergangenheit bekannt sind und nicht in Vergessenheit geraten. Schnell bildeten sich im Land an vielen Orten regionale *Memorial-Organisationen*. Auch wenn die große Welle der Millionen bald auslief, gibt es doch heute noch mehr als 60 *Memorial-Organisationen* im ganzen Land (und sogar darüber hinaus, zum Beispiel in der Ukraine und in Deutschland).

Schon bald nach dem Ende der Sowjetunion spielte *Memorial* eine führende Rolle in den Tschetschenienkriegen, als sie vom Leiden der Zivilbevölkerung ebenso berichteten wie über allein gelassene russische Wehrpflichtige und, später, den schwunghaften tschetschenischen Sklavenhandel zwischen den zwei Kriegen anprangerten und das Verschwinden von vielen Tausend Menschen. In Moskau und an vielen anderen Orten wurden unterdessen weiter Informationen über den stalinistischen Terror gesammelt, das Leben im Gulag, die Struktur der sogenannten Sicherheitsorgane und vieles mehr. In Moskau entstand das weltweit größte Museum über den Alltag im Gulag und ein umfangreiches Archiv über die Geschichte politischer Verfolgung in der Sowjetunion. Beides steht Besuchern, Forschern oder Journalisten offen.

Selbstverständlich bleibt solch eine Arbeit nicht unbemerkt. *Memorial* hat viele Feinde, die in seinen Aktivisten *Vaterlandsverräter* sehen. Zusammen mit vielen anderen russischen Nichtregierungsorganisationen hat der Staat auch *Memorial* zum *ausländischen Agenten* erklärt, weil sie zur Finanzierung ihrer Arbeit auch Geld aus dem Ausland annehmen. Im Land gibt es auch Unterstützung, aber nicht genug für die wahre Herkulesaufgabe, die sich *Memorial* gestellt hat. Viele Menschen wollen die grausame und auch schmerzhafte Vergangenheit lieber ruhen lassen. Und auch dem Staat sind die Störenfriede von *Memorial* oft ein Dorn im Auge. Besonders die Arbeit von *Memorial* mit jungen Menschen und in den Schulen wird vom Staat besonders misstrauisch betrachtet. Der Staat unter Präsident Putin möchte eher die positiven Seiten der russischen Geschichte betont sehen. Er beruft sich lieber auf 1000 Jahre russischer Siege. An die Verbrechen unter Stalin und die Millionen Ermordeten und noch mehr in ferne, abgelegene Gegenden Verbannten und in Straf- und Arbeitslagern eingesperrten Menschen zu erinnern stört da nur.

Ganz lässt sich diese Erinnerung aber nicht verdrängen. Zu viele Menschen, fast jede Familie waren vom Terror betroffen. Oft gab es in der gleichen Familie Täter und Opfer, nicht selten wurden Täter später zu Opfern. Und dann war noch der Krieg, den die Rote Armee mit *Stalin* als Oberbefehlshaber gewann. Es ist egal, ob dieser Sieg nun wegen oder trotz Stalin gelang. Er ist im Bewusstsein der meisten Menschen in Russland eng mit dem blutigen Diktator verbunden.

Der polnische Dissident und Philosoph *Jacek Kuron* sagte einst auf einer deutsch-polnisch-russischen Konferenz, an deutsche Teilnehmer gerichtet, die von den Russen eine eindeutige Verurteilung forderten, sie hätten es leicht. Die deutsche Geschichte mit Hitler zeige, dass Böses nur Böses hervorbringe. Die russische Erfahrung im 20. Jahrhundert sei dagegen, dass das Böse manchmal auch Gutes tue. Auch deshalb ist *Memorials* Nachhilfe für das sehr menschlich mitunter nachgebende Gedächtnis so wichtig für Russland.

75. Grund

Weil hier manche Parteien einen Spoiler haben

Mit dem politischen System in Russland ist es nicht ganz so einfach. Von außen gesehen, sieht es aus wie eine liberale Demokratie. Mit der Verfassung ist alles in Ordnung. Es gibt darin Gewaltenteilung; ein frei zu wählendes Parlament; Meinungs-, Rede- und Versammlungsfreiheit werden in ihr garantiert; Pressefreiheit gibt es, und Zensur wird ausdrücklich ausgeschlossen; ein unabhängiges Gerichtswesen sieht sie vor; und natürlich das Recht der Bürgerinnen und Bürger, sich in politischen Parteien zusammenzuschließen. Wenn man aber etwas genauer hinschaut, dann wird schnell klar, dass die meisten in der Verfassung garantierten Rechte durch den Staat stark eingeschränkt werden. Der russische Staat ist dafür nach Beschwerden seiner Bürger auch immer wieder vom Europäischen Gerichtshof für Menschenrechte in Straßburg verurteilt worden.

Ein besonderes Kapitel sind die politischen Parteien. Einige gibt es schon sehr lange. Viele sind recht neu. Zu den langlebigen gehört die *Kommunistische Partei Russlands*, die aus der *KPdSU*, der *Kommunistischen Partei der Sowjetunion,* hervorgegangen ist. Sehr alt für russische Verhältnisse sind auch die *Liberaldemokratische Partei Russlands* (*LDPR*), die allerdings weder demokratisch noch liberal, sondern nationalistisch ist, und eine Partei namens *Jabloko* (eine Abkürzung, die aber gleichzeitig Apfel bedeutet), die wiederum sehr liberal, demokratisch und auch ein wenig sozial orientiert ist. Beide wurden 1993 gegründet. Die alles dominierende *Partei Einiges Russland* (*ER*) dagegen ist erst in den 2000er-Jahren schon unter Präsident Putin durch den Kreml von oben gegründet worden.

Immerhin sind all diese Parteien (und noch zwei, drei andere), egal ob sie nun im nationalen Parlament, der Staatsduma, vertreten sind (wie die Kommunisten, die *LDPR* und natürlich *ER*) oder nicht (wie gegenwärtig *Jabloko*), ständig aktiv. Dann gibt es aber noch einen ganzen Haufen von Parteien, von denen man nie etwas sieht und hört. Manche haben nicht einmal einen Internetauftritt. Aber dann, plötzlich, wenn Wahlen vor der Tür stehen, tauchen sie auf, haben viel Geld (von dem unklar bleibt, woher es kommt), sammeln Hunderttausende Unterschriften, die vom Gesetz her nötig sind, um kandidieren zu dürfen, bekommen knapp ein Prozent der Stimmen oder weniger und verschwinden für die nächsten fünf Jahre, bis zu den nächsten Wahlen, wieder in der Versenkung.

Nun gibt es solche Parteien (wenn auch meist mit weit weniger Geld) auch in vielen anderen Ländern. Das Besondere an einigen dieser russischen Parteien ist aber, dass sie wie ein Ei dem anderen einer aussichtsreichen Oppositionspartei gleichen. Oder ihr Programm sieht aus wie abgeschrieben. Oder die Spitzenkandidaten haben genau die gleichen Namen wie die Spitzenkandidaten einer Oppositionspartei. Manchmal werden dazu auch extra Parteien vor Wahlen gegründet. Das geschieht aber meist auf regionaler und seltener auf landesweiter Ebene.

Das Ziel dieser Phantomparteien ist es, den Originalen Wählerstimmen wegzunehmen. Mit ihren gleichen Programmen und gleichen Namen sollen die Wählerinnen und Wähler verwirrt werden. In der Umgangssprache haben sie deshalb die Bezeichnung *Spoiler-Parteien* bekommen. Gemeint ist natürlich nicht der Spoiler am Auto, der die Karre schneller machen soll, sondern das Wort kommt vom englischen *to spoil*, etwas verderben. Auch wer verdirbt, ist einigermaßen klar, da die Behörden, also letztlich der Kreml, entscheiden, wer zu Wahlen zugelassen wird und wer nicht. Für die Betreiber der Spoiler-Parteien ist das ein lohnendes Geschäft. Für die Demokratie in Russland ist diese Besonderheit nicht so gut.

76. Grund

Weil es eine Erfindung und unser Spiegel ist

Nationen neigen dazu so zu tun, als ob sie eine natürliche Sache seien. Von Natur aus gegeben, in der Natur ihrer Menschen eingeschrieben, maximal in irgendeiner fernen, kaum mehr erinnerten, mythischen Vergangenheit begründet. Das ist natürlich Unsinn. Das ist eine Erfindung. In Russland hat man sogar eine Tradition daraus gemacht, das Land immer wieder quasi aus dem Nichts zu erfinden. Oder wie der aus Russland stammende, inzwischen in Deutschland lebende Kulturphilosoph *Boris Groys* das nennt: Russland scheint mitunter in einer Dimension des Außergeschichtlichen zu existieren.

Selbstverständlich gibt es, bei allem Erfindergeist, auch ein paar harte Grundlagen. Das Land liegt irgendwie zwischen den großen Zivilisationen des Westens (in Russland meist einfach *Europa* genannt) und des Ostens (also China und Indien). Trotzdem ist Russland ein europäisches Land: die Sprache, die Leute, die Kultur, Musik, Literatur, Malerei – alles Teile einer eindeutig europäischen Tradition.

Und dann ist da die Geografie. Viele argumentieren, nur ein kleiner Teil Russlands, etwa ein Siebtel, liege auf dem europäischen Kontinent, während die große Masse mit Sibirien und dem Fernen Osten zu Asien gehöre. Das ist geografisch nicht falsch. Aber auf dem europäischen Siebtel leben über 80 Prozent der Menschen, liegt das russische Zentrum und die Wiege des Landes. Von hier ging alles aus, hierhin kehrt alles zurück.

Ich habe den Verdacht, dass der gelegentliche Verweis auf den Osten mehr einer romantischen Selbststilisierung dient. Wie die Briten festigen die Russen ihre eigene Identität, indem sie sich von denen *in Europa* abgrenzen (bei den Briten ist es der *Kontinent*). So versteht sich Russland nicht als etwas anderes als der Westen, sondern eher als der bessere Westen.

Eine der wichtigsten Institutionen für die Selbstdefinition in Russland ist die *russisch-orthodoxe* Kirche. In einer Umfrage bezeichneten sich Mitte der 2000er-Jahre mehr als 70 Prozent der Einwohner des Landes als *orthodox*. In der gleichen Umfrage gaben aber nur rund 40 Prozent der Befragten an, an Gott zu glauben. Das lässt den Schluss zu, dass das Attribut *orthodox* zu sein im Bewusstsein vieler Menschen fast das Gleiche bedeutet wie *russisch* zu sein. Nun hat die *orthodoxe* Kirche den gleichen Anspruch auf Universalität wie ihre Stiefschwester, die römisch-katholische Kirche. Das drückt sich auch in der in Russland weitverbreiteten Ansicht aus, Moskau sei das *Dritte Rom* (nachdem das ursprüngliche Rom und Byzanz als Reiche untergegangen sind). Der Anspruch stützt sich aber nicht darauf, etwas ganz anderes zu sein, sondern auf die Behauptung, dass die katholische Kirche vom rechten, eben dem *orthodoxen* christlichen, Weg abgekommen ist. Auf Russisch heißt die Kirche entsprechend auch genau so: *prawoslawnij*, rechtgläubig.

Russland, so könnte man schließen, ist also keine Alternative zum *Westen* (gar nicht zu reden von etwas völlig außerhalb des *Westens* Stehendes), sondern der eigentliche *Westen*. Russland ist so, wie der *Westen* sein sollte. Im Grunde war das auch mit dem Kommunismus so. Ausgedacht im *Westen*, waren die Leute dort nicht in der Lage, diese Utopie auch wirklich umzusetzen. Da musste erst Russland kommen, um zu zeigen, wie das geht. Dem *Westen*, also uns, wird so ein Spiegel vorgehalten. Es wird ihm gezeigt, wie unaufrichtig er ist, wie bei ihm Wort und Tat auseinanderfallen, wie man ihm nicht glauben kann.

Nun liegt im Auseinanderfallen von Wort und Tat nicht nur Unaufrichtigkeit. Sklavisch dem Wort zu folgen, ist oft unmenschlich. Menschen sind fehlbar. Kleine Lügen ermöglichen erst das menschliche Miteinander. Wenn alle immer und überall die Wahrheit sagten, gäbe es wahrscheinlich Mord und Totschlag. In seiner mitunter bewundernswerten Unbedingtheit macht sich (nicht nur sich, aber vor allem sich) Russland immer wieder das Leben schwer – und manchmal auch zur Hölle. Das ist liebenswert, wenn auch von Zeit zu Zeit unerträglich.

77. Grund

Weil in Russland eine Straße gleich drei Namen haben kann

Russland ist ein Land auf der Suche nach sich selbst. 70 Jahre Sowjetunion haben sich tief in das Selbst-Bewusstsein des Landes eingegraben. Es gibt eine gewisse Nostalgie nach vergangener Größe. Aber wirklich zurück in die Sowjetunion möchte kaum jemand. Seit deren Ende sucht das Land, suchen seine Menschen nach Anknüpfungspunkten in der Vergangenheit. Das machen alle, und nach einer Weile kommt, wenn es gut geht, eine Mischung heraus, die oft schon allein wegen des langen Wegs zu ihr als halbwegs harmonisch und stimmig wahrgenommen wird.

In Russland sind diese historischen Mischungen aber noch sehr frisch, stehen die einzelnen Details aus unterschiedlichen Epochen mitunter sehr unvermittelt nebeneinander. Harmonie braucht dagegen Zeit, um sich zu entwickeln. Diese Zeit hatte Russland noch nicht. Also behilft man sich in vielem damit, die Dinge entweder gar nicht anzufassen oder erst einmal Altes und Neues nebeneinanderstehen zu lassen, ganz nach dem Motto, dass man die Widersprüche, wenn man sie nicht auflösen kann, eben aushalten muss. Das ist mitunter nicht leicht, aber vielleicht gar keine so schlechte Übung in gegenseitiger Toleranz.

Ein gutes Beispiel für diesen Eklektizismus sind die staatlichen Symbole wie Hymne, Fahne und Wappen. Die Fahne geht auf *Peter den Großen* zurück. Er ließ Ende der 17. Jahrhunderts eine waagerecht gestreifte weiß-blau-rote Flagge auf einem der ersten russischen Kriegsschiffe im Weißen Meer hissen. Später wurde daraus die Fahne der russischen Handelsflotte, und von 1896 bis zur Revolution 1917 war es die Fahne des zaristischen *Russischen Reichs*. Auch das Wappen mit dem *doppelköpfigen Adler*, dessen einer Kopf angeblich nach Westen, der andere nach Osten schaut, stammt aus der zaristischen Zeit. Die Melodie der Hymne aber kommt aus der Sowjetunion. In ihrem Text wurde anfangs die *Partei Stalins* gefeiert, dann, nach Stalins Tod, wurde sie ohne Text genutzt, um noch später statt der *Partei Stalins* die *Partei Lenins* hochleben zu lassen. Mit dem Ende der Sowjetunion verschwand die Hymne wie vieles Sowjetische, um aber nach etwa zehn Jahren unter Wladimir Putin wiederaufzuerstehen. Freilich mit einem neuen Text, der nun anstelle der Größe der Partei *Stalins* und *Lenins* die Größe Russlands beschwört.

Im alltäglichen Leben kann diese Uneindeutigkeit immer noch an vielen Straßennamen abgelesen werden. Nur in wenigen Städten wurden Straßennamen nach dem Ende der Sowjetunion so systematisch umbenannt wie in Moskau. Dort erhielten alle Straßen innerhalb des die Innenstadt umschließenden *Gartenrings* 1992 ihre vorrevolutionären Namen wieder, und zwar so konsequent, dass auch aus der *Puschkinstraße* wieder die *Bolschaja Dmitrowka* wurde (und Puschkin hatte nun wirklich nichts mit der Sowjetunion zu tun). Allerdings hört diese Konsequenz außerhalb der Innenstadt auf. Das Moskau dort gab es vor der Sowjetunion kaum. Die meisten Straßen hatten folglich nie einen anderen als ihren sowjetischen Namen. Entsprechend heißen zwei der größten Ausfallstraßen immer noch *Leninprospekt* und *Leningrader Prospekt*, obwohl Leningrad längst wieder *St. Petersburg* heißt.

Ähnlich widersprüchlich ist es, dass *St. Petersburg* immer noch vom *Leningrader Gebiet* umschlossen wird, ebenso wie die Uralmetropole *Jekaterinburg* vom *Swerdlowsker Gebiet*. Während beide Stadtparlamente Anfang der 1990er-Jahre beschlossen, ihren Städten die vorrevolutionären Namen wiederzugeben, dominierten damals weiter Kommunisten die Gebietsparlamente und verhinderten die

Umbenennung. Heute scheinen sich alle daran gewöhnt zu haben. Jedenfalls ist eine weitere Umbenennung kein Thema.

Manchmal kann man auch mehrere Straßenschilder an ein und derselben Straße sehen. In *Irkutsk*, nahe des *Baikalsees* in Ostsibirien, sah ich einst an einem Haus einer der zentralen Straßen gleich drei Namensschilder übereinander hängen: *Dworjanskaja, Komsomolskaja* und *Nekrassow*a. *Dworjanskaja*, die *Adelsstraße*, hieß sie vor der Revolution, dann wurde sie nach dem kommunistischen Jugendverband *Komsomol* benannte. Im nachsowjetischen Russland bekam sie dann den Namen von *Nikolaj Nekrassow*, einem bekannten russischen Schriftsteller aus dem 19. Jahrhundert.

Meine historische Lieblingsmischung findet sich aber auf dem Einwickelpapier einer kleinen Schokowaffel, in Russland *Konfeta* genannt. Es gibt davon eine ganze Reihe klassischer, die in der Sowjetunion von vielen Schokoladenfabriken hergestellt wurden, darunter auch einer Moskauer mit dem klassenkämpferischen Namen *Rotfront* (im Russischen wie im deutschen Original). Meine Lieblings-*Konfeta* heißt *Rotkäppchen*, ist in gelbes Papier eingewickelt, mit einem rotbäckigen *Rotkäppchen* darauf abgebildet. Die Fabrik *Rotfront* nun wurde im neuen, kapitalistischen Russland in eine Aktiengesellschaft umgewandelt. Und das steht nun auch auf der Rückseite: *Konfeta Rotkäppchen*, hergestellt von der *Aktiengesellschaft Rotfront*. Alles über die russische Geschichtsmischung in einer Schokowaffel: Die Sowjetnostalgie, der aktuelle Kapitalismus, und man kommt sich vor wie in einem Märchen.

Kapitel 8

Individuum und Gesellschaft

78. Grund

Weil Frauen in Russland das starke Geschlecht sind

Russland ist auf den ersten Blick ein sehr männerdominiertes Land. Und auch sehr, wie man das heute nennt, traditionelles. Also ein Land, in dem die alten Männer- und Frauenrollen noch intakt zu sein scheinen. Männer scheinen das starke Geschlecht zu sein, Frauen das schwache. Und wenn man die Leute fragt, dann bestätigen die meisten genau dieses Bild. Doch ich glaube, dass dieser Eindruck täuscht. Ich wage zu behaupten, dass gerade die russischen Frauen das starke Geschlecht sind. Sie schleppen auf ihren Schultern das Land durch die Zeiten, auch die schweren, während die Männer jammern und sich ihren Hobbys hingeben. Eine steile These? Ungerecht? Hier sind ein paar Belege.

In allen Gesellschaften werden mehr Jungen als Mädchen geboren. Meist gleicht sich das durch die höhere Kindersterblichkeit bei Jungen wieder aus. Doch Russland geht weiter. Weil Männer so viel früher sterben als die Frauen, ist das Ungleichgewicht zugunsten (oder zuungunsten, je nachdem wie man das sieht) der Frauen größer als fast überall auf der Welt. Auf 54 Frauen kommen nur 46 Männer (in Deutschland ist das Verhältnis 50,7 zu 49,3). Nun könnte man sagen, russische Männer haben es halt schwerer. Teilweise mag das stimmen, ist aber höchstens die halbe Wahrheit. Es sind die russischen Männer selbst, die es sich so schwer machen. Sie achten, in ihrer Mehrheit, nicht auf ihre Gesundheit. Sie trinken zu viel, viel zu viel. Sie lieben riskante Hobbys und Sportarten. Sie bringen sich gegenseitig um. Sie frönen einem archaischen Militarismus. Kurz: Sie sind schlicht unvernünftig. Das bezahlen sie mit einem im Durchschnitt erheblich kürzeren Leben.

Doch nun zu den Frauen. Auch in Russland, besser gesagt in der frühen Sowjetunion, gab es eine Frauenemanzipation. In Teilen war sie sogar viel früher und weitergehender als in Deutschland und im

Westen insgesamt. Frauen dürfen seit 1917 wählen und gewählt werden. Das Scheidungsrecht ist sehr liberal. Abtreibung war erlaubt (und wird erst seit einigen Jahren wieder eingeschränkt). In der Sowjetunion sind fast genauso viele Frauen einem Beruf nachgegangen wie Männer. Frauen haben dort viele Berufe erobert, die im Westen bis heute als Männerdomänen gelten, wie auf den Bau oder viele Ingenieursberufe. Insgesamt blieb das aber eine halbe Emanzipation. Zwar haben die Frauen Rechte (und auch Pflichten) im Produktionsbereich, im öffentlichen Raum hinzugewonnen, aber sie haben kaum Pflichten im Reproduktionsbereich, im Haushalt, in der Familie, bei der Kindererziehung an die Männer abgeben können. Oder anders ausgedrückt: Die Emanzipation der Frauen in Russland war noch weniger von einer Emanzipation der Männer begleitet als im Westen.

Also machen Frauen bis heute alles. Sie gehen einem Beruf nach. Sie führen den Haushalt. Sie erziehen die Kinder. Sie kümmern sich um die vielleicht schon alten und der Unterstützung bedürfenden Eltern (auch der Schwiegereltern übrigens). Und zu alledem kümmern sie sich auch noch um ihre Männer. Kurz: Viele Frauen tragen die Verantwortung, während viele Männer machen, was sie wollen.

Ich denke, es ist nur wenig ungerecht, wenn ich die russischen Männer in zwei grobe Kategorien einteile: die Patriarchen und die Kinder. Wobei die erste Gruppe unvergleichlich kleiner ist als die zweite. Eine gute Freundin, Mutter von zwei Kindern und mit einem sehr sympathischen Mann verheiratet, drückte das nach ihrer Scheidung einmal so aus: »Es reichen mir meine beiden leiblichen Kinder. Ich brauche nicht noch ein drittes.« Sie zählte sich noch zu den Glücklichen, weil ihr (nun geschiedener) Ehemann weder trank, noch sie oder die Kinder schlug. Von einer anderen Freundin hörte ich einmal, dass sie nach einem Streit mit ihrem frisch Angetrauten weinend zu ihrer Mutter geflüchtet war. Die besorgte Mutter fragte sie aus. Trinkt er? Nein! Schlägt er dich? Nein! Darauf die Mutter beruhigend: Ja was willst du dann? Aus ihr sprach keine Gefühlslosigkeit, sondern harte Lebenserfahrung.

Natürlich ist auch die russische Geschlechterwirklichkeit vielfältiger und komplizierter als hier so schematisch geschildert. Es gibt viele sehr verantwortliche und, im positiven Sinne, starke Männer und durchaus unverantwortliche und schwache Frauen. Doch im Großen und Ganzen ist es halt so, dass die Frauen einen erheblich größeren Teil des russischen Himmels tragen.

79. Grund

Weil Diebe ihr eigenes Gesetz haben

Vor einiger Zeit tauchten in der deutschen Presse Artikel über einen Prozess gegen eine »russisch-georgische Mafia« vor dem Landgericht Lüneburg auf. Dort wurde einer Verbrecherbande der Prozess gemacht, die vom Staatsanwalt *Diebe im Gesetz* genannt wurde. Die sogenannten *Diebe*, so sie die deutsche Presse zur Kenntnis nehmen, dürften sich gut amüsiert haben. Oder sie fühlten sich geschmeichelt. Denn *Dieb im Gesetz* ist eine Gattungsbezeichnung oder eine Art Verbrecher-Dienstgrad, aber kein Eigenname.

Nun will ich die Arbeit von Gericht und Journalisten nicht über Gebühr schlechtmachen. Es ist nicht leicht, sich in der russischen Verbrecherwelt und im russischen Verbrecherjargon zurechtzufinden. Eben deshalb möchte ich das hier ein wenig versuchen, schon weil vieles davon, mehr die Worte als die Regeln, seit einiger Zeit vermehrt Eingang in den zivilen russischen Alltag gefunden haben.

Die Bezeichnung *Diebe im Gesetz* entstammt dem Verbrecherjargon. Er ist durchaus mit dem im Spätmittelalter im Deutschen entstandenen Rotwelsch vergleichbar, der ja auch seine uns gar nicht immer bewussten Spuren im Sprachgebrauch hinterlassen hat. Viele Worte des russischen Verbrecherjargons, der sich im späten 19. und frühen 20. Jahrhundert ausgebildet hat, kommen aus dem Jiddischen, andere haben russische oder auch turksprachige Ursprünge.

»Diebe im Gesetz« sind, anders als das in Deutschland oft angenommen wird, keine Gesellschaft oder Organisation, sondern waren eine Art Funktionselite innerhalb der Verbrecherwelt. Man muss sich das für die Zeit der Sowjetunion wie eine Konföderation von Verbrecherbanden vorstellen, ähnlich der italienischen Mafia, aber ohne Familienverbindungen. Im Gegenteil bildeten Kriegs- und Bürgerkriegswaisen das wichtigste Rekrutionsreservoir der sowjetischen Verbrechergesellschaft.

Diese Struktur ist seit dem Ende der Sowjetunion allerdings weitgehend zerfallen. Diejenigen, die sich heute *Diebe im Gesetz* nennen, sind kaum mehr als das, was man als Emporkömmlinge bezeichnen könnte. Sie übernehmen einen eingeführten und wohlklingenden Titel, ohne aber die damit einhergehende Autorität zu haben und auch nur annähernd ähnliche Funktionen ausüben zu können wie die, so muss man sagen, echten *Diebe im Gesetz*.

Den Kodex bezeichnet übrigens ein weiteres Wort des Verbrecherjargons, die sogenannten *ponjatija*. Die ponjatija (wörtlich ist das die Mehrzahl des russischen Wortes für »Begriff« oder »Vorstellung«) stehen im Gegensatz zum Gesetz, zum kodifizierten Recht also. Schit po ponjatijam, also »Leben nach den Begriffen« bezeichnet heute auch im Alltag, nicht kodifiziertem Recht zu folgen, sondern anderen, meist informellen Regeln. Vieles im russischen Alltag funktioniert heute so, auch und nicht zuletzt die Politik.

In der Sowjetzeit ab Stalin waren die *Diebe im Gesetz* so eine Art »Verfassungsgericht« der Verbrechergesellschaft, das über die Einhaltung der *ponjatija* zu wachen hatte. Sie waren aber gleichzeitig auch eine Art »oberstes Strafgericht«, weil sie ihre Autorität über Bestrafungsurteile ausübten. Alle echten *Diebe* (also diejenigen, die *po ponjatijam* (also etwa *nach Diebesbegriffen*) lebten und in die Diebesgemeinschaft aufgenommen worden waren) waren verpflichtet, diese Urteile (sozusagen als Gerichtsvollzieher) umzusetzen. Dabei galt der Grundsatz »einmal Dieb, immer Dieb«. Ein Austritt aus der »Diebes«-Gemeinschaft war unmöglich.

Heute gibt es niemanden mehr in der postsowjetischen Verbrecherwelt, der noch die große Autorität der *Diebe im Gesetz* hat. Wer sich heute selbst so bezeichnet oder von anderen so bezeichnet wird, ist also gewissermaßen ein Hochstapler, maximal ein kleinerer oder größerer Gangsterboss. Das lässt sich schon an einer Zahl erkennen, die heute im Umlauf ist. Demnach soll es weltweit etwa 1000 *Diebe im Gesetz* geben. Vielleicht gibt es heute so viele Verbrecher im postsowjetischen Raum, die sich so nennen und eine gewisse Autorität in kriminellen Kreisen haben (eben das, was man auch in Deutschland eine »kriminelle Autorität« nennt). Ob die Zahl stimmt, weiß ich nicht. In der Nachkriegssowjetunion waren es aber nie mehr als 13 bis 15 *Diebe im Gesetz*. Das hatte schon praktische Gründe. Wie sonst hätte ein System funktionieren sollen, bei dem sich die »Diebe im Gesetz« regelmäßig zu den schon beschriebenen *schodki* zum Gerichthalten treffen mussten? Da immer einige der *Diebe im Gesetz* im Lager waren (oft sogar eine Mehrheit), ging das nur in den sogenannten »Etappengefängnissen«, also jenen sechs oder sieben großen Gefängnissen, in die Gefangene immer wieder gebracht wurden, um dann auf ihre eigentlichen Lager, in denen sie die Haft abbüßen mussten, weiterverteilt zu werden.

Die klassischen *Diebe im Gesetz* hatten zudem einen recht rigiden (Moral-)Kodex zu befolgen (der Teil der *ponjatija* ist). Sie glichen ein wenig einem Mönchsorden, dem vom Diebesvolk erst wegen ihrer Weltenferne und Askese die notwendige Autorität und Legitimität zuerkannt wurde, die sie brauchte, um ihre Entscheidungen auch durchsetzen zu können. Wichtigste Regel für einen »Dieb im Gesetz« war der Verzicht auf jeden privaten Besitz. Damit sie ausreichend neutral über den Diebeskodex wachen konnten, wurden sie ausschließlich aus dem *obschtschak* versorgt. Der *obschtschak* ist ebenfalls ein Wort aus der Diebessprache, das Eingang in die russische Alltagssprache gefunden hat. So bezeichnen ganz normale Leute die gemeinsame Urlaubskasse. Bei den *Dieben* war es eine Gemeinschaftskasse, der alle Mitglieder der Diebeswelt eine

Art Steuer zu verrichten hatten. Aus ihr wurden einerseits die *Diebe im Gesetz* versorgt, andererseits diente sie als eine Art Sozialkasse für in Not geratene Mitglieder der Diebesgemeinschaft oder ihre Familien.

Diebe im Gesetz durften übrigens, auch hier Mönchen ähnlich, keine Familien haben. Sie mussten sich ganz der Diebesgemeinschaft hingeben. Gewalttäter konnten sich nicht als *Dieb im Gesetz* qualifizieren. Schon wer einen bewaffneten Raubüberfall auf dem Kerbholz hatte, schied als möglicher *Dieb im Gesetz* aus. Was aber nicht heißt, dass die *Diebe im Gesetz* besonders zartfühlend gewesen wären. Der Ehrenkodex sah als Strafe für schweres diebisches Fehlverhalten auch den Tod vor.

Doch all das ist eine verlorene Welt.

80. Grund

Weil das russische Wort für Liebe viel mehr bedeutet

Ich erinnere mich noch genau, wie baff ich war, als mir das erste Mal ein ziemlich bärtiger russischer Mann erklärte, er liebe mich, mich daraufhin umarmte und kräftig küsste, zwar nicht auf den Mund, aber immerhin dreimal rechts-links-rechts auf die Wange. Ich zuckte zurück und wusste nicht, was das nun zu bedeuten habe. Schwul schien dieser Freund nicht zu sein, jedenfalls war mir bis dahin nichts aufgefallen, was darauf hingewiesen hätte.

Diese Liebeserklärung erfolgte spätabends, und des Wodkas war schon einiger geflossen. Das mag eine gewisse emotionale Enthemmung erklären. Aber alle, auch der Liebeserklärer, schienen noch bei zu wachem Verstand, als dass das dieses seltsame Verhalten erklärt hätte. Auch wunderte mich sehr, dass niemand der anderen Anwesenden auch nur im Geringsten Anstoß zu nehmen schien, kaum dass sie es bemerkten. Alles schien ganz normal und wie immer zu sein.

Und das war es auch. Denn nachdem ich meine Verblüffung so weit überwunden hatte, dass ich zu fragen wagte, was gerade geschehen sei, war die Auflösung ebenfalls verblüffend einfach. So einfach, dass ich vielleicht auch von selbst hätte darauf kommen können. Das russische Wort für Liebe (*ljubow*) und lieben (*ljubit*) kann, je nach Kontext, beides bedeuten, lieben und mögen. Der Freund hatte mir gerade seine ganz normale freundschaftliche Zuneigung gestanden. Vielleicht ein wenig exaltierter, als das im heimatlichen Norddeutschland üblich war, aber durchaus im Rahmen.

Alles wird in Russland also geliebt: der Kaffee, das Theater, Sport, Reisen, das Auto. Alles. Ein wenig ist es wie im Englischen. All die aufgezählten und noch viel mehr Sachen zu lieben, daran habe ich mich längst gewöhnt. Auch der dreimalige Wangenkuss (*Gott liebt die Dreifaltigkeit!*) ist mir so in Fleisch und Blut übergegangen, dass bei Begrüßungen mit französischen oder frankophonen Freunden meist ein etwas peinlicher Moment entsteht, wenn sie nach zwei Küssen ihre Schuldigkeit getan zu haben glauben, ich aber zum dritten ansetze. Aber das Wort *Ljubow* in Bezug auf zwei Menschen, die sich, auf Deutsch, zwar nicht lieben, aber mögen, geht mir bis heute schwer über die Lippen.

81. Grund

Weil sogar Obdachlose und Krankenschwestern klassische Gedichte aufsagen

Die Sowjetunion rühmte sich früher und Russland rühmt sich noch heute gern, ein Land der Leser, des Buchs zu sein. Dieses Selbstbild mag in der Sowjetunion gestimmt haben. Heute bestätigen das die Verkaufszahlen der russischen Verlage leider nicht mehr. Was aber auffällt, ist (auch wenn ich eigentlich nur Deutschland zum Vergleich habe), wie viele Menschen hier Gedichte aufsagen können. Was schreibe ich? »Aufsagen« ist nicht das richtige Wort. Die Menschen deklamieren. Und das in den unerwartetsten, unvergessensten, ja unvergesslichsten Augenblicken.

Es war im Jahr 1997, am 17. Juni, um genau zu sein. Ich war mit dem Auto gegen halb zehn auf dem Weg zu einem Freund. Wir wollten, er hatte eine Satellitenschüssel auf dem Dach, gemeinsam ein Fußballspiel einer deutschen Mannschaft anschauen. Dazu kam es nicht. Gerade noch war ich ohne allzu großes Tempo auf einer achtspurigen Moskauer Straße bei recht wenig Verkehr (es gab 1997 noch unvergleichlich weniger Autos als heute) unterwegs, als ich aufwachte, während zwei Sanitäter mich aus dem ziemlich zerquetschten Wagen ziehen wollten.

Wie ich später aus dem Polizeibericht erfuhr (ich kann mich bis heute nicht erinnern), hatte ein betrunkener Fahrer versucht, auf dieser achtspurigen Straße zu wenden, und wir waren, auf meiner Spur, frontal zusammengestoßen. Ich wurde, ziemlich angedetscht, mit dem Krankenwagen in das *Sklifosowskij*-Institut gebracht, die zentrale Moskauer Unfallklinik am nördlichen Gartenring.

Nach dem Röntgen und Verarzten äußerer Wunden an Arm und Gesicht lag ich auf einem rollbaren Krankenbett im Gang und wartete darauf, den gebrochenen Fuß eingegipst zu bekommen. Eine Spritze und der Schock hielten den Schmerz noch auf Abstand. Gerade hatte, Ordnung muss auch in russischen Krankenhäusern sein, eine Krankenschwester meine Personalien aufgenommen.

Hinter mir, auf einem gleichen Rollbett, lag ein offensichtlich obdachloser Mann. Woher ich das weiß? Man sieht und riecht es den Unglücklichen an. Auch schien er reichlich Wodka getrunken zu haben. Er hatte, soweit ich das von meiner Liege aus sehen konnte, ein blutiges Gesicht und vielleicht auch noch andere Verletzungen. Jedenfalls stöhnte er mit jedem Atemzug laut auf. Am Fußende seiner Liege hatten die Helfer sein Paar zerschlissene Schuhe und zwei abgeschabte Plastiktüten mit seinem Hab und Gut deponiert. Nun rief die energische Krankenschwester aus ihrem kleinen Büro die ewige russische Frage auf den Gang: »Ihre Passdaten! Name, Vatersname, Vorname?« Der Mann hinter mir stöhnte nur ein paar Mal auf. Der Ruf aus dem Nebenraum erschallte erneut laut und energisch: »Ihre Passdaten! Name, Vatersname, Vorname?«

Nun kam die Antwort, als Gedicht, in getragenem Ton: »Das will ich aus breitem Hosenbausch ziehn, meines Daseins unschätzbaren Lohn ...« Und bevor der Stöhnende weiter die letzten Zeilen von *Wladimir Majakowskijs* berühmtem Gedicht *Verse vom Sowjetpass* deklamieren konnte, fiel ihm die Krankenschwester mit kraftvoller Stimme ins Wort: »Ja, ja, kennen wir: ... da, lest, beneidet mich, wer ich bin – Bürger der Sowjetunion.« Und wiederholte dann mit immer noch lauter, aber weit milderer Stimme ihre ewige Frage: »Name, Vatersname, Vorname?«

82. Grund

Weil es viel mehr Varianten der höflichen Anrede gibt, als sich zu duzen oder zu siezen

In Deutschland ist man entweder per Sie oder per Du. Mehr gibt's nicht. Na ja, vielleicht noch das etwas altmodische Siezen mit Vornamen, dass sich in einigen Ecken gehalten hat, meist zwischen einer älteren oder, schon seltener, höher stehenden Person und einer jüngeren oder eben untergeordneten. Viele Hierarchien wurden in den vergangenen Jahrzehnten geschliffen. Und auch wenn das längst nicht heißt, dass Ungleichheiten verschwunden sind, so werden sie doch sprachlich nicht mehr so gezeigt. Das gehört sich irgendwie nicht. Russland ist da weit altmodischer (geblieben), was ich hier nicht als Wertung verstanden haben möchte. Außerdem gibt es noch eine Besonderheit, die Vatersnamen, die es für Außenstehende anfangs verwirrend machen, aber zur Vielfalt der Auswahl und Nuancen entscheidend beitragen.

Doch beginnen wir mit dem Siezen und Duzen. Das ist erst einmal wie im Deutschen. Fremde und Erwachsene siezt man. Freunde und Verwandte werden oft geduzt. Allerdings nicht immer. So habe ich noch Freunde, die ihre Eltern siezen. Sie sagen *Mama und Sie* (oder eben *Papa und Sie*). Aber das ist selten geworden. Schwiegereltern werden dagegen auch heute oft noch gesiezt. Doch dann kommt schon der Vatersname ins Spiel, also nicht Schwiegermama und Sie, sondern zum Beispiel *Viktoria Anatoljewna* und Sie. Umgekehrt gehen aber auch die Schwiegereltern nicht sogleich zum Du über. Den Schwiegersohn oder die Schwiegertochter allerdings mit Vornamen und Vatersnamen anzusprechen geht auch nicht. Das würde ja sozialen Gleichrang bedeuten. Hier kommt oft eine andere Variante ins Spiel, die es vor gar nicht allzu langer Zeit in Deutschland auch gab, die aber aus der Mode gekommen ist: Es wird der Vorname mit Sie benutzt. Das findet man auch im Berufsleben des Öfteren oder zum Beispiel im Verhältnis von Professoren und Studenten.

Hier muss nun ein bisschen der Gebrauch des Vatersnamens erklärt werden. Alle Russen haben einen Vornamen, einen Vatersnamen und einen Nachnamen. Der Vatersname wird aus dem Vornamen des Vaters gebildet. Bei Söhnen wird ein …*witsch* angehängt, bei Töchtern ein …*wna*. Heißt der Vater *Iwan*, ist der Vatersname der Töchter *Iwanowna*, der der Söhne *Iwanowitsch*. In der direkten Ansprache spielt der Nachname keine Rolle. Wer sich an *Michail Gorbatschow* wendet, sagt *Michail Sergejewitsch* und Sie. Die Lehrerin ist für ihre Schüler (und die Eltern auch) *Anna Arkadjewna*, auch wenn ihr Nachname *Medwedjewa* lauten sollte.

Lernt man sich näher kennen, ohne gleich Freunde zu werden, lässt sich mit den Vatersnamen spielen. Aus *Alexander Alexandrowitsch* kann dann zum Beispiel *San Sanitsch* werden (*Sanja* ist eine von vielen möglichen Koseformen, die aus Alexander gebildet werden). Oft bleibt es hier beim Sie. Es gibt aber auch die Variante, nur den Vaternamen (ohne Vornamen) zu verwenden und ein kumpelhaftes Du. Also: »*Iwanowitsch*, du …«. Auch beliebt ist im Berufsleben, aber auch unter Freunden, ganz auf den Vornamen zu verzichten, um jemanden zu benennen: »*Ivanowna* ist heute aber schlecht drauf…« oder »Frag *Iwanowna* …«. Das macht man in der Regel aber nur in Abwesenheit der betreffenden Person.

Eine andere Möglichkeit, sich näher zu kommen, ohne die Distanz gleich ganz aufzugeben, sind die Koseformen. Für fast jeden russischen Namen gibt es eine sehr standardisierte. Eine *Katja* zum Beispiel hat in ihrem russischen Pass mit Sicherheit den Vornamen *Jekaterina* stehen. Lernt man eine *Jekaterina* kennen, gilt erst die Vatersnamenpflicht, etwa *Jekaterina Wassiljewna* und Sie. Der nächste Schritt der Annäherung könnte dann sein, den Vatersnamen wegzulassen. Doch auch danach muss man auf das Distanz einhaltende Sie noch nicht verzichten. Es geht nun durchaus zu *Katja und Sie* überzugehen, was vor allem ältere Menschen gern tun. Sie lieben es, dann trotz Sie oft noch intimer zu werden, also »*Katjuscha*, Sie …«.

Da der Vatersname für die Höflichkeit so wichtig ist, haben viele Russen mit Ausländern ohne Vatersnamen ein Problem, vor allem, wenn ihnen Erfahrung im Umgang mit Ausländern fehlt. Zum einen erscheint es ihnen oft schlicht unhöflich, mich zum Beispiel mit *Gospodin Siegert* (als Herr Siegert) anzusprechen, wenn ich, wie höflicherweise nötig, den Namen und Vatersnamen verwende. Zu einer der oben beschriebenen intimeren Varianten überzugehen geht aber auch nicht. Manchmal helfe ich und nenne meinen virtuellen Vatersnamen. Mein Vater hieß Hermann. Die russische Entsprechung ist, da es kein »H« gibt, *German*. Ich werde also, zeitweise, zu *Jens Germanowitsch*. Manche nehmen das zu ernst, und hin und wieder bekomme ich Post, in der ich so angesprochen werde.

Allerdings verändert sich auch Russland, und zwar in mancher Hinsicht in jüngster Zeit rapide. Viele junge Menschen, vor allem in den Großstädten, halten sich mit all dem Siezen und Vatersnamen nicht mehr viel auf. Deshalb, fürchte ich, wird die hier beschriebene

Vielfalt in gar nicht allzu ferner Zeit auch in Russland Geschichte sein.

83. Grund

Weil jeder Russe und jede Russin einen Vatersnamen haben

Vatersnamen sind nichts Ungewöhnliches in dieser Welt. In Skandinavien oder in Norddeutschland heißen viele Menschen Nielsen, Hansen oder Carlsson, also ursprünglich Sohn von Nils, Hans oder Carl. Im arabischen Raum und im Judentum war es früher auch üblich, die Söhne nach ihren Vätern zu nennen. Heute sind diese Vatersnamen, mit der Ausnahme Islands, alle zu Nachnamen geworden. Auch in Skandinavien gibt es nur »Sohn von« , aber keine (wieder mit der Ausnahme Islands) »Tochter von«. In Russland dagegen (und auch in Ukraine und in Belarus) gibt es beides, Vatersnamen und Nachnamen.

Jeder Russe, jede Russin hat den Vatersnamen in Geburtsurkunde, Pass und allen anderen Dokumenten stehen. Ohne Vatersnamen kein gültiges Dokument. Und dazu noch einen Nachnamen. Der Präsident heißt zum Beispiel Wladimir *Wladimirowitsch* Putin. *Wladimirowitsch* bedeutet *Sohn von Wladimir*. Damit wissen wir schon, dass sein Vater ebenfalls Wladimir hieß und Putin mit Nachnamen. Allerdings hieß der Präsidentenvater Wladimir S*piridonowitsch* Putin, der Präsidentengroßvater mithin Spiridon.

Auch Frauen haben einen Vatersnamen, der aber ein wenig anders gebildet wird. Heißt der Vater zum Beispiel Wassilij, dann bekommt seine Tochter den Vatersnamen *Wassiljewna*, heißt er Alexander, ist der Vatersname *Alexandrowna*. Der Vater der berühmten russischen Opernsängerin Anna Netrebko hieß Jurij. Ihr voller Name, wie im Pass geschrieben, ist also Anna *Jurjewna* Netrebko.

Nun könnte man glauben, dass diese Vatersnamen heutzutage und noch dazu zusätzlich zum Nachnamen keinen Sinn mehr haben, jedenfalls keine praktischen mehr, also kaum mehr als Folklore sind. Doch das ist falsch. Zum einen gibt es in Russland, jedenfalls wenn man nur die Russen und nicht die vielen anderen Völker nimmt, viel weniger Vornamen. Um Menschen zu unterscheiden, sind die Vatersnamen also sehr nützlich. Larisa *Alexandrowna* ist ganz offensichtlich jemand anderes als Larisa *Petrowna*.

Und dann ist da noch die Frage der Höflichkeit. Da haben Ausländer etwas zu lernen. Höflich ist, jemanden mit Vornamen und Vatersnamen anzusprechen, also ohne Nachnamen. Briefe werden deshalb an Iwan *Pawlowitsch* Kusnjezow gerichtet, beginnen aber mit der Anrede »Sehr geehrter Iwan *Pawlowitsch*!«. Gleiches gilt im Gespräch. Wird Putin in seiner alljährlichen Pressekonferenz etwas gefragt, fangen die Frager so an: »Wladimir *Wladimirowitsch*, was halten sie von …?«

Ich als Ausländer habe keinen Vatersnamen. Nirgendwo in meinen Dokumenten, außer in der Geburtsurkunde, taucht der Vorname meines Vaters auf. Das ist mitunter selbst im Alltagsleben hinderlich. Viele Menschen wissen nicht, wie sie mich höflich ansprechen sollen. *Gospodin* Siegert, also Herr Siegert geht einigermaßen, ist aber nicht wirklich üblich und wird allgemein als nicht ausreichend höflich empfunden. Nur meinen Vornamen zu nutzen und mich gleichzeitig mit »Sie« anzureden, ginge zwar, aber dafür müssten wir schon zumindest ein wenig bekannt sein (oder, in letzter Zeit, ein wenig jünger). Bei völlig Fremden oder im Geschäfts- und Berufsleben geht das nicht wirklich.

Schwierig ist es auch im Behördenumgang. Fast überall wird die Angaben von *FIO* gefordert, der russischen Abkürzung von »Nachname, Vorname, Vatersname«. Nun muss man erklären, dass und warum man keinen Vatersnamen hat (was deutlich manchen Gesprächspartnern ein wenig wild vorkommt, da ein Vater ja aller Erfahrung nach vorhanden war). Noch schwieriger wird es, wenn im Internet nach dem Vatersnamen gefragt wird. Programme und Algorithmen lassen sich von einer Erklärung in der Regel wenig beeindrucken.

Einst hatte ich aus Versehen einige Rubelscheine zusammen mit einem Briefumschlag zerrissen. Ich hatte schlicht vergessen, dass sie dort drin waren. Also ging ich mit den Geldscheinschnipseln zur *Sberbank*, der russischen staatlichen Sparkasse, um sie gegen neue Scheine einzutauschen. Das schien erst auch kein Problem zu sein. Die Sparkassenangestellte hinter der Theke nahm die Scheine kommentarlos an und begann eine Eingabemaske im Computer auszufüllen. Bei der Frage nach meinem Vatersnamen musste ich passen. Sie ließ das entsprechende Feld frei und drückte auf die Entertaste. Doch der Computer protestierte, wie ihm vom Algorithmus vorgeschrieben, das Feld »Vatersname« sei unausgefüllt. Auch mehrfaches Tastendrücken konnte ihn nicht überreden. Erst als ich Vorschlug, ins Feld »Vatername« eine Null zu schreiben, ließ sich der Algorithmus überlisten, und ich bekam, zwei Wochen später, meine frischen Rubelscheine.

84. Grund

Weil dort Ferkel Borja so elegisch umkam – oder doch nicht?

Ende des Jahres ist auch in Russland die Zeit kleiner Betriebsfeste. Gefeiert wird meist das neue Jahr, Weihnachten ist, sowjetisches Erbe, nicht so en vogue. Als Leiter des Moskauer Büros der Heinrich-Böll-Stiftung führte ich Anfang der 2000er Jahre ein, stattdessen den Geburtstag unseres Namensgebers am 21. Dezember zu feiern (auch um zu überdecken, dass am gleichen Tag *Josef Stalin* geboren wurde). Zu einer der ersten Feiern hatten wir unsere Gäste gebeten, etwas Lustiges mitzubringen. Einige sangen, andere sagten ein Gedicht auf, dritte wiederum tanzten. *Mischa Tementschik*, ein Menschenrechtler und Historiker, Dissident zu Sowjetzeiten, kam mit einem Blatt Papier, das sehr amtlich aussah. Dieses Dokument, so erzählte er, habe er bei seinen Archivrecherchen aufgetan. Es handele sich um einen Polizeibericht.

Tief in Sibirien, im Gebiet *Omsk*, im Dorf *Malaja Bitscha* am Ufer des Flusses *Jagodka* (auf Deutsch: *Beerchen*), eines Nebenflusses des *Irtysch*, habe einst die *Bürgerin Pogrebowskaja* gelebt. Sie besaß eine Sau und ihre drei Ferkel. Die Schweine wurden morgens aus dem Stall gelassen, tollten in der Gegend herum, suchten sich ihr Futter selbst und kamen abends wieder zurück. Jedenfalls meistens. Denn eines Tages, am 17. September des Jahres 1979, sei eines der Ferkel, ein junger Eber mit dem Spitznamen *Borja*, nicht mehr heimgekehrt. Die Bürgerin *Pogrebowskaja* habe Schlimmes geahnt. *Borja*, sonst eine treue Seele, musste etwas passiert sein. Deshalb habe sie sich an die Miliz gewandt, um den Verbleib Borjas herauszubekommen. Ein Miliz-Kapitän namens *Mitoljew* habe sich der Sache angenommen, es sich nicht einfach gemacht und zehn ganze Tage lang intensiv in *Malaja Bitscha* nach *Borja* geforscht. Hier las *Timentschik* aus *Kapitän Mitoljews* Bericht vor:

»Meinerseits (also durch den *Kapitän Mitoljew*, JS) wurde festgestellt, dass die *Pogrebowskaja* am Rande des Dorfes *Malaja Bitscha* lebt und die Ferkel am Ufer des Flusses *Jagodka* weiden ließ, der in den *Irtysch* fließt. Das Ferkel *Borja* hatte sich von der übrigen Herde entfernt und weidete am Ufer der *Jagodka*. Auf dem gegenüberliegenden Ufer hatten Kolchosbauern Hafer angepflanzt, der zu dieser Zeit schon reif war und lecker aussah. *Borja* weigerte sich, weiter Gras zu fressen, und beschloss, den Fluss zu durchschwimmen, um den Hafer zu probieren. Er konnte sich aber lange nicht durchringen loszuschwimmen, weil auf der gegenüberliegenden Seite die Kolchosbauern waren, die ihn hätten schlagen können. Um 12 Uhr gingen die Kolchosbauern zum Mittagessen, und *Borja* fasste sich ein Herz. Allerdings verschätzte er sich mit der Windrichtung und unterschätzte die Stärke der Strömung. Da die *Jagodka* in den *Irtysch* fließt, wurde *Borja* in den *Irtysch* gezogen. Das unvernünftige Tier, schwamm, in der Hoffnung, aus dem Wasser zu kommen, weiter gegen die Strömung an. Dabei überschätzte es seine Kräfte und Möglichkeiten. Die Ferkelherde am Ufer sah, dass *Borja* umkommt, konnte aber keine tätige Hilfe leisten, rannte am Ufer entlang und quiekte dabei laut, um so die Aufmerksamkeit der Menschen zu erregen. Das Ferkel *Borja* strampelte lange Zeit im Wasser. Dabei erfüllte es die Umgebung des Dorfes *Malaja Bitscha* mit lautem Gequieke. Nachdem es erschöpft war, fand es sich mit seinem Los ab und ging schicksalsergeben unter. Der Antrag der Bürgerin *Pogrebowskaja* auf Einleitung einer Strafsache wegen des Diebstahls des Ferkels *Borja* ist abzulehnen, worüber sie zu informieren ist.«

Die letzten Worte des Vorlesers gingen in nicht enden wollendem Gelächter unter. Kapitän *Mitoljew* wurde von der Versammlung flugs zum Dichtermilizionär erklärt. Viele der Anwesenden bestürmten *Mischa Timentschik*, Kopien der Beamtenprosa zu verteilen. Niemand zweifelte am außerordentlichen, aber einer breiteren Öffentlichkeit wohl unentdeckt gebliebenes Talent des Kapitäns *Mitoljew*, denn jeder in Russland kennt mindestens einen Klempner, eine Krankenschwester oder einen Feuerwehrmann mit poetischen Neigungen.

Ich selbst habe die tragische Geschichte des Ferkels *Borja* ungezählte Male und mit großem Erfolg zum Besten gegeben. Ich habe viele Male gehört, wie sie unter Tränengelächter vorgelesen wurde. Und man hat mir davon erzählt, sie sei hier und dort mit großem Publikumserfolg vorgetragen worden.

Als ich die Geschichte nun als wahrhafte Begebenheit für dieses Buch aufschrieb und sie meiner Frau zum Lesen gab, kam sie, der Teufel weiß warum, auf die Idee, doch einmal nachzuschauen, wo denn dieses Dorf *Malaja Bitscha* liegt, durch das das Flüsschen *Jagodka* fließt, in dem das Ferkel Borja so hinreißend vergeblich um sein Leben paddelte. Und siehe da, *Malaja Bitscha* gibt es wirklich. Aber es liegt nicht am Ufer einer kleinen *Jagodka*, sondern an dem des großen Stroms Irtysch. Es gibt gar keine *Jagodka*. Und so danke ich *Mischa Timentschik*, ein großer Schelm solange er lebte, für so viel Spaß!

85. Grund

**Weil es eine besondere Kunst ist,
russische Verkäuferinnen zum Lächeln zu bringen**

In der Zeit der Knappheit, auch Sowjetunion genannt, hatten Verkäuferinnen (Verkäufer gab es kaum) eine Machtposition inne. Zugegeben, es war eine kleine Machtposition, aber eben eine sehr alltägliche, zudem genau an der Schnittstelle zwischen Macht und Volk. Im Gegensatz zur Marktwirtschaft warben im Sozialismus nicht Geschäfte um Kunden, sondern Kunden um Waren – und zwar auch des täglichen Gebrauchs. Warum also um Himmels willen sollte eine Verkäuferin einer Kundin oder einem Kunden zulächeln? Diese Leute wollten etwas von ihr, nicht umgekehrt.

Nun könnte man auf allgemeinmenschliche Freundlichkeit hinweisen oder, wenn das als zu naiv zurückgewiesen wird, zumindest auf die Regeln von Anstand und Höflichkeit. Doch wer kennt schon viele Beispiele, in denen diese Regeln in Situationen eingehalten werden, die sich durch ein deutliches Machtgefälle auszeichnen? Ich nicht. Hier diejenigen, die Wurst, Strumpfhosen oder gar Jeans zu vergeben hatten. Dort diejenigen, die Wurst, Strumpfhosen oder Jeans brauchten oder zumindest haben wollten. Von der sogenannten Bückware, also denjenigen Sachen, die erst gar nicht den Weg in die Regale fanden, sondern hinter der Theke gebunkert und nur besonderen Kunden, Bekannten oder besonders Zahlungskräftigen verkauft wurden, fange ich hier gar nicht erst an zu schreiben. So jedenfalls waren die Verhältnisse, bis die Sowjetunion 1991 auseinanderfiel.

Seither herrscht Marktwirtschaft in Russland. Zumindest gibt es inzwischen alles zu kaufen, was das Herz begehrt. Und selbst das, was es nicht begehrt, gibt es. Gab es früher mehr Kunden und mehr Geld als Waren, ist es nun umgekehrt. Die Kundin und der Kunde sollten also Königin und König sein. Doch wer jemals auf eine russische Verkäuferin gestoßen ist, weiß, auf deren Gesichtszüge hat das kaum Einfluss. Sie bleiben verschlossen. Als Kunde hat man immer das Gefühl zu stören oder etwas Unanständiges zu wollen.

Eine Erklärung könnte sein, dass sich Berufsbilder und die damit einhergehenden Verhaltensweisen sehr hartnäckig halten. Die Trägheit in solchen Dingen ist bekanntermaßen sehr groß. Verkäufer und Verkäuferinnen waren seit erdenklichen Zeiten muffig, also wird das auch noch eine Weile so bleiben. Und mit der Zeit vielleicht anders werden. Eine andere Erklärung könnte in den Arbeitsbedingungen und der Bezahlung liegen. Das neue, kapitalistische Russland ist da nicht zimperlich. Gezahlt wird meist wenig, aber verlangt wird viel. Das früher weit verbreitete Verhalten, die tun so, als ob sie uns bezahlen, und wir tun so, als ob wir arbeiten, funktioniert nicht mehr so gut. Eine dritte Erklärung könnte im Abstieg eines Berufszweigs liegen. Als ob die Verkäuferinnen des Landes eine Art kollektiver Kränkung erfasst hätte. Und diese Kränkung wird nun der Welt mit Unfreundlichkeit zurückgezahlt.

Aber was kann man dagegen machen? Kann man überhaupt etwas dagegen machen? Meiner Erfahrung nach hilft einfach ein eigenes Lächeln als Kunde und ein wenig Freundlichkeit. Meist trifft das erst einmal auf Unglauben. Denn es ist ja nicht nur so, dass Verkäuferinnen unfreundlich sind. Die Käuferinnen und Käufer sind das auch. Ob aus Selbstschutz oder Gegenwehr ist schwer zu sagen. Aber eigentlich ist das auch nicht wichtig. Bitte, danke, das sind Worte die weder der einen noch der anderen Seite in Russland leicht über die Lippen kommen.

Aber wenn sie kommen, bewirken sie manchmal Wunder. Vielleicht nicht sofort. Das gegenseitige Misstrauen ist groß. Aber immer wieder und wenn man dabei bleibt auch immer mehr. Mein Herz hüpft jedenfalls immer vor Freude, wenn ich es schaffe, die Verkäuferin oder Kassiererin im Supermarkt zum Lächeln zu bringen. Dann ist der Tag gerettet.

86. Grund

Weil selbst Verkehrspolizisten mitunter sehr menschlich sein können

Russische Verkehrspolizisten sind eine Plage. Russische Verkehrspolizisten sind überall. Russische Verkehrspolizisten sind ein Witz (glauben jedenfalls die meisten Russen). Russische Verkehrspolizisten haben einen harten Job. Russische Verkehrspolizisten haben einen einträglichen Job. Es gibt sehr viele russische Verkehrspolizisten. Russische Verkehrspolizisten können mitunter sehr menschlich sein. Ja was nun?

Zuerst einmal: Russische Verkehrspolizisten sind eine ganz eigene Gattung. Sie stammen noch aus der Sowjetunion und haben tatsächlich nur mit dem Verkehr zu tun, vor allem natürlich dem Autoverkehr. Um alles andere kümmern sie sich nicht. Bis in die 1990er-Jahre hießen sie *Staatliche Autoinspektion*, abgekürzt *GAI*. Im Volk nannte man sie deshalb *Ga-ischniki*, das »a« und das »i« auseinander gesprochen. Dann gab es eine Reform (ein Wort, das in Russland schon lange keinen guten Klang mehr hat), und die *GAI* wurde umbenannt in *Staatliche Inspektion für die Sicherheit des Straßenverkehrs*, nun abgekürzt *GIBDD*. Das lässt sich viel schwieriger aussprechen, und die schnell gefundene Verballhornung in *Gibbony* setzte sich nicht durch. Im Volk waren und blieben die Männer auf den Straßen (Frauen gibt es dort kaum) *Gaischniki*.

Diese *Gaischniki* werden nun gefürchtet und geachtet zugleich. Das ist erst einmal nicht verwunderlich. Auch russische Autofahrer sind nicht die gesetzestreuesten. Ach was, ich bin viel zu höflich: Verkehrsregeln sind in Russland (wie übrigens viele Regeln) eher ungefähre Richtschnur denn etwas, was unbedingt einzuhalten ist. Wer sich einmal durch den Moskauer Straßenverkehr geschlagen hat, weiß, dass im Kampf ums Überleben (sprich ums Weiterkommen) Regelverletzungen enorme Vorteile verschaffen. Kurz: Es gilt meist nicht, wer nun Recht oder Vorfahrt, sondern wer die Nase vorn hat. Zudem stellte schon der Schriftsteller *Nikolaj Gogol* in der ersten Hälfte des 19. Jahrhunderts die rhetorische Frage, welcher Russe die schnelle Fahrt nicht liebe.

Hier kommen nun die Verkehrspolizisten ins Spiel. Ihre Aufgabe besteht darin, den Verkehr zu regeln und die Einhaltung der Verkehrsregeln sicherzustellen. Jedenfalls in der Theorie. Und natürlich nicht selten auch in der Praxis. Doch gerade Verkehrspolizisten sind in Russland als besonders korrupt bekannt. Was nicht heißt, dass die Autofahrer Engel seien. Das sind sie nicht. Und zur Korruption gehören oft zwei. Oft, wenn auch nicht immer. Jedenfalls ist die Geldgier der *Gaischniki* Legende. Es gibt darüber unzählige Witze.

Einer geht so: *Iwanow* hat die Moskauer Verkehrspolizeischule als Jahrgangsbester absolviert. Als Lohn darf es sich bei der feierlichen Überreichung der Diplome eine Kreuzung für seinen Dienst aussuchen. Er wählt eine bekannt ertragsreiche. Etwa drei Monate nach Dienstbeginn läuft er auf dem Flur der Verkehrspolizeizentrale der Hauptbuchhalterin über den Weg. Die Frau spricht ihn an: »*Iwanow*, drei Monate tun Sie nun schon Dienst da draußen und haben nicht einmal ihren Lohn abgeholt.« *Iwanow* macht große Augen: »Waaas, Lohn gibt es auch noch?«

So viel zum Witz, nun zum selbst Erlebten. Mitte der 1990er-Jahre war ich mit dem Wagen auf dem Weg zu einer Beerdigung. Ich habe damals als Korrespondent gearbeitet, und in Tschetschenien war eine russische Kollegin im Krieg erschossen worden. Es war

Anfang Dezember, und es lag schon Schnee. An der Uferstraße der *Jausa*, eines kleinen Nebenflusses der Moskwa, hielt uns ein dick vermummter *Gaischnik* an. Ich stieg, mir keines Vergehens bewusst, aus, und er zeigte mir seine Radarpistole. Danach soll ich etwa 20 km/h zu schnell gefahren sein. Nun war ich schon nicht mehr ganz unerfahren und kannte den Trick, die Geschwindigkeitsübertretung des angehaltenen Wagens vor mir nicht zu löschen, um damit noch einmal Geld zu machen. Ich protestierte also. Der Verkehrspolizist beharrte. Ich stellte mich stur. So ging es eine Weile hin und her, bis ein verschmitztes Lächeln über sein Gesicht huschte. »Deutscher«, sagte er (wohl darauf anspielend, dass mir als westlichem Ausländer damals die in Valuta umgerechnete Strafe nicht sonderlich wehtun würde), »du magst zwar recht haben, aber bald ist Neujahr, und ich habe noch keine Geschenke für meine Kinder gekauft.« Wir einigten uns auf 300 Rubel (damals etwa 10 D-Mark), und wir durften unserer Wege ziehen.

Ich hätte mich natürlich auch weiter stur stellen können. Vielleicht hätte der *Gaischnik* nach einer Weile auch so von mir abgelassen, weil sich der Aufwand nicht lohnt oder von so einem renitenten Ausländer noch wer-weiß-was für Ärger zu erwarten ist. Das Ganze ist ein Geschäft, in dem Aufwand und Nutzen, Risiko und möglicher Gewinn knallhart kalkuliert werden. Vielleicht hätte ich später sogar beweisen können, dass ich nicht zu schnell gefahren bin. Doch das System ist so angelegt, dass all das einen unheimlichen Aufwand bedeutet hätte. Solange die Angelegenheit nicht geklärt ist, wäre mein Führerschein eingezogen worden. Zwar hätte eine dafür ausgestellte Quittung noch einen Monat lang das Fahren erlaubt. Aber den Führerschein wiederzubekommen hätte mich mindestens einen ganzen (Arbeits-)Tag gekostet. Das waren mir die 300 Rubel nicht wert. Und genau damit rechnete der als moderner Straßenräuber verkleidete freundliche Familienvater.

An der *Jausa* war ich unschuldig und habe trotzdem bezahlt. Das war ärgerlich. Kurze Zeit später war es umgekehrt – und das war herzanrührend. Ich war frühmorgens auf dem Weg zur Arbeit, wieder auf einer Uferstraße, aber diesmal an der Moskwa, auf Höhe des *Neujungfrauenklosters*. Die Straße war breit und leer. Ich war zu schnell und hatte den Verkehrspolizisten übersehen. Er hatte einen gemütlichen Blick, Vollbart, war vielleicht Ende 50. Erneut sollte ich 300 Rubel zahlen. Zwar nicht reumütig, aber eben schuldig zückte ich meine Geldbörse, nur um festzustellen, dass sie fast leer war. Ich sah mich schon einen ganzen Tag auf der Suche nach meinem abgenommenen Führerschein und machte wohl ein entsprechend bedeppertes Gesicht. »Wie viel hast du denn, Deutscher?«, fragte der *Gaischnik* (in solch Situationen verfallen die Verkehrsordnungshüter leicht ins kumpelhafte Du). Es waren etwas mehr als 100 Rubel. Er schaute mir in die Augen und fragte weiter: »Hast du denn schon gefrühstückt?« Ich war von der Frage so überrascht, dass ich wahrheitsgemäß verneinte. Zur Antwort hörte ich ein freundliches »Na dann, guten Appetit« und war ohne Strafe entlassen.

Kapitel 9

Kultur und Sprache

87. Grund

Weil der in Russland wohl bekannteste Deutsche nicht echt und nicht einmal ein Deutscher ist

Max-Otto von Stierlitz klingt ziemlich deutsch, preußisch gar. Dieser Deutsche, von Beruf Auslandsaufklärer im Rang eines Standartenführers der SS im Reichssicherheitshauptamt des nationalsozialistischen Deutschlands, ist in Russland ein Held. Jeder kennt ihn. Jeder verehrt ihn. Na ja, fast jeder. Stopp! Da passt was nicht. Denn wenn auf irgendetwas Verlass ist in Russland, wenn sich alle auf irgendetwas einigen können, dann darauf, dass die deutschen Nazis (im russischen Sprachgebrauch *Faschisten*) das Böse sind und die SS das absolut Böse.

Die Auflösung ist einfach und ein wenig verworren zugleich. *Max-Otto von Stierlitz*, oder kurz *Stierlitz*, denn der Vorname wird im Film nur einmal erwähnt, ist gar kein deutscher SS-Scherge, sondern, ganz geheim, ein sowjetischer, ein russischer Spion in der, wie man im Russischen sagen würde, *Bärenhöhle* des Feindes. Sein richtiger Name ist *Maxim Maximowitsch Issajew* und er arbeitet für den sowjetischen Auslandsgeheimdienst in der *Lubjanka*, ja für Stalin selbst. Mehr noch: *Stierlitz* gibt es gar nicht. Er ist die Erfindung des Schriftstellers *Julian Semjonow*, die Hauptfigur in dessen Agentenroman *Siebzehn Augenblicke des Frühlings*. Nicht nur bekannt, sondern berühmt wurde *Stierlitz* aber erst durch die gleichnamige Fernsehserie, die Sommer 1973 erstmals ausgestrahlt wurde. Die 12 gut einstündigen Folgen waren das, was man früher einen Straßenfeger nannte.

Um die Entstehungsgeschichte des Films ranken sich zahlreiche Legenden. Eine besagt, die *KGB*-Führung unter ihrem damaligen Chef *Jurij Andropow*, dem späteren Kurzzeitgeneralsekretär der *KPdSU*, habe das zur *Breschnjew*-Zeit ziemlich darnieder liegende Image des sowjetischen Geheimdienstes aufpolieren wollen. Die

Heldentaten von *Semjonows* Meisterspion in Hitlers Machtzentrum kamen wie gerufen. Ohnehin hatten die Auslandsspione des *KGB* immer einen besseren Ruf als diejenigen, die das Volk im Inneren ruhig halten mussten.

Die Geschichte selbst ist schnell erzählt. *Stierlitz* lebt undercover schon sehr lange in Deutschland, mit perfekten Deutschkenntnissen und tadelloser Legende als NSDAP-Mitglied schon vor der Machtübernahme. Er hat es bis in die oberen Reihen der *Abwehr*, des deutschen Auslandsgeheimdiensts geschafft. Dessen Chef Walter Schellenberg hält viel von seinen Fähigkeiten und seiner Loyalität. Im Frühjahr 1945 bekommt *Stierlitz* nun vom Moskauer *Zentrum* die Aufgabe herauszubekommen, ob jemand aus der NS-Führung mit den Amerikanern über einen Separatfrieden verhandelt und sich beide dann gegen die Sowjetunion wenden könnten, um den Weltkommunismus aufzuhalten. *Stierlitz* löst die Aufgabe elegant, wahrlich meisterhaft. Es gelingt ihm nicht nur zu erfahren, dass es diese Verhandlungen tatsächlich gibt und dass SS-Chef Himmler dahintersteckt, sondern er schafft es auch, sie zu torpedieren. Damit endet der Film. Das Moskauer Zentrum bietet *Stierlitz* an, ihn aus Deutschland rauszuholen, er aber, ganz echter Held, fährt wieder nach Berlin, weil nichts vorbei sei und er weiterarbeiten müsse.

Es ist nicht nur die spannend und schlüssig erzählte Spionagegeschichte, die jedem John-le-Carré-Roman ebenbürtig, vielleicht sogar überlegen ist, die so viele Menschen in der Sowjetunion und auch heute noch in Russland (und mich auch) in den Bann zieht. Es ist ebenso die Art, wie sie erzählt wird, und es sind die Schauspielerleistungen. Die schwarz-weiß gehaltene Fernsehserie hat ein langsames Erzähltempo. Die *Siebzehn Augenblicke des Frühlings* werden in insgesamt 13 Stunden ausgerollt. Es ist, wie man in Russland sagt, richtig großes Kino. Eine ganze Reihe der besten Schauspieler der Sowjetunion konnte die Regisseurin *Tatjana Liosnowa* versammeln. Und mit *Wjatscheslaw Tichonow*, der grandios Stierlitz spielt, nein, der *Stierlitz* wurde und blieb, gelang ihr ein großer Fang. Doch auch die Filmmusik trug ihren Anteil dazu bei. Der Komponist *Mikail Tariwerdijew* lässt sich ohne Übertreibung als sowjetischer Ennio Morricone oder Hans Zimmer bezeichnen.

Das Wichtigste aber war wohl, dass erstmals nach dem Krieg Nazis, und zwar führende Nazis, nicht als blutrünstige, dumme und einfältige Mörder dargestellt wurden, sondern als oft kluge Menschen, nicht als Chargen, sondern als Personen. Mehr noch, der Gestapochef Heinrich Müller oder der Auslandsgeheimdienstchef Walter Schellenberg sind zwar Gegenspieler von *Stierlitz* (was aber nur *Stierlitz* und wir, die Zuschauer, wissen), aber sie würden uns fast sympathisch, wären sie nicht hinter *Stierlitz* her. Richtig böse, wenn auch auf hintergründige Weise, ist eigentlich nur Himmler. Diese Veränderung des sowjetischen Erzählstils über das nationalsozialistische Deutschland war vom Zweck, die russische Auslandsspionage (und damit den ganzen *KGB*) besser aussehen zu lassen, bestimmt, denn nur gegen würdige Gegner erringt man auch würdige Siege.

Schon bald nach der Erstausstrahlung wurden überall im Land Witze mit *Stierlitz* als Hauptfigur erzählt. Inzwischen gibt es Tausende davon und, seit es das Internet gibt, zahlreiche Seiten, die sich nur *Stierlitz*-Anekdoten widmen. Natürlich werden in diesen Witzen meist die Nazis von *Stierlitz* an der Nase herumgeführt. Aber gleichzeitig nehmen sie auch die sowjetische und heute russische Alltagswirklichkeit auf den Arm. So wie dieser: Müller und Schellenberg stehen in der Kantine des Reichssicherheitshauptamts in einer langen Schlange nach Salami an. Da kommt *Stierlitz* herein, geht zur Verwunderung der beiden an den Anfang der Schlange, zwinkert ihnen zu und kauft eine ganze Wurst. Aus dem Off ist die Stimme von *Jefim Kopeljan* zu hören, einem in der Sowjetunion legendären Sprecher und der Erzählstimme von *Siebzehn Augenblicke des Frühlings*: »Müller und Schellenberg konnten nicht wissen, dass Helden der Sowjetunion außerhalb der Schlange bedient werden.«

Wohl eher intuitiv und ohne es zu ahnen haben viele Witzemacher verstanden, dass die Fernsehserie mitunter viel mehr über die Sowjetunion (zur Zeit *Stalins*) erzählt als über das nationalsozialistische Deutschland. Mir als Außenstehenden sind diese Parallelen gleich beim ersten Mal sehen aufgefallen. Zu meiner großen Verwunderung bekannten selbst der Sowjetunion gegenüber kritisch eingestellte Freunde, dass sie das damals nicht bemerkt haben.

Zum Schluss ein aktueller Stierlitzwitz: Gestapochef Müller trifft *Stierlitz* auf dem Korridor. Er wischt sich über die schweißbedeckte Stirn: »Stellen Sie sich vor, was für einen Albtraum ich heute Nacht hatte: Es war 2015, Deutschland wurde von einer Frau im roten Jackett regiert, anstelle von Fackelmärschen gibt es Gayparaden, wir sind mit den Juden verbündet und in den USA regiert ein schwarzer Präsident.«

88. Grund

Weil hier der Osten eine »diffizile Angelegenheit« ist

Am Vorabend jedes Flugs in den *Kosmos*, wie das Weltall im Osten heißt, so wird erzählt, würden russische Himmelsstürmer wieder und wieder den gleichen Film schauen. Falls das stimmt, ist es ein Ritual, das fast an Aberglauben grenzt. Der Film, um den es geht, heißt *Weiße Sonne der Wüste*, wurde 1970 vom Regisseur *Wladimir Motyl* gedreht und ist tatsächlich sehr, sehr gut.

Die Story des Films ist schnell erzählt. Ein Rotarmist namens *Suchow*, Mitglied eines *Transkaspischen Internationalen Revolutionären Proletarischen August-Bebel-Regiment*s und im Film meist nur kurz *Genosse Suchow* genannt, trifft auf dem Heimweg aus dem Bürgerkrieg irgendwo in einer zentralasiatischen Wüste auf eine marodierende Verbrecherbande. Der Kopf der Bande, ein berüchtigter einheimischer Warlord, genannt *Schwarzer Abdullah*, hat zwölf seiner Frauen in einer Höhle zurückgelassen, wo sie zu verhungern und verdursten drohen. Gleichzeitig zieht er mit seinem Banditenhaufen in Richtung einer alten Festung, um sich mit Waffen zu versorgen.

Suchow, nur in Begleitung eines blutjungen Soldaten, nimmt heroisch den Kampf auf, die Frauen und die Festung zu retten und die Banditen zu vertreiben. Ein echter Eastern.

Ein Plot für *fünf Kopeken* also auf den ersten Blick, wie man in Russland sagt. Der Regisseur nimmt zudem ziemlich viele Anleihen beim klassischen amerikanischen Western: Der Held ist ein einsamer Wolf. Er steht allein gegen eine erdrückende Übermacht. Zu seiner Unterstützung hat er nur den jungen Soldaten, fast schon zärtlich *Petrucha* gerufen, einen alten, ausgemusterten und saufenden Zollmeister, sowie *Said*, einen Einheimischen, der mit dem *Schwarzen Abdullah* eine eigene Rechnung zu begleichen hat.

Doch nicht die schon tausendmal gesehene und gehörte Geschichte haben aus *Weiße Sonne der Wüste* einen Kultfilm gemacht. Es ist vor allem das Drehbuch. Seine feine Ironie und ein trockener Sprachwitz haben dazu geführt, dass Filmzitate für fast alle Lebenslagen bis heute in aller Munde sind. Beendet doch der *Genosse Suchow* seine Befehle immer wieder mit der rhetorischen Frage: »Gibt's noch Fragen?«, um sogleich die Antwort zu geben: »Es gibt keine Fragen!«

Einen übrig gebliebenen Museumswärter, der seine »allergrößten Schätze« vor den Banditen zu verstecken sucht, und der deshalb *Suchow* mit seinen zwölf Schutzbefohlenen keinen Unterschlupf gewähren will, bescheidet er trocken, diese »zwölf befreiten Frauen des Ostens« seien ebenfalls »allergrößte Schätze« und also einzulassen. Ein Schild erklärt das Museum dann zum »Ersten Wohnheim der befreiten Frauen des Ostens«. Den Frauen erklärt *Suchow*, der Revolutionär aus Europa, abends beim Lagerfeuer dann, sie seien nun frei, und jede von ihnen bekäme in Kürze einen »eigenen Mann«. Worauf die jüngste von ihnen, *Gültschataj* geheißen, an ihren zehn Fingern aufzählt, was eine Ehefrau allein alles machen muss: allein kochen, allein waschen, allein die Kinder erziehen, alles allein. Sie seufzt, das sei doch schwer, und *Suchow* antwortet, natürlich sei das schwer.

Auch der desillusionierte, dem Wodka ergebene Zollmeister muss erst überzeugt werden, beim Kampf gegen die Banditen mitzumachen, denn er ist noch vom alten Regime: »Als es einen Staat gab, gab es eine Grenze. Ohne Staat auch keine Grenze.« Und warum soll man sich dann mit Schmugglern anlegen? Erst muss einmal ordentlich getrunken werden. *Suchow* zeigt sich auch dieser Prüfung gewachsen, indem er ein geriffeltes Wasserglas voll Selbstgebranntem mit unnachahmlicher Eleganz in einem Zuge leert. Und trotzdem bewegt den Zollmeister erst die Sympathie zum Soldatchen *Petrucha*, das geforderte Maschinengewehr herauszugeben und später selbst tragisch in den Kampf einzugreifen. *Suchow* gibt sich derweil in kleinen Kampfpausen den Träumen an *Jekaterina Matwejewna* hin, die er nach seiner Rückkehr in die grüne russische Heimat zu ehelichen hofft.

Es kommt, wie es kommen muss. *Petrucha*, der zarte, fast jungfräuliche muss seinen Flirt mit *Gültschataj* mit einem Bajonettstich ins Herz bezahlen, während *Abdullah* und seine Banditen vom ertrunkenen Maschinengewehr dahingemäht werden. *Suchow* nimmt seinen Heimweg mit der in Russland zum geflügelten Wort gewordenen Erkenntnis wieder auf, *der Osten* sei *eine diffizile Angelegenheit*.

89. Grund

Weil man so vielen deutschen Lehnwörtern begegnet

Deutschen Lehnwörtern begegnet man im russischen Alltag überall. In der Kantine werden ganz sicher *Butterbrody* angeboten, oft auch *Schnizel*. Urlaub wird häufig in einem *Kurort* gemacht, und bevor man das Auto auf einen bewachten Parkplatz lenkt, muss der Parkwächter erst einmal den *Schlagbaum* hochmachen. Der Lohn wird von einem *Buchgalter* berechnet, und um ein Päckchen abzuschicken, empfiehlt es sich, ein *Potschtamt* aufzusuchen.

Bei einer Landpartie kann man die schöne *Landschaft* (Betonung auf der letzten Silbe) bewundern und, mit ein wenig Glück, einen *Waldschnep* beobachten, der aber aufpassen sollte, nicht von einem *Jeger* abgeschossen zu werden. In den Städten fahren Minibusse als *Marschrutnoe Taksi* immer die gleiche *Marschrut* ab, während auch in Russland mehr und mehr Menschen einen *Rjuksak* einer Aktentasche vorziehen. Frauen ziehen sich morgens einen *Bjustgalter* an.

Wer im Auto schneller unterwegs ist, als die Polizei erlaubt, weil er oder sie auf dem *Ziferblat* der Uhr gesehen hat, wie spät es schon ist, muss einen *Schtraf* zahlen. An Silvester lieben auch die Russen *Fejerwerk,* und da es im Winter meist kalt ist, haben sie vielleicht ein kleines Fläschchen mit Hochprozentigem, mit dem sich dann wunderbar *Bruderschaft* trinken lässt. Im Theater oder im Konzertsaal werden die *Gastroli* auswärtiger Truppen und Orchester bewundert und wenn es sich gut schickt, vor allem, wenn das *Lejtmotiw* gefällt, ist vielleicht *Anschlag*, die Vorstellung also ausverkauft. Gefeiert werden dann oft nicht nur Orchester und Dirigent, sondern auch der *Konzertmejster*.

Besonders deutschwortlastig ist der Militärjargon. Deutsche Offiziere, vor allem aus dem Baltikum, haben ab Peter dem Großen eine moderne russische Armee mit aufgebaut. Einfache Soldaten hatten die Möglichkeit, mit der Zeit zum *Jefrejtor*, zum Gefreiten, aufzusteigen. Und wenn sie wirklich Karriere machten, wurden sie vielleicht gar *Feldfebel*. Wer sich allerdings etwas zuschulden kommen ließ, landete schnell auf der *Gauptwachta*, der Hauptwache, die es im Gegensatz zum *Jefrejtor* und *Feldfebel* auch heute noch in der russischen Armee gibt. Jeder Russe weiß, was *Anschljus* und *Blizkrig* waren und ist heute noch sehr froh darüber, dass am Ende *Gitler kaput* war.

Überhaupt sind deutsche Lehnwörter überall dort häufig, wo es um Technik und Verwaltung geht. Mitte des 19. Jahrhunderts gab es so viele deutsche oder besser deutschstämmige Beamte im Dienst des Zaren, dass sich unter den Russen gar eine antideutsche Gegenbewegung bildete. Vorher war der *Zajtgajst* mit den Deutschen, später gegen sie.

Neben Technik und Militär hat auch die Medizin viele Wörter aus dem Deutschen übernommen. Krankenschwestern verbinden Wunden mit einem *Bint* und gegen die Schmerzen gibt es vielleicht einen *Schpriz,* eine Spritze, der Bruch wird mit einer *Schine* fixiert.

Viele Hunderassen haben auch im Russischen ihre deutschen Namen behalten. Es gibt den *Taksa,* den Dachshund oder Dackel, gleich in mehrfacher Ausführung, als *Dratchaar, Kurzchaar* und *Langchaar* (das lateinische »h«, das es im kyrillischen Alphabet nicht gibt, wird es durch den für russische Ohren einigermaßen ähnlich klingenden Buchstaben »ch« ersetzt). Aber auch *Risen-, Mittel-* und *Zwergschnauzer,* sowie *Mops, Pudel* oder *Spiz* finden sich bei russischen Hundezüchtern.

Und das ist noch lange nicht alles. Auf Russisch würde man sagen, dass die Vereinnahmung deutscher Lehnwörter *masschtabno,* also in großem Maßstab, erfolgt ist. Und nun machen wir einen *Absaz.*

Viele dieser deutschen Lehnwörter sind so tief in den russischen Sprachgebrauch übergegangen, dass sich die meisten Menschen gar nicht mehr bewusst sind, dass es sich um Fremdwörter handelt. Bei einigen aus dem Deutschen stammenden Wörtern ist das aber anders. Sie haben meist mit dem Krieg zu tun und stammen aus den vielen Kriegsfilmen. Während wir in unserer Kindheit Räuber und Gendarm spielten oder Cowboy und Indianer, waren es auf russischen Höfen sowjetische *Rotarmisten,* die deutschen *Faschisten* nachstellten und sie, natürlich, zur Strecke brachten. Die »Deutschen« nutzten dabei auch heute in Russland den meisten noch verständliche Ausdrücke wie *Chände choch!* oder auch »schnell, schnell, du Schwein!«.

Als ich in den frühen 1990er-Jahren nach Moskau zog, hörte ich, nachdem klar geworden war, dass ich Deutscher sei, als Antwort: »Das ist fantastisch!« Ich konnte mir lange keinen Reim darauf machen, woher das nun kam, bis ein Freund mich auf die zahlreichen

Kioske aufmerksam machte, die Videos (noch auf Kassetten) verkauften. Das waren Pornofilme, aus irgendeinem unerfindlichen Grund meist deutscher Produktion. Da die Handlung auch ohne Worte allgemein verständlich war, hatten sich die findigen Kopierer gar nicht erst die Mühe gemacht, den ohnehin sehr spärlichen Text zu übersetzen. Die meist auch schauspielerisch wenig überzeugenden Darsteller aber meinten mitunter den Höhepunkt ihres schlechten Spiels mit ebenjenen Worten verdeutlichen zu müssen: »Das ist fantastisch!«

90. Grund

Weil die russische Schimpfsprache so tabu wie allgegenwärtig ist

Es gibt im Russischen zwei, wenn man so will, Untersprachen. Das eine ist der Verbrecherjargon, das andere sind die sogenannten Mutterflüche, auf Russisch *mat*. Beide haben im Alltag allerdings ganz unterschiedliche Rollen. Der Verbrecherjargon ist ein wenig mit dem Rotwelsch im Deutschen zu vergleichen, und einige seiner Begriffe sind so tief in die russische Alltagssprache eingesickert, dass sie von den meisten Menschen als ganz normale Wörter wahrgenommen werden. Mitunter klingen sie in russischen Ohren ein wenig grob, aber auf Nachfrage würden viele Russen wohl gar nicht mehr sagen können, dass es sich nicht um ganz normale, wenn auch vielleicht etwas jargonmäßige Ausdrücke handelt. Andererseits scheint die Nutzung des Verbrecherjargons in letzter Zeit zugenommen zu haben. Die weitaus größere Freiheit in Russland heute, die geringe staatliche Kontrolle des Alltagslebens wirkt sich auch hier aus, egal ob man das nun gut findet oder nicht.

Ganz anders ist das mit dem *mat*, den Mutterflüchen. Sie sind obszön, bleiben obszön, und jeder weiß und spürt, dass sie obszön sind. Eben das aber macht sie besonders interessant. Jeder (und jede) kennt sie, (fast) alle benutzen sie, aber sich dazu zu bekennen ist unanständig. Vor allem Frauen tun deshalb oft so, als sei das alles jenseits ihres Wissens.

Die Struktur der Mutterflüche ist eigentlich ganz einfach. Sie haben drei Worte als Wurzeln, die, hier unterscheidet sich das Russische nicht von vielen anderen Sprachen, die männlichen und weiblichen Geschlechtsorgane sowie den Geschlechtsakt bezeichnen. Hinzu kommt noch ein wirklich hartes (!) Wort für eine Prostituierte (wobei hier schon der Streit, auch unter Gelehrten, beginnt, ob dieses Wort nun dazugehört oder nicht).

Mutterflüche sind und klingen in russischen Ohren unvergleichlich viel gröber als alle deutschen Schimpfworte. Dennoch sind sie allgegenwärtig. Es ist praktisch unmöglich, auf die Straße zu gehen, ohne im Vorbeigehen einen Mutterfluch zu hören. Das kann ganz einfach ein Fluch sein, aber auch eine Beleidigung. Nicht selten, vor allem in Männergesellschaften und unter Jugendlichen, werden die *mat*-Worte, vor allem das Wort, das eine Prostituierte bezeichnet, auch einfach als Füllworte eingesetzt. Das hört sich dann etwa so an: »Heute *mat* morgen, bin ich *mat* vom Gerumpel in der *mat* Wohnung über *mat* uns *mat* aufgewacht. Ich habe mich *mat* aus dem *mat* Bett gewälzt und mir *mat* einen Kaffee gemacht.«

Aber damit ist der Gebrauchswert der Mutterflüche noch lange nicht ausgeschöpft. Alle vier Begriffe können zum Beispiel in Verben oder Adjektive verwandelt werden. Auf diese Weise lassen sich ganze Sätze bilden, die nur aus *mat* bestehen, ja ganze Geschichten erzählen. In der Öffentlichkeit werden zudem gerne Verballhornungen benutzt, in denen der Ursprungsfluch gerade so noch kenntlich ist, man sich von ihm aber ohne allzu rot zu werden distanzieren kann. Das ist so ähnlich wie mit dem deutschen *Scheibenkleister*. Eine der beliebtesten Verballhornungen ist *blin*, also eigentlich ein ganz harmloser Pfannkuchen, der aber, im richtigen Moment und mit der richtigen Intonation ausgesprochen, wegen der gleichen beiden Anfangsbuchstaben wie der Prostituiertenfluch, von allen sofort verstanden wird. Volksmund macht sich das mitunter virtuos zunutze. Der US-amerikanische Präsident Bill Clinton wurde so, im Zuge der Monica-Lewinsky-Affäre, in Russland flugs in *Blin Clinton* umbenannt.

Selbstverständlich gibt es auch in Russland Menschen und Institutionen, die für die Reinhaltung von Sprache und Sitte kämpfen. Früher, vor der Revolution, war das vor allem die orthodoxe Kirche, später der sowjetische und heute der russische Staat. Seit 2007 steht das öffentliche Fluchen in Russland sogar unter Strafe. Wer sich nicht daran hält, kann zu einer Geldstrafe oder bis zu 15 Tagen sogenannten »administrativen Arrests« verurteilt werden. Auch für die Presse sind die Mutterflüche tabu. In Filmen, im Radio oder im Fernsehen werden sie deshalb meist mit einem Beepton überblendet. In der Presse oder im Internet behilft man sich mit den Anfangs- und Endbuchstaben und einem oder mehreren Sternchen dazwischen. Verstöße können mit Abmahnung oder Schließung geahndet werden.

Bei so großer Verbreitung und so großem Tabu können auch Literatur und Musik nicht hintanstehen. Zahlreiche Schriftsteller haben in den nachsowjetischen Jahren ihre Karriere unter anderem dem Tabubruch mit den Mutterflüchen zu verdanken. Am meisten für eine künstlerische Rehabilitierung des Obszönen hat aber wohl der überaus populäre Frontmann der Rockgruppe *Leningrad Sergej Schnurow* getan. In vielen seiner Lieder streichelt er sie mit seiner rauen Säuferstimme derart, dass ihnen alles Unanständige und Unangenehme entfährt. Selten waren Flüche so zärtlich.

Im Alltag aber ist der Gebrauch von *mat* weiterhin so alltäglich, dass kaum jemand davon völlig frei ist. Selbst Menschen, die die bösen Worte bewusst niemals öffentlich benutzen würden, schlüpfen sie mitunter bei Überraschung, Ärger oder Schmerz ganz unwillkürlich aus den Mündern. Und auch ich, nun wahrlich kein Muttersprachler, fluche von Zeit zu Zeit innerlich. *Mat* ist einfach zu praktisch. Eine inzwischen nach Israel ausgewanderte Bekannte erzählte, wie sie einst ihre dort aufgewachsene, im Alltag hebräisch, in der Familie aber russisch sprechende Tochter fragte, ob sie denn wisse, was das Bl-Wort bedeute. Na klar, war die Antwort, das sage man immer, wenn einem etwas runterfalle.

91. Grund

Weil der Dichter Alexander Puschkin Russlands Ein-und-alles ist

Ich muss gestehen, ich habe *Alexander Puschk*in für mich erst recht spät entdeckt, und er ist bis heute nicht mein russischer Lieblingsdichter. In Russland ist das ein großer Fauxpas. Denn hierzulande ist *Puschkin* alles. Diese allgemein geteilte Auffassung geht auf *Appolon Grigorjew* zurück, einen russischen Dichter, Literaturkritiker, Übersetzer und vor allem Bohemien, der vor rund 150 Jahren den bis heute unsterblichen Satz schrieb: »Puschkin ist unser Ein-und-alles!« Und es stimmt wirklich.

Alexander Puschkin hat als Erster russische Weltliteratur geschaffen. Zudem war er ein Meister der Sprache und aller literarischen Genres. Er war als Dichter ebenso genial wie als Dramaturg und war ein Romancier, noch bevor es den Roman als Literaturgattung so richtig gab. Alle russischen Schriftsteller und Dichter nach ihm schöpfen aus der Vielfalt, die er geschaffen hat. Sein Werk ist die sprachliche und stilistische Vollendung der literarischen Evolution im Russland der 18. Jahrhunderts. *Nikolaj Gogol*, ein anderer Großer der russischen Literatur, behauptete einst, das Sujet seines Schelmenromans *Die toten Seelen* habe ihm Puschkin geschenkt. Wahrscheinlich hat *Gogol* da geflunkert. Aber es ist bezeichnend, dass es ihm offenbar wichtiger war, sich auf *Puschkin* berufen zu können, als die Lorbeeren fürs Ausdenken seiner Figuren selbst zu ernten.

Mit *Puschkin* beginnt schließlich auch die moderne russische Sprache. Ein anderer Kritiker, *Wissarion Belinskij*, vielleicht der einflussreichste im Russland des 19. Jahrhundert, schrieb: »Puschkin hat aus der russischen Sprache ein Wunder gemacht.« Das Besondere an *Puschkins* Sprache ist ihre Einfachheit, die aber keine Einfalt zulässt, sondern Harmonie, Schönheit und Genauigkeit verbindet. Auch hier ist er mit Goethe vergleichbar. Wie bei jenem hat er in einer Sprache geschrieben, die auch heute, nach 200, Jahren nicht angestaubt oder veraltet wirkt, sondern zeitgemäß und frisch.

Entsprechend ist *Puschkin* auch heute noch fast überall in der russischen Literatur präsent. In *Boris Pasternaks* Roman *Doktor Schiwago* bezieht sich der Held in seinen Überlegungen über das russische Leben auf Puschkin und liest immer wieder dessen Erzählung *Die Hauptmannstochter*. Das gleiche Buch steht auch im Regal der Lieblingshelden von *Michail Bulgakow* aus seiner Erzählung *Die weiße Garde*. Ebenso beziehen sich die großen russischen Dichter des 20. Jahrhunderts wie *Marina Zwetajewa, Wladimir Majakowskij, Anna Achmatowa* oder *Sergej Jessenin* immer wieder in ihren Gedichten auf Puschkin. Und *Alexander Blok* dichtete:

Puschkin, geheime Freiheit
Sangen wir Dir folgend
Reich uns die Hand im Unwetter
Hilf uns im stummen Kampf.

Der beste physische Beweis für diese alles überragende Bedeutung *Puschkins* dürfte die schiere Zahl seiner Denkmäler sein. Ein entsprechender Eintrag im russischen Wikipedia zählt weltweit insgesamt 279 *Puschkin*-Denkmäler, davon knapp die Hälfte in Russland selbst, jeweils 11 in Moskau und St. Petersburg, aber immerhin auch vier in Deutschland. Darin dürfte den Dichter wohl nur noch *Lenin* übertreffen. Denn *Lenin* ist nicht Russlands Ein-und-alles, sondern, immer noch, Russlands Überall.

92. Grund

Weil es zwei Worte für Wahrheit gibt

Prawda, die Wahrheit, ist eines der bekanntesten russischen Worte selbst bei Leuten, die kein Russisch sprechen. Das ist wahrscheinlich der Zeitung der Kommunistischen Partei der Sowjetunion zu verdanken, die eben *Prawda* heißt (bis heute), es aber mit der Wahrheit oft nicht allzu genau nimmt. Wer dann aber Russisch lernt, stößt schnell auf ein zweites Wort, das auch Wahrheit bedeutet, nämlich *istina*. Und schnell wird auch klar, dass diese *istina*-Wahrheit irgendwie noch tiefer, noch wahrer ist als die *prawda*-Wahrheit. Denn *istina* gehört zur Erde, *pradwa* dagegen kommt vom Himmel. Doch dazu später.

Die philosophische Suche nach Wahrheit wird im Russischen immer *istina* genannt. *Istina* ist existenziell, grundsätzlich. Umgekehrt würde keine Mutter zu ihrem Kind sagen: »Du sagt jetzt nicht die *istina*«. Hier ist es immer die *prawda*. Bei der *istina*-Wahrheit geht es ums Grundsätzliche, um alles oder nichts sozusagen. *Istina* ist objektiv. Bei der *prawda*-Wahrheit ist viel Menschliches und viel Alltag im Spiel. Wenn jemand etwas Unerwartetes, jedenfalls auf den ersten Blick Unglaubliches, gesagt hat, fragt man zurück: »*Prawda?*« (etwa: »stimmt das wirklich?«). Prawda kann subjektiv sein.

Im bis heute maßgebenden *Wörterbuch der russischen Sprache*, von *Wladimir Dal* 1881 herausgegeben, wird *istina* als das Gegenteil der Lüge vorgestellt. Zwar sei auch *prawda* das Gegenteil der Lüge, schreibt *Dal*, aber seine Bedeutung gehe eher in die Richtung von Wahrhaftigkeit, Gerechtigkeit, Rechtsprechung, Richtigkeit, alles Worte, deren Stamm sich von *prawda* ableitet (wie übrigens auch *prawo*, also Recht). *Istina* dagegen habe mit so irdischen Begriffen wie dem Guten, der Liebe, der Wohltat zu tun.

Schon in der russischen Übersetzung der Bibel zeigt sich übrigens die Unterscheidung dieser beiden Begriffe in einen irdischen und einen himmlischen. Im 85. Psalm gibt es eine Zeile, die in der Übersetzung von Martin Luther heißt: »… dass Treue auf der Erde wachse und Gerechtigkeit im Himmel«. In der russischen Bibel steht für Treue *istina* und für Gerechtigkeit *prawda*.

Und obwohl mitunter *prawda* im Sinn von *istina* benutzt wird, geht eines ganz bestimmt nicht. *Istina* kann nicht mit einem Adjektiv versehen werden. *Istina* ist eben *istina*. Und Schluss. Prawda hingegen kann bitter sein, oder süß, oder schrecklich. Deshalb kann es eben nur eine, *die istina*, aber für unterschiedliche Menschen durchaus unterschiedliche *prawda*-Wahrheiten geben.

93. Grund

Weil Michail Schemjakin Peter dem Großen ein Denkmal gesetzt hat

Peter der Große ist in Russland ganz groß. Trotzdem wird er meist eher bescheiden *Peter der Erste* genannt. Schuld sind die Bolschewisten. Nach ihrer Auffassung gab es nichts Großes an den feudalen Herrschern vor der Revolution. Man kann es aber auch anders sehen. Solch eine Bescheidenheit können sich nur wirklich Große leisten. Warum ihn groß nennen, wenn es ohnehin alle wissen? Mit diesem Zaren, mit *Peter dem Großen*, tritt Russland endgültig am Anfang des 18. Jahrhunderts in die europäische Geschichte ein, ja wird eine europäische Großmacht. Klar, dass solch einem Giganten Denkmäler an ganz zentraler Stelle gesetzt werden.

Das bekannteste Peter-Denkmal dürfte das auf dem *Senatsplatz* in St. Petersburg am Ufer der *Newa* unweit des Winterpalastes sein. Der aufrechte Zar mit dem unverwechselbaren Schnurrbart, wie es sich gehört auf einem Pferd, das sich auf einem riesigen Granitblock stehend aufbäumt und mit einem Hinterhuf eine Schlange zertritt. Eine Aufschrift offenbart, dass eine andere Große, *Katharina die*

Zweite, das Denkmal 1782 errichten ließ. Peter hatte, unter riesigen Soldatenopfern, Russland den Zugang zur Ostsee erfochten. *Katharina*, ursprünglich die deutsche *Prinzessin Sophia Auguste Friederike von Anhalt-Zerbst*, hatte den Süden mit der Schwarzmeerküste und der *Krim* hinzugefügt. Nationaldichter *Alexander Puschkin* (siehe Grund 91) setzte dem Denkmal mit seinem Gedicht über den *Ehernen Reiter* ein Denkmal.

Das größte Peter-Denkmal steht seit 1997 in Moskau. Es ist eigentlich kein Denkmal, sondern ein Monument. 96 Meter hoch steht Peter am Steuerrad eines Segelkriegsschiffs, hier verewigt als Gründer der russischen Kriegsflotte zu deren 300. Jahrestag. Ich habe noch niemanden getroffen, der dieses Ungetüm an der Spitze einer Moskwa-Insel gegenüber dem Kreml mag. Es ist hässlich und zudem auch noch wegen seiner Größe von vielen Stellen im Moskauer Stadtzentrum zu sehen. Eine Gruppe namens *Revolutionärer Kriegsrat* hat 1997 gar versucht, das Denkmal zu sprengen. Ein wenig weniger rabiat ging der Moskauer Galerist *Marat Gelman* vor, der versuchte, genug Geld zu sammeln, um diesen Riesen-Peter demontieren zu lassen.

Auch geht das Gerücht um, es handele sich bei dem Denkmal ursprünglich gar nicht um Peter den Großen, sondern um Christoph Kolumbus, der der Stadt New York zum 500. Jahrestag der »Entdeckung« Amerikas geschenkt werden sollte. Die New Yorker, so die Mär, hätten aber dankend abgelehnt. Also habe der als Monumentalkünstler im Moskauer Stadtbild fast allgegenwärtige *Surab Zereteli* flugs den Kopf ausgetauscht und aus dem Christoph einen Peter gemacht. Wie so oft, wäre weniger weitaus mehr gewesen.

Ein Meister des Weniger ist der Bildhauer *Michail Schemjakin*. Er hat den schönsten Peter geschaffen. Obwohl das Adjektiv *schön* das Denkmal in der St. Petersburger *Peter-und-Paul-Festung* (der Urzelle der von Peter geschaffenen Stadt) nicht wirklich beschreibt. Dafür ist der so gar nicht zarlich und herrscherlich in Hauskleidung auf einem Stuhl sitzende Peter zu sehr aus den Proportionen geraten. Auf dem aufrechten, fast massigen Oberkörper sitzt ein viel zu kleiner Kopf, und lange, spinnenartige Finger umklammern die Stuhllehnen mit eisernem Griff. Trotzdem hat dieser Peter etwas Anrührendes, Menschliches. Er ist kein entrückter Zar, kein Alleinherrscher und kein Feldherr (der Peter auch war), sondern ein Mensch. Durch die Proportionslosigkeit verliert er die Unnahbarkeit, ja Himmelsnähe, die russischen Herrscher noch mehr verkörperten als ihre Kollegen weiter westlich in Europa.

Dass dieser so gar nicht großmächtige Peter mitten im Herzen von St. Petersburg stehen kann, ist sicher auch der Zeit geschuldet, in der er aufgestellt wurde. Das war im Sommer 1991. Die Sowjetunion war gerade dabei auseinanderzufallen, und dem Land war ausnahmsweise einmal nicht sonderlich nach Großmacht. Aber natürlich liegt es auch am Bildhauer. *Michail Schemjakin* war das, was man in Russland einen *Sechziger* zu nennen pflegt. Das waren die Menschen, die sich in den nach dem stalinistischen Terror folgenden Jahren des sogenannten *Tauwetters* Ende der 1950er/Anfang der 1960er Stück für Stück mehr trauten, offener diskutierten und vor allem in der Kunst vorher in der Sowjetunion undenkbare, neue Wege betraten. Das Tauwetter währte nicht lange. Aber es hinterließ viele tiefe Spuren und schlug eine erste Bresche in die Allmächtigkeit von Herrschern und Staat. *Schemjakins* Peter zeugt von wahrer Größe, weil er auch die Schwäche nicht verschweigt.

94. Grund

Weil an der Moskauer Prachtstraße Twerskaja gleich drei Dichterdenkmäler stehen

Direkt am Kreml, am *Manegenplatz* beginnt die *Twerskaja* Straße. Der breite Boulevard zieht sich Richtung Nordwesten einen Hügel hoch und endet am *Weißrussischen Bahnhof*. Wenn man von hier aus noch 700 Kilometer weiter mehr oder weniger geradeaus fährt, kommt man in die nördliche russische Hauptstadt, nach St. Petersburg. Die *Twerskaja*, wie sie meist kurz genannt wird, ist eine der ältesten Moskauer Straßen. Es gibt sie wahrscheinlich schon seit dem 12. Jahrhundert. Sie führt Richtung *Twer*, einer Stadt 200 Kilometer nordwestlich von Moskau und etwa zur gleichen Zeit vor über 850 Jahren gegründet.

1918, nach der Revolution, verlegten die siegreichen Bolschewisten die Hauptstadt von St. Petersburg zurück nach Moskau. Schnell begannen sie die Stadt, die gut 200 Jahre lang hinter der Stadt *Peters des Großen* zurückstehen musste, um- und auszubauen. Moskau entsprach nicht mehr den Vorstellungen und Anforderungen an eine modernen Hauptstadt. Auch die *Twerskaja* wurde umgebaut. Doch das reichte nicht. Schon damals muss der Verkehr oft eher gestanden haben als geflossen sein. Mitte der 1930er-Jahre begann man die Straße zu einem repräsentativen Boulevard zu erweitern.

Dabei kam modernste Technik zum Einsatz. Es wurden nicht nur ältere Häuser abgerissen, sondern auch ganze Gebäude verschoben. Das bekannteste ist das heutige Moskauer Rathaus, ein rot-weißer klassizistischer Palast aus dem 18. Jahrhundert. Er wurde 1939 angehoben und 13,6 Meter verschoben, um der neuen Straße mehr Platz zu machen. 1947, zum 800. Gründungsjubiläum der Stadt, wurde ihm gegenüber ein Reiterdenkmal des mythischen Stadtgründers und Fürsten *Jurij Dolgorukij* aufgestellt.

Womit wir bei den Denkmälern sind. Denn die nächsten drei Denkmäler auf dem Weg bis zum Weißrussischen Bahnhof sind Dichterdenkmäler, alle aufgestellt in den 1950er-Jahren. Zuerst weitet sich die *Twerskaja* nach beiden Seiten zu einem Platz, der früher nach dem hier befindlichen Kloster *Passionsplatz* hieß. Doch das Kloster wurde nach der Revolution erst zum zentralen atheistischen Museum der Sowjetunion und 1937 zur Erweiterung des Platzes dem Erdboden gleichgemacht. Ein Denkmal für *Alexander Puschkin* (siehe Grund 91), den russischen Nationaldichter, stand schon seit 1880 auf der dem Kloster gegenüberliegenden Seite des Platzes. 1950 wurde es auf die andere Seite des Platzes gerückt, dorthin, wo vorher das Kloster war. Den Moskauern gefällt's. Das *Puschkin-Denkmal* ist bis heute ihr bevorzugter Treffpunkt im Stadtzentrum – selbst wenn das Treffen in Zeiten von Mobiltelefonen inzwischen viel einfacher geworden ist.

Rund 500 Meter weiter die *Twerskaja* hinauf, an der Kreuzung mit dem *Gartenring*, kommt der *Triumphplatz* mit dem *Majakowski*-Denkmal. *Wladimir Majakowski* war einer der wichtigsten sowjetischen Dichter in der ersten Hälfte des 20. Jahrhunderts und ein Vertreter des Futurismus. Er erschoss sich 1930, krank und enttäuscht im Privaten, aber auch unter dem politischen Druck vonseiten sowjetischer Literaturfunktionäre. Sein Denkmal, 1958 enthüllt, wurde in der bald darauf anbrechenden Zeit des sogenannten *Tauwetters*, als nach Stalins Tod weit mehr zu sagen möglich war als zuvor, zu einem Treffpunkt von vorsichtig Andersdenkenden. Hier trafen sich vor allem junge Menschen und rezitierten Gedichte, trugen auch eigene Werke vor. Alles an der sonst fast allmächtigen staatlichen Zensur vorbei.

Ab dem *Triumphplatz* ändert die *Twerskaja* ihren Namen und wird, für einen weiteren knappen Kilometer bis zum Weißrussischen Bahnhof, zur *1. Twerskaja-Jamskaja*. Hier steht das dritte Dichterdenkmal, dem großen Dramatiker *Maxim Gorki* gewidmet. *Gorki* war bis zu seinem Tod 1936 Vorzeigedichter des sowjetischen Staates. Er war eine tragische Figur, da er sich für das Recht der Rückkehr aus dem italienischen Exil und den Vorsitz des sowjetischen Schriftstellerverbands in die Propaganda Stalins einspannen ließ. Sein Denkmal sollte eigentlich schon 1939 aufgestellt werden, doch dazu kam es nicht. Erst seit 1951 ziert es den Platz vor dem Bahnhof.

Alle drei hatten für den sowjetischen Staat besondere Bedeutung. Zum einen als Dichter (wenn ich den Dramatiker *Gorki* auch so nennen darf). Denn Dichter waren in Russland immer mehr als Dichter.

Sie waren öffentliche Intellektuelle in einem Land, in dem es keine politische Öffentlichkeit gab. *Alexander Puschkin* diente dabei als Verbindung zum zwar noch alten, sich aber schon modernen Zeiten nähernden Russland. Mit ihm nimmt die moderne russische Sprache ihren Anfang. *Wladimir Majakowski*, obwohl selbst alles andere als ein Proletarier und für den konformistischen sowjetischen Staat eigentlich viel zu unangepasst, wurde zum wichtigsten proletarischen Dichter erklärt. *Maxim Gorki* war mit seinen Theaterstücken über Menschen ganz unten, am elenden Grund der Gesellschaft sein dramaturgisches, vor allem aber in aller Welt bekanntes und geachtetes Gegenstück. Die *Twerskaja* wurde übrigens schon 1932, noch zu seinen Lebzeiten, in *Gorki-Straße* umbenannt. Erst 1990, als alle Straßen im Moskauer Stadtzentrum ihre vorrevolutionären Namen zurückerhielten, wurde auch sie wieder zur *Twerskaja*. Aber *Puschkin*, *Majakowski* und *Gorki* zieren sie natürlich weiter.

95. Grund

Weil es in Moskau gleich zwei völlig unterschiedliche Gogoldenkmäler gibt

Hätte es *Alexander Puschkin* nicht gegeben, wäre vielleicht *Nikolai Gogol* heute russischer Nationaldichter. *Puschkin* war eine Lichtgestalt (siehe Grund 91). Von *Nikolai Gogol* kann man das nicht wirklich sagen. Er war ein großer Schriftsteller, aber mit sehr dunklen Seiten. Eines allerdings haben beide gemeinsam: Es gibt in einer Stadt gleich zwei Denkmale von ihnen. Für Puschkin in St. Petersburg, der Hauptstadt ihrer Zeit. Für *Gogol* dagegen in Moskau, der alten und ewigen Hauptstadt Russlands.

Übrigens streiten Ukrainer und Russen heute darum, wem *Gogol* gehört. Für die meisten Ukrainer ist er ein ukrainischer Schriftsteller. Er wurde Anfang des 19. Jahrhunderts in der damals zu Russland gehörenden Ukraine geboren und wuchs dort auch auf. Erst als junger Mann kam er nach St. Petersburg. Viele seiner Werke leben vom Kolorit seiner ukrainischen Heimat. Die meisten Russen halten *Gogol* dagegen für einen russischen Schriftsteller. Sie verweisen darauf, dass er alle seine Werke auf Russisch verfasst hat. Seine hohe Schaffenszeit hat er in St. Petersburg verbracht. Und einige seiner bekanntesten Sujets gehen auf Anregungen seines Freundes *Puschkin* zurück. Als sicher kann gelten, dass *Gogol* selbst und seine Zeitgenossen sich diese Frage wohl kaum gestellt haben. Vielleicht passt es deshalb ganz gut, ihn einfach einen russischen Schriftsteller ukrainischer Herkunft zu nennen.

Nun zu den Denkmalen. Das erste *Gogol-Denkmal* wurde 1909 zu seinem 100. Geburtstag am Anfang des *Pretschistenkij-Boulevards* enthüllt. Es war ein Schock für die Zeitgenossen, denn es zeigte keinen edlen Dichter, keinen strahlenden nationalen Helden, sondern einen müden, zweifelnden Mann, einen Menschen in einer tiefen Krise. In einen weiten Mantel gehüllt sitzt *Gogol* auf einem grob gehauenen Granitsessel, zusammengesunken, den Kopf geneigt nach unten schauend.

Der Bildhauer *Nikolai Andrejew* hatte sich entschieden, nicht den Spötter und Satiriker *Gogol* zu zeigen, nicht den Mann, der mit scharfer Feder Land und Volk, Sitten und Unsitten auseinanderzunehmen in der Lage war. Nicht den Schöpfer der *Petersburger Erzählungen*, der schwarzen Komödie *Der Revisor* oder der unsterblichen *Toten Seelen*, mit denen er das großspurige, später dem Untergang geweihte Gehabe des russischen Landadels karikierte. Stattdessen erzählt dieser *Gogol* von den Jahren des Niedergangs und des Todes. Er erzählt davon, ohne dem Dichter die Würde zu nehmen. Mehr noch. Gerade dieses Trübe, Zögernde, ja auch ein wenig Kleingläubige lässt *Gogols* wahre Größe erahnen.

Nach dem Erfolg der *Toten Seelen* erkrankte *Gogol*, auch an der Seele. Zeitgenössische Ärzte diagnostizierten eine Form der Schizophrenie. Er geriet unter den Einfluss eines Priesters und verbrannte eine Fortsetzung der *Toten Seelen*, möglicherweise in einem Wahnanfall. *Gogol* starb in Moskau an den Folgen übermäßigen Fastens im Alter von nur 42 Jahren.

Schon 1924 war der *Pretschestinskij-Boulevard* in *Gogol-Boulevard* umbenannt worden. Aber *Stalin* gefiel der grübelnde, zweifelnde *Gogol* nicht. Er passte nicht zur neuen Zeit immer größerer Siege. 1951 wurde das Denkmal abgebaut und eingemottet. Am 100. Todestag *Gogols* 1952 erschien auf seinem Platz ein neues. *Gogol* steht nun in voller Körpergröße auf einem hohen Postament, lächelnd, ganz und gar Optimist, ein strahlender Held wie er im Buche steht. Vielen Moskauern gefiel der neue *Gogol* nicht, aber die Zeiten waren nicht nach offener Kritik.

Nach Stalins Tod, während des *Chruschtschow'schen Tauwetters*, konnte der alte, traurige *Gogol* immerhin wieder aus der Verbannung im Museumsexil in die Stadt zurückkehren, wenn auch nicht auf seinen angestammten Platz. Zum 150. Geburtstag 1959 wurde er, keine 400 Meter entfernt, im Hof des Sterbehauses von *Gogol* wieder aufgestellt. Dort sitzt, grübelt und zweifelt er ein wenig verborgen bis heute gegen seinen strahlenden, optimistischen Doppelgänger auf dem Boulevard gegenüber an.

96. Grund

Wegen der Dynamik des Arbeiters und der Kolchosbäuerin

Eigentlich mag ich keine Monumentalkunst. Schon gar keine sowjetische. Meist ist sie wie die Faust aufs Auge. Sie haut einen direkt, ohne Schnörkel mit ihrer Gigantomanie um. Und hinterlässt dann ein tumbes Gefühl der Leere. Der sogenannte *Sozialistische Realismus*, besonders seine stalinsche Ausprägung, gleicht oft Pädagogik nicht mit dem Zeigefinger, sondern mit dem Zaunpfahl. Es gibt aber, das kann in einem so großen Land nicht anders sein, auch Ausnahmen. So eine Ausnahme ist die Skulptur *Arbeiter und Kolchosbäuerin* der Bildhauerin *Wera Muchina* in Moskau.

Am Ende des Moskauer *Friedensprospekts* gegenüber dem gigantischen Hotel Kosmos stehen auf einem fast 35 Meter hohen Sockel ein Arbeiterheld und eine Kolchosbäuerin nebeneinander, selbst noch einmal 25 Meter hoch, jeweils einen Arm vorwärts hoch in den Himmel gereckt. In den Händen Hammer (der Arbeiter) und Sichel (die Bäuerin), die Staatssymbole der Sowjetunion. Die beiden anderen Arme zeigen zurück, so wie auch Kleider, das Tuch der Kolchosbäuerin und ihre Haare wie im Gegenwind ihrer Geschwindigkeit wehen. Dynamisch scheinen diese beiden Heldengestalten in eine lichte Zukunft zu streben, fast fliegen sie.

Geschaffen wurde die Skulptur für die Weltausstellung 1937 in Paris, wo sie direkt gegenüber dem Pavillon des nationalsozialistischen Deutschen Reiches stand, die unmittelbare Konkurrenz der beiden bösen totalitären Diktaturen des 20. Jahrhunderts symbolisierend. Sie krönte dort den sowjetischen Pavillon. Die tonnenschweren Figuren sind eine statische Meisterleistung. Erst durch vor- und zurückgestreckte Arme und die wehende Kleidung bleiben die beiden Monumentalfiguren im Gleichgewicht. Bildhauerin *Wera Muchina* nahm Anleihen bei klassischen griechischen Skulpturen.

Um die Riesenstatue überhaupt nach Paris zu bringen zu können, musste sie in 60 Einzelteile zerlegt werden. 24 Eisenbahnwaggons waren für den Transport nach Frankreich nötig. Was mit *Arbeiter und Kolchosbäuerin* nach der Weltausstellung passieren sollte, war zuerst unklar. Die Stadt Paris hätte das Paar gerne behalten. Doch das machte das Werk von *Wera Muchina* in der Heimat nur noch wertvoller. Erneut wurde die Skulptur zerlegt und zurück nach Moskau gebracht. Dort thront sie nun in drei Sichtachsen, von Süden durch den *Friedensprospekt*, von Westen über die *Akademik-Koroljow-Straße* und von Nordosten entlang der *Jaroslawer Chaussee*.

Wirklich in den Köpfen der meisten Menschen in Russland festgesetzt (und vieler darüber hinaus) haben sich *Arbeiter und Kolchosbäuerin* aber aus einem anderen Grund: Seit 1947 ist das sich drehende Monument das Erkennungszeichen des größten sowjetischen und nun russischen Filmstudios *Mosfilm*.

97. Grund

Weil Russland ein Theaterland ist

Wie viele dramatische Theater es genau in Russland gibt, ist schwer zu sagen. Das russische Statistikamt gibt für 2010 an, dass zum Kulturministerium 579 Theater gehören. Es gibt aber noch eine ganze Reihe privater Theater und Theater, die auf regionaler oder kommunaler Ebene betrieben werden. Wie dem auch sei. Es sind sehr viele, und sie sind meist gut besucht. Zum Vergleich: Der Deutsche Bühnenverein zählt für Deutschland, alles zusammengerechnet, rund 500 Theaterhäuser und Ensembles.

Natürlich spielen nicht alle diese Theater auf Weltniveau. Nicht alle haben *Shakespeare*, *Puschkin*, *Schiller* oder den russischen Klassiker *Alexander Ostrowskij* auf dem Spielplan. Aber allein in Moskau dürfte es mindestens 12 bis 15 Theater geben, deren Aufführungen an jedem beliebigen Ort der Welt großen Beifall bei Kritikern und Publikum fänden. Doch die Theaterbegeisterung und Theaterkunst beschränkt sich nicht nur auf Moskau und vielleicht St. Petersburg. Und auch nicht auf die anderen großen regionalen Zentren. Selbst in kleinen Kreisstädten finden sich oft Theater mit einem großen Repertoire, ausgezeichneten Regisseuren und fantastischen Schauspielern. Überhaupt dürfte die russische Schauspielausbildung, die in vielem auf den großen Theaterreformer *Konstantin Stanislawskij* zurückgeht, immer noch eine der besten der Welt sein.

Das alles führt zu einer enormen Ausdehnung und Breite. Immer, wenn ich in den russischen Regionen unterwegs bin, versuche ich, so es sich einrichten lässt, ein örtliches Theater zu besuchen. Nur selten wurde ich bisher enttäuscht. Einmal gar, vor etwa 10 Jahren in der kleinen Stadt *Lyswa* in der Region *Perm*, irgendwo im Nichts des nördlichen Ural gelegen, war ich geradezu erschüttert. Das zeitgenössische Stück eines englischen Autors handelte vom sexuellen Missbrauch von Kindern in einer Familie. Das Spiel der Schauspielerinnen und Schauspieler war so intensiv, ging so unter die Haut, dass ich es bis heute spüre. Wir haben dann versucht, eine Tournee der Truppe nach Deutschland zu organisieren. In Wien sind sie gewesen.

Mein Moskauer Lieblingstheater (und hier ist die Auswahl groß und damit schwer) ist ein recht neues, das sich gar nicht Theater nennt. Dieses *Studio der Theaterkunst* entstand in den 2000er-Jahren aus einer Schauspielschulklasse des Theaterregisseurs *Sergej Schenowatsch* und logiert am Rande der Moskauer Innenstadt an der *Stanislawskijstraße* in einem umgebauten ehemaligen Fabrikgebäude aus rotem Backstein. Die Fabrik gehörte vor der Revolution der Familie *Stanislawskij*. Entsprechend ist die Truppe recht jung, mit zwei, drei älteren Schauspielern für die gesetzteren Rollen, für die junge Gesichter so gar nicht passen wollen.

Schon die Atmosphäre des Foyers unterscheidet sich von den meisten anderen Theatern in Moskau. An einem langen, groben Holztisch, mal mit weißer Tischdecke, mal ohne, sitzen die Zuschauer schon vor der Aufführung und trinken Tee oder ein Glas Wein. Wenn es im Stück Livemusikbegleitung gibt, spielen die Musiker oft auch vor Beginn oder in der Pause. Manchmal mischen sich die Schauspieler unters Publikum. Das Repertoire umfasst fast die gesamte russische Klassik und moderne Klassik von *Dostojewksi* und *Tschechow* über *Gogol* zu *Bulgakow* und *Wenedikt Jerofejews Die Reise nach Petuschki* (siehe Grund 16).

Besonders blieb mir die Inszenierung der wenig bekannten Erzählung *Der Fluss Potudan* von *Andrej Platonow* in Erinnerung. Sie fand in einem kleinen, etwa 15 mal 15 Meter großen, leeren und weiß gestrichenen Saal statt. An drei Seiten saßen vielleicht 30 Zuschauer, die zuvor am großen Tisch im Foyer mit Schwarzbrot, Speck und Tee aus Blechtassen begrüßt worden waren. Die Mobiltelefone wurden am Eingang eingesammelt.

Das Stück erzählt von einem jungen Soldaten, der 1922 aus Krieg und Bürgerkrieg nach Hause zu Vater und Geliebter zurückkehrt. Alles könnte gut werden. Sie überstehen Hunger und Krankheiten, nehmen alles an und kämpfen. Aber die Sprachlosigkeit des Soldaten, seine Unfähigkeit, über die Grauen des Kriegs zu sprechen, zerstören alles. Es ist eine sehr zarte und gleichzeitig unendlich harte Geschichte über die Dinge, über die man normalerweise nicht redet. Über Einsamkeit, über Momente der Vertrautheit, über unvorstellbare Schwierigkeiten und die einfachen, aber großen Freuden des Alltags. Und zum Schluss über Verzweiflung, vor der es keine Rettung gibt. Nur den gemeinsamen Untergang.

Das alles erzählen die Schauspieler des *Studios der Theaterkunst*. Nein, sie erzählen es nicht, sie durchleben es und ermöglichen erst dadurch ihren Zuschauern, es auch zu durchleben. Die notwendige Intimität dafür wurde mit Tee, Speck und Schwarzbrot schon im Foyer geschaffen.

98. Grund

Weil es so viele Wohnungen und Häuser gibt, die zu Museen umgewandelt wurden

In seinem fantastischen Jahrhundertroman *Meister und Margarita* lässt *Michail Bulgakow* den Teufel namens *Voland*, der mit seiner Suite in den 1920er-Jahren Moskau heimsucht, in einer Wohnung am Moskauer Gartenring Residenz nehmen. Die *ungute Wohnung Nr. 50 im Haus 302-bis* nennt der Autor die Räumlichkeiten, in denen er das zentrale und abschließende Teufels- und Hexenfest spielen lässt. Diese *ungute Wohnung* ist nicht nur Fiktion, es gibt sie wirklich. *Bulgakow* selbst hat in ihr gewohnt und sie nicht gemocht. In einem Brief an seine Schwester nannte er sie *schändliche Zimmer in einem schändlichen Haus*. Heute ist die Wohnung ein Wallfahrtsort. In ihr, die tatsächliche Adresse ist die *Große Gartenstraße 20, Wohnung 50*, befindet sich ein *Bulgakow*-Museum. Der Treppenaufgang ist mit Zeichnungen übersät, die Motive aus dem Roman zeigen, besonders den schwarzen Kater des Teufels namens *Begemot*.

Solche Wohnungen (und anderswo Häuser), die zu Museen wurden, weil in ihnen jemand Berühmtes lebte oder wirkte, nennt man in Russland *Dom-Musej*, Haus-Museen. Allein in Moskau gibt es mehrere Dutzend von ihnen, für den großen Opernsänger *Fjodor Schaljapin*, für den Schriftsteller *Iwan Turgenjew*, für den Revolutionär *Alexander Herzen*, den Dichter *Anton Tschechow*, den bolschewistischen Kulturfunktionär *Anatolij Lunatscharskij*, die Dichterin *Marina Zwetajewa* und viele andere mehr.

Natürlich auch für *Alexander Puschkin*. Sogar gleich zwei. *Alexander Puschkin* ist Russlands, wie ein Bonmot sagt, *Ein-und-alles*. Wahrscheinlich deshalb ist nach ihm gleich eine ganze Kleinstadt, die *Puschkinskije Gory* (etwa: Puschkinberge) heißt, benannt. Die ganze Geschichte ist allerdings ein wenig komplizierter. Diese in einer lieblichen und hügeligen Landschaft im russischen Nordwesten nahe der Grenze zu Lettland und Estland gelegene Siedlung hieß bis zur Revolution (und also auch zu Puschkins Lebzeiten von 1799 bis 1837) *Swajtogorsk*, also etwa *Heiligenberg*, nach einem im Zentrum gelegenen Kloster. Das konnten die gottlosen Bolschewisten so nicht lassen. 1925 wurde *Swjatogorsk* deshalb in *Puschkinskije Gory* umbenannt, weil der Dichterfürst tatsächlich adeliger Abstammung war und seine Familie unweit des Klosters ein Landgut mit dem Namen *Michailowskoje* besaß. In *Michailowskoje*, wo *Puschkin* von 1824 bis 1826 wegen atheistischer Vorlieben zwei Jahre in der Verbannung (soll heißen, fern von St. Petersburg) verbringen musste, ist heute ein

Museum, das an den Dichter und seine Zeit hier erinnert. Ein weiteres *Dom-Musej* für *Puschkin* gibt es in St. Petersburg, ganz im Stadtzentrum an der Uferstraße der *Mojka* gelegen. In diesem Museum ist das Sterbebett *Puschkins* zu sehen, auf dem der Dichter einer bei einem (natürlich verbotenen) Duell erlittenen Schusswunde erlag.

Vielleicht nicht ganz in die Kategorie des Haus-Museums passt *Jasnaja Poljana*, der gut 200 Kilometer südlich von Moskau gelegene Familiensitz von *Lew Tolstoj*. Das Gut gehörte der Familie seit dem 16. Jahrhundert und umfasste, als der 18-jährige *Tolstoj* es erbte, 1.800 Hektar Land, fünf Dörfer und 300 Leibeigene. Allerdings schaffte es der junge Mann, sein Erbe binnen drei Jahren durchzubringen. *Tolstoi* ist in einem schlichten Grab beerdigt. Wieder waren es die Bolschewisten, die 1921 aus dem ehemaligen Herrenhaus ein Literaturmuseum machten, das bis heute jedes Jahr viele Tausend Menschen anzieht.

Für viele kleine Städte oder gar Dörfer sind diese Haus-Museen oft die einzige Sehenswürdigkeit. Eben deshalb und oft nur deshalb sind sie im ganzen Land oder zumindest regional bekannt. Ein solches Dorf ist *Srostki*, im *Altai* (siehe Grund 22) am Ufer der *Katun* gelegen, die einige Dutzend Kilometer flussabwärts nach dem Zusammenfluss mit der *Bija* den sibirischen Strom *Ob* bildet. Das 3.000-Seelen-Dorf wäre wahrscheinlich ebenso unbekannt wie die meisten der rund 130.000 russischen Dörfer (siehe Grund 26), wäre hier nicht 1929 der sowjetische Regisseur, Schauspieler und Schriftsteller *Wassilij Schukschin* geboren. *Schukschin*, ein einfacher Bauernjunge, dessen Vater 1933 zusammen mit der Hälfte der männlichen Bevölkerung *Srostkis* als angeblicher *Volksschädling* erschossen wurde, schaffte es mit seinem Talent bis in die Hauptstadt Moskau und sogar noch darüber hinaus. Für seinen Erstlingsfilm *Es lebt so ein Kerl* gewann er 1964 bei den Internationalen Filmfestspielen von Venedig den Löwen von San Marco für den besten Kinderfilm. Der Film ist aber auch für Erwachsene durchaus sehenswert. *Schukschins* oft lakonische, meist bitter-süßen Kurzgeschichten und Erzählungen über Menschen vom Land gehören bis heute zum Lesekanon in russischen Schulen, und es ist ein Jammer, dass sie auf Deutsch kaum noch verlegt werden. In *Srostki* wurde die alte Schule, ein Holzgebäude, in dem *Schukschin* zwei kurze Jahre unterrichtet hatte, bevor er nach Moskau ging, inzwischen zu einem *Schukschin-Museum* umgebaut.

99. Grund
**Weil sich Russen meist sehr leicht
in genau zwei Kategorien einteilen lassen:
die einen lieben Dostojewskij, Tee und Käse,
die anderen Tolstoj, Kaffee und Wurst**

Dass Russland allen Urteilen und Vorurteilen zum Trotz kein wirklich einheitliches Land ist, habe ich bereits am Beginn dieses Buches in mehreren Gründen zu beschreiben versucht. Es gibt jede Menge Brüche. Es gibt ein städtisches und ein dörfliches Russland (eine Trennung, sie sich in den 1960er-, 1970er- und 1980er-Jahren sogar in der Literatur durch eine eigene Dorfprosa ausdrückte). Es gibt ein russisches Russland (im Sinn der ethnischen Bedeutung des Adjektivs *russkij*) und ein Russland der vielen und ganz unterschiedlichen Nationalitäten mit ihren eigenen Kulturen, eigenen Sprachen und sogar eigenen Republiken – wenn auch innerhalb des gemeinsamen Staates Russland. Es gibt, seit der zweiten Hälfte des 19. Jahrhunderts, *Slawophile* und *Westler*, also diejenigen, die einen besonderen, eigenständigen russischen Weg postulieren, und diejenigen, die davon überzeugt sind, dass Russland untrennbar zu Europa gehört.

Eine etwas weniger dramatische, aber vielsagende Trennlinie in Russland ist die zwischen Fans von *Fjodor Dostojewskij* und von *Lew Tolstoj*, die beiden vielleicht berühmtesten russischen Weltschriftsteller. Fast jeder kennt *Dostojewskijs* Romane *Schuld und Sühne* oder *Die Brüder*

Karamasow und Tolstojs *Krieg und Frieden* oder *Anna Karenina*. *Dostojewskij* und *Tolstoj* waren fast gleich alt und lebten zeitweise in derselben Stadt, in St. Petersburg, sollen sich aber, kaum zu glauben, nie begegnet sein. Publizistisch haben sie sich aber schon beharkt. Doch zurück zur Trennlinie. Wenn man fragt, so findet man in Russland nur sehr wenige Menschen, die *Tolstoj* und *Dostojewskij* gleich schätzen. Entweder ist jemand *Dostojewskij*-Fan oder mag eben *Tolstoj*.

Meine Frau, selbst Philologin, behauptet gar, man könne diese Einteilung in *Dostojewskij*-Verehrer und *Tolstoj*-Anhänger noch weitertreiben. Wer *Dostojewskij* liebe, gebe auch Tee und Käse den Vorzug vor Kaffee und Wurst. Bei *Tolstoj*-Fans sei das umgekehrt. Bei ihr zumindest, einer überzeugten *Dostojewskij*-Frau, stimmt das. Ansonsten hat eine kleine, private Umfrage eher gemischte Ergebnisse hervorgebracht. Der Antagonismus der beiden Schriftsteller ist aber auch literaturwissenschaftlich und im russischen Feuilleton ein Thema. Irgendwo habe ich einmal gelesen, *Tolstoj*, das sei wie eine Allee von Bäumen am Ufer eines Flusses, während *Dostojewskij* das flimmernde Spiegelbild der Bäume im fließenden Wasser sei.

Tolstoj wird oft zugeschrieben, er stelle die äußere Welt dar, die Physis. Seine Romane seien prall, realistisch, voller Leben. *Dostojewskij* dagegen beschäftige sich mehr mit dem Inneren, ja neige einer selbstbetrachtenden Innerlichkeit zu. *Tolstoj* zeige den Körper und wie er funktioniere, *Dostojewskij* dagegen untersuche die Seele, das, was den Körper erst zum Leben und Leuchten bringe. Oder, um noch einmal auf das Bild von den Bäumen zurückzukommen: *Tolstoj* zeigte den Baum in all seiner Blätterpracht, mit seiner ausladenden Krone und der Rinde mit ihren Narben, während *Dostojewskijs* Welt die des Wurzelwerks ist, verborgen unter der Erde, verwirrt und weitverzweigt, das aus der Erde erst die Nahrung für den *Tolstojschen* Baum zieht.

Schon zu Lebzeiten wurde *Dostojewskij* immer wieder der Vorwurf gemacht, seine Helden und Heldinnen seien nicht realistisch genug (es war das Zeitalter des *Realismus*). So wie er es in seinen Romanen beschreibe, sei die Welt einfach nicht, das sei zu ausgedacht. Er selbst antwortete darauf so: »Man nennt mich einen Psychologen: Das stimmt nicht, ich bin nur ein Realist in einem höheren Sinn, das heißt, ich zeige die Tiefen der menschlichen Seele.«

100. Grund

Weil Kasimir Malewitsch fünf schwarze Quadrate malte und damit berühmt wurde.

Kasimir Malewitsch konnte malen. Richtig malen. Nicht nur schwarze Quadrate auf weißem Grund. Obwohl er genau dafür bekannt und berühmt wurde. Als Erfinder des *Suprematismus* und Wegbereiter des *Konstruktivismus*. Das war 1913. *Malewitsch* hatte als Bühnenbildner in St. Petersburg an der avantgardistischen Oper *Sieg über die Sonne* mitgearbeitet und auf den Bühnenvorhang das berühmte *Schwarze Quadrat* gemalt, die ultimative Reduzierung jeder Malerei.

Eigentlich ist nicht ganz klar, was *Kasimir Malewitsch* in einem Buch über Russland zu suchen hat. Jedenfalls nicht schlussendlich. Seine Eltern stammten aus Polen, aus Warschau, das Mitte des 19. Jahrhunderts, nachdem Russland, Deutschland und Österreich das Land zum wiederholten Male unter sich aufgeteilt hatten, aber zum russischen Imperium gehörte. Nachdem sie sich am Aufstand gegen die russischen Besatzer von 1863 beteiligt hatten, flohen sie nach Kiew, wo *Malewitsch* geboren wurde. Kiew, die Hauptstadt der Ukraine, war damals auch Teil des Russischen Imperiums. Zu Hause bei den *Malewitschs* wurde polnisch, ukrainisch und russisch gesprochen. Später dann zog die Familie ins russische Kursk. Als er erwachsen war, ging *Kasimir Malewitsch* nach Moskau und studierte, gegen den Willen seines Vaters, Malerei.

1915 schrieb er das Manifest *Vom Kubismus zum Suprematismus*. Das zweite *Schwarze Quadrat* malte er auf den Umschlag und stellte das dritte *auf weißem Grund* in einer Galerie in *Petrograd* aus (wie St. Petersburg von Kriegsausbruch 1914 bis zur Umbenennung in Leningrad nach Lenins Tod 1924 genannt wurde). In der Galerie hing das Quadrat in der rechten oberen Ecke, dort wo in Häusern von orthodoxen Christen die Ikonen hängen. Letztendlich sollten es fünf *Schwarze Quadrate* werden. Nach der Revolution stieg *Malewitsch* kurzfristig zum Kulturfunktionär auf und beaufsichtigte unter anderem die Kunstsammlungen des Kremls.

1926 drehte sich der ideologische Wind. *Stalins* Kampf gegen die Avantgarde begann. *Kasimirs Malewitsch* passte sich an, ein wenig zumindest, und kehrte zur figurativen Malerei zurück. Seine Motive stammten nun aus dem Landleben. Die unter der Zwangskollektivierung leidenden Bauern wurden in den Bildern nach und nach zu verstümmelten Puppen. Das war *Malewitschs* Protest gegen den Gulag.

Kurz vor seinem Tod 1935 kehrte *Malewitsch* noch einmal zu einer realistischen Malweise zurück. Allerdings verweigerte er sich weiter dem nun nicht nur vorherrschenden, sondern wirklich herrschenden *Sozialistischen Realismus*, indem die Menschen in seinen Porträts (und er war ein grandioser Porträtist) Renaissance-Kleidung trugen. Begraben wurde er im Dorf *Nemtschinowka*, wenig westlich außerhalb von Moskau auf dem Gelände seiner Datscha. Das Grab existiert heute nicht mehr. Vielleicht passend für einen Maler, der die Malerei in einer Idee aufzuheben trachtete.

101. Grund

Weil ich Rachmaninow und Tschaikowsky liebe

Je mehr ich Musik von *Sergej Rachmaninow* und *Pjotr Tschaikowsky* höre, umso mehr liebe ich sie. Langweilig und fast schon kitschig könnte man das nennen. Ausgerechnet *Tschaikowky* und *Rachmaninow*, die Popstars unter den russischen Komponisten. Vielleicht bin ich ja tatsächlich langweiliger und mehr kitschgeneigt, als ich mir das eingestehen möchte. Vielleicht. Es könnte aber auch gut sein, dass so große, viel gespielte und berühmte Klassiker wie diese beiden einfach deshalb große, viel gespielte und berühmte Klassiker sind, weil sie so gut sind. Dass sie nicht deshalb in aller Ohren sind und immer wieder gespielt werden, weil ihre Musik so süffig und eingängig ist, wie manchmal behauptet wird, sondern weil ihre Musik so groß und so zeitlos ist, dass man einfach nicht an ihnen vorbeikommt. Vielleicht ist es gerade diese Zeitlosigkeit und Popularität, die von ihrem Genie und von ihrer Größe zeugt. Wie dem auch sei: Ich jedenfalls liebe ihre Musik und kann nicht genug davon bekommen.

Rachmaninow wird mitunter vorgeworfen, seine Musik sei so süß, sie könnte aus einem Hollywoodfilm stammen. Ich denke, auch aus historischen Gründen, dass eher umgekehrt ein Schuh daraus wird. Hollywood, überhaupt das große Kinoepos, hat *Rachmaninow* unendlich viel zu verdanken. Der Eindruck des angeblich Süßen, süffigen seiner Musik scheint mir eher daher zu kommen, dass sie Gefühle so direkt auszudrücken und anzusprechen versteht. Wer kann sich schon der tiefen, aber eben ehrlichen, nicht gespielten Traurigkeit seines 2. Klavierkonzerts entziehen. Ich nicht. Eigentlich müsste man die CD-Hülle oder den Download-Link mit dem Warnhinweis versehen: Für an Depression leidende Menschen ungeeignet. Andererseits wiederum gilt weiter der Aphorismus von Hermann Hesse, dass der beste Weg durch den Schmerz mitten hindurch sei. *Tschaikowski* dagegen scheint mir indirekter als Rachmaninow – und direkter zugleich. Seine Musik umschmeichelt die Zuhörer nicht, sie überwältigt sie. *Ras i nawsegda*, wie es auf Russisch heißt. Ein für alle Mal!

Hinzu kommt, dass die Liebe zur klassischen Musik in Russland noch keine so feste Kulturschranke bildet wie in Deutschland. Zwar gibt es auch hier die Tendenz, dass Menschen, je wohlhabender sie sind und je gebildeter, umso eher klassische Musik vorziehen. Aber

Wohlstand und Bildung sind noch nicht so eng verbunden wie im Westen. Bei Konzerten im Moskauer *Tschaikowski*-Konzertsaal kann man das sogar sehen. Der riesige, gut 1.500 Zuschauer fassende Saal ist nicht immer ausverkauft. Kurz bevor die Konzerte beginnen, werden deshalb oft zusätzliche Zuschauer und Zuschauerinnen eingelassen, die sich auf die frei gebliebenen Plätze setzen. Dafür liegen sehr billige Tickets an der Abendkasse bereit. Unter diesen zusätzlichen Gästen des Konzertsaals dominieren zwei Kategorien: junge Menschen, vermutlich Studenten, und ältere Frauen, meist ein wenig altmodisch und mitunter gar ärmlich gekleidet.

Glücklicherweise führt klassische Musik in Russland alles andere als ein Schattendasein. Allein in Moskau gibt es fünf oder sechs Symphonieorchester von internationalem Niveau. Die Ausbildung von klassischen Musikern wird überall im Land hochgehalten, und der alle vier Jahre in Moskau (und seit 2011 auch in St. Petersburg) ausgetragene *Tschaikowski-Musikwettbewerb* gilt als einer der wichtigsten weltweit. In Moskau gibt es eine ganze Reihe von Konzertsälen, die ausschließlich oder vorwiegend klassischer Musik vorbehalten sind. Die beiden wichtigsten tragen den Namen *Tschaikowskys*, der *Tschaikowsky-Konzertsaal* und der *Große Saal des Tschaikowsky-Konservatoriums*. Ein dritter Saal ist übrigens nach *Sergej Rachmaninow* benannt.

Kapitel 10

Natur und Geografie

102. Grund

Weil Moskaus ganz weit im Westen liegt

Sehr oft, wenn man mit Russen über Russland spricht und sie nicht aus Moskau kommen (und mitunter selbst dann, wenn sie Moskauer sind), fällt irgendwann die Bemerkung, man solle sich nicht täuschen, Moskau sei nicht Russland. Gemeint ist natürlich nicht, dass Moskau überhaupt nicht Russland sei, wohl aber, dass Russland viel mehr als nur Moskau, dass das Leben im großen, weiten Land mit dem in dieser so dominanten Megastadt nicht zu vergleichen ist, so straff-zentral Russland, von diesem Moskau aus, auch immer regiert wird. Das ist so banal, wie es immer wieder wiederholt werden muss.

Ganz oft habe ich Besucher aus dem westlich von Russland gelegenen Teil von Europa erlebt, die sich von der Grandiosität Moskaus, seiner Schnelligkeit, seinem Glanz, seinen schwarzen Porsche-Bentley-Landrover-Karossen, seinem Alles-ist-24-Stunden-lang-offen blenden ließen. In Wirklichkeit ist Russland ein Land mit enorm großen Kontrasten, auch wenn in vielen Köpfen die Vorstellung vom sowjetischen, sozialistischen, also irgendwie nivellierten, einheitlichen Land weiterlebt.

Ein bisschen sind die Russen an dieser Vorstellung auch selbst schuld. Die Gegend um Moskau herum heißt ganz offiziell *Zentralrussland*. Dabei liegt Moskau im allerwestlichsten Zipfel des Landes. Ich habe mir deshalb angewöhnt, Besucher, die erstmals nach Russland gekommen sind, vor meine etwa zwei mal drei Meter große Russlandkarte zu führen. Ganz links ist da ein Zipfel von Deutschland zu sehen, unter anderem mit Berlin. Gemessen an der Größe der Karte liegt direkt daneben Moskau. Und dann zieht sich Russland die ganzen drei Meter im Halbkreis um den Nordpol, bis in der rechten oberen Ecke die Asien von Amerika trennende Beringstraße erreicht ist.

In Zahlen sieht das so aus: Von Moskau bis zur Westgrenze bei *Smolensk* (hinter dem dann Belarus anfängt) sind es weniger als 500 Kilometer. In der anderen Richtung, also bis zum Stillen Ozean, nach *Wladiwostok*, nach *Kamtschatka* oder der dem gegenüber von Alaska gelegenen *Tschukotka* (siehe Grund 20) ist man dagegen leicht über 9.000 Kilometer unterwegs oder noch darüber hinaus (wobei es nach *Kamtschatka* oder *Tschukotka* keine Straßen mehr gibt, man also auf Schiff oder Flugzeug angewiesen ist).

Andererseits wiederum ist das mit *Zentralrussland* auch nicht ganz so falsch. Denn erstens ist diese Bezeichnung eine historische und bezieht sich immer noch mehr auf das Russische Reich und die Sowjetunion als Russland in seinen heutigen Grenzen. Damals lag Moskau tatsächlich zentraler als heute, weil das Land eben größer war. Das ist ein wenig vergleichbar mit der Bezeichnung *Mitteldeutschland* für die Gegend, die heute die Bundesländer Thüringen und Sachsen ausmachen. Vor dem Ende des Zweiten Weltkriegs lag dieser Teil Deutschlands tatsächlich etwa in der Mitte zwischen Königsberg in Ostpreußen und Freiburg ganz unten im Südwesten. Heute ist es der Osten Deutschlands. So schnell ändern sich geografische Bezeichnungen nicht, zumal viele Menschen in Russland vielleicht nicht der Sowjetunion konkret nachtrauen, wohl aber dem Land in den Grenzen der Sowjetunion.

Und noch einen Grund gibt es dafür, die Gegend um Moskau tatsächlich als den zentralen Teil Russlands anzusehen. Hier, im europäischen Teil des Landes, der von der Fläche nur etwas mehr als 10 Prozent ausmacht, leben 80 Prozent der Menschen. Das zeigt zweierlei: Erstens, wie leer es in Sibirien (und weiter im Fernen Osten) tatsächlich ist. Und wie europäisch Russland trotz aller Koketterie damit, nicht wirklich ein *europäisches* Land zu sein, tatsächlich ist.

103. Grund

Weil es hier mit dem Baikalsee den ältesten und tiefsten See der Welt gibt

Der *Baikalsee* ist ein Gewässer der Superlative: der tiefste See der Welt, der See mit dem meisten Süßwasser, der älteste See der Welt. Allein das alles reichte schon aus, ihn besonders zu machen. Aber zusätzlich ist er auch noch wunderschön, herrlich sauber und von grandioser Natur umgeben. Und er ist ein Heiligtum, zumindest für die an seinen Ufern lebenden *Burjaten*.

Doch bevor ich mich von meiner Begeisterung weiter forttragen lasse, ein paar nüchterne Zahlen. Rund 650 Kilometer streckt sich der See in Südwest-Nordost-Richtung in einem Grabenbruch durch die ostsibirische Taiga. An der tiefsten bisher gemessenen Stelle ist er 1.642 Meter tief. An der breitesten Stelle ist er über 80 Kilometer breit, im Schnitt sind es 60. Der *Baikalsee* hat 336 Zuflüsse, aber mit der *Angara* ganz unten im Südosten nur einen Abfluss. Von den mehr als 2000 Tierarten, die im und am *Baikalsee* heimisch sind, sind mehr als die Hälfte endemisch, das heißt, es gibt sie nur hier. Die beiden bekanntesten sind die *Nerpa* und der *Omul*.

Die *Nerpa* oder auch Baikalrobbe ist die einzige Süßwasserrobbe der Welt. Bis zu 100.000 dieser Fischfresser gibt es noch im *Baikalsee*. Der *Omul* ist eine Lachsart. Bekannt ist er allerdings in Russland, weil er so gut schmeckt. *Omul* ist eine gesuchte Delikatesse. Heiß oder kalt geräuchert wird *Omul* überall an den Straßen rund um den *Baikalsee* verkauft. Und natürlich auch in der Ostsibirien- und Baikalmetropole *Irkutsk*, einer 500.000-Einwohner-Stadt, 40 Kilometer westlich des Sees am Ufer der *Angara* gelegen.

Bewohnt und bebaut ist der *Baikalsee* nur in der Südhälfte. Der Norden ist unzugängliche Wildnis. Der See selbst und ein großer Teil der Uferzonen sind Naturschutzgebiete. Leider werden die Schutzbestimmungen immer wieder verletzt. Insbesondere in Fahrweite von

Irkutsk sind in den vergangenen Jahren sehr viele illegale *Datschen* entstanden.

Die größte Gefahr für die Umwelt am *Baikalsee* ging viele Jahre von einem großen Zellulosewerk in *Baikalsk* am Südostufer aus. Schon in der Sowjetunion war diese Gefährdung ein Thema, das der populäre Spielfilm *Am See* bereits 1970 behandelte. Lange Jahre kämpften ökologische Aktivisten für eine Schließung des Kombinats, das im Dezember 2013 endlich zugemacht wurde. Ein weiteres, nicht weniger großes Problem ist der Zufluss *Selenga*. An ihrem Ufer liegt, etwa 100 Kilometer flussaufwärts, *Ulan-Ude*, die Hauptstadt der *Republik Burjatien*, in der auch fast eine halbe Million Menschen lebt. Deren nicht sonderlich gut geklärte Abwässer, vor allem aber die Abwässer der Industrie, gefährden den *Baikalsee* weiter.

Um die Südspitze herum schlängelt sich die Transsibirische Eisenbahn. Beim Bau, Ende des 19. Jahrhunderts, war die heutige Streckenführung von Irkutsk direkt nach *Sljudjanka* an der Südspitze des Sees umstritten. Wegen des gebirgigen Geländes fürchtete man, die damaligen Lokomotiven würden die steilen Anstiege nicht schaffen. Deshalb wurde zuerst eine Strecke am Ufer der *Angara* bis zum Seeufer fertiggestellt. Ab 1900 transportierten zwei Dampfschiffe Passagiere und Fracht über den See zum anderen Ufer. Im Winter wurden Pferdeschlitten eingesetzt. Ab 1901 wurden dann im Winter auch Schienen gelegt und die Waggons mit Pferden über den See gezogen. Beim Versuch, eine Lok über das Eis fahren zu lassen, brach sie ein und versank im See. 1904 war dann die auch heute noch genutzte Umgehungsstrecke fertig, und die Eisabenteuer waren beendet. Für Touristen fährt aber auch heute noch eine Uferbahn vom Ausfluss der Angara bis nach *Sljudjanka*.

Am südlichen Ostufer gibt es dann nördlich des stillgelegten Zellulosekombinats von *Baikalsk* zahlreiche Naturparks, bis man an die *Selenga* gelangt. Das Delta der *Selenga* ist das größte Süßwasserdelta der Welt, ein eigenes Naturschutzgebiet und ein Paradies vor allem für viele Vögel. Um über die *Selenga* weiter nach Norden zu gelangen muss man mit einer Fähre übersetzen, eine Brücke gibt es nicht. Danach hört die asphaltierte Straße bald auf, und es geht auf Schotterpisten weiter, je nach Jahreszeit mehr oder weniger schnell und bequem. Die Straße, wenn man sie so nennen kann, führt noch bis zum nächsten größeren Fluss, dem *Bargusin*, unweit des Baikalufers nach Norden. Dann ist Schluss. Der gesamte Norden des Sees ist unerschlossen, eine urwäldliche Wildnis.

Der *Bargusin* mündet in eine weite, fast kreisrunde Bucht, die auf den ersten Blick auch in der Karibik liegen könnte, so blau ist der See, so weiß ist der Strand. Rundherum stehen alte Kiefern. Wenn nur die Luft nicht selbst im Sommer kaum über 20 Grad warm werden würde und das Wasser nicht über 12. In der anderen Richtung, den *Bargusin* hinauf, kommt man in die nördlichste Steppe Russlands und dann zur gleichnamigen Stadt (siehe Grund 25). Danach ist ebenfalls Schluss. Irgendwo weit, weit dahinter fängt dann *Jakutien* an oder *Sacha*, wie die Republik seit einigen Jahren auf Jakutisch heißt. *Jakutien*, das sind gut 3 Millionen Quadratkilometer Taiga und Tundra bis zum Nordmeer, auf denen eine knappe Million Menschen lebt. Viel leerer wird es auf dieser Erde außerhalb der Antarktis nicht.

Wenn man Glück, Verhandlungsgeschick und genug Geld hat, findet man in der Siedlung an der *Bargusin*-Mündung, die genau so heißt, ein Schiff mit Besatzung, um sich über den *Baikalsee* zur nach *Olchon*, der größten Insel im See, schippern zu lassen. Die Tour fängt in aller Frühe an, und bald geht die Sonne über dem Ostufer des Sees auf.

Auf *Olchon* sieht man wohl ein wenig in die Zukunft des *Baikalsees*. *Tschuschir*, der Hauptort, ist ein sehr internationaler Ort, der in der Reisesaison von Juni bis September nur so vor Ausländern wimmelt. Die meisten kommen aus der EU und aus Nordamerika. Aber auch unter jungen chinesischen und japanischen Touristen ist der See inzwischen beliebt. Noch sind das eher abenteuerlustige Menschen, was sie auch sein müssen, da die touristische Infrastruktur zu wünschen überlässt. Aber das bessert sich von Jahr zu Jahr.

Bleibt zu hoffen, dass die Bemühungen vieler Bewohner um den *Baikalsee*, hier einen sanften, nachhaltigen Tourismus aufzubauen, der so weit es geht im Einklang mit dieser wahnsinnig schönen Natur steht, Erfolg haben.

104. *Grund*

Weil 1000 Kilometer keine Entfernung sind

Die Feststellung, Russland sei unheimlich groß, ist banal. Das weiß jeder. Wer will, kann es ausprobieren. Zum Beispiel bei einer Reise mit der Transsibirischen Eisenbahn. Die Geschwindigkeit dort ist noch nicht im Superschnellzugzeitalter angekommen. Die ellenlangen Züge zockeln eher so dahin. Wer so in Russland reist, braucht immer noch Zeit. Das wirkt sich auch aufs Gemüt aus. Und auf das Gefühl für Entfernung.

Anfang der 1990er-Jahre war ich in Russland, was Wunder, oft in mir noch unbekannten Städte oder Gegenden unterwegs. Mietwagen gab es damals noch nicht, also besorgte man sich irgendwie ein Auto mit Chauffeur, der meist der Besitzer war. Das konnten Freunde sein oder Freunde von Freunden. Manchmal waren es auch Berufsfahrer, die ihr Dienstauto für einen, gemessen an ihrem damaligen Gehalt, eher guten Nebenverdienst nutzten. Es gab zwar Taxis, aber aus irgendeinem Grund war das wohl zu einfach.

Da ich den Weg meist nicht kannte, fragte ich oft, wie weit es denn sei, wie lange wir denn brauchen würden. Die Standardantwort war immer: Nicht weit! Nicht lange! Und dann fuhren wir. Und fuhren. Und fuhren. Wenn ich dann nachfragte, mitunter, wie ich zugeben muss, auch mit leicht genervtem Unterton, hieß es mit oft verwunderter Stimme, wir seien doch noch gar nicht so lange unterwegs und bald auch schon da. Ganz offenbar hatten meine Begleiter und ich recht unterschiedliche Vorstellungen davon, was *weit* und was *lange* bedeutet.

Ein guter Freund erklärte mir die Sache dann eines Abends beim Wodka mit einem kleinen Trinkspruch: 1000 Kilometer, erklärte er, seien in Russland keine Entfernung. 20 Grad minus keine Kälte. Und 40 Prozent Alkohol noch lange kein Wodka.

105. Grund

Wegen der weißen, unwirklichen Mauern des Solowki-Kolsters im Weißen Meer

Nur 150 Kilometer südlich des Polarkreises, 1.200 Kilometer nördlich von Moskau ragt, nur etwa 40 Kilometer vom Festland entfernt, ein kleiner Archipel aus dem Weißen Meer, die *Solowki-Inseln*. Diese im Ausland kaum bekannten Inseln sind in Russland, im Guten wie im Schlechten, ein Mythos. Schon in der Steinzeit waren sie besiedelt, wovon bis heute Steinkreise zeugen. Durch den Golfstrom, der am Nordkap vorbei auch das Weiße Meer wärmer macht als anderswo in diesen hohen Breiten, herrscht hier ein vergleichsweise mildes Mikroklima. Zwar ist auch der Winter lang und dunkel, aber im kurzen Sommer geht die Sonne kaum unter, und die Natur holt alles Verpasste in Windeseile nach.

Die moderne Siedlungsgeschichte begann auf den *Solowki*, wie so oft in Russland, mit Mönchen. Diese der Welt entsagenden Männer des Glaubens haben in der Orthodoxie ein besonders großes Ansehen. 1429 setzten zwei später zu Heiligen erklärten Mönche vom Festland herüber und ließen sich auf den *Solowki* nieder. Auf dem Axtberg, russisch *Sekirnaja Gora*, errichteten sie ihre erste Unterkunft. Später begannen sie mit dem Bau eines Klosters an einer weiter südlich gelegenen Bucht. Rund 100 Jahre später begann unter dem Abt *Fjodor Kolytschjow* die Blüte des Klosters. Er wurde später als Metropolit von Moskau wegen seiner Opposition gegen den Terror *Iwans des Schrecklichen* von dessen Schergen erdrosselt. Das Kloster auf den *Solowki* war in Russland legendär für seine Schönheit und die Arbeitsamkeit seiner Mönche. Heute ist die Anlage ein UNESCO-Weltkulturerbe.

Gleich nach der Oktoberrevolution von 1917 übernahmen die Bolschewisten das Kloster. Die meisten der damals rund 350 Mönche wurden verjagt, verhaftet oder gleich erschossen. Ein paar Dutzend durften bleiben, um den Betrieb aufrechtzuerhalten. Unter der Bezeichnung *Solowezker Lager für besondere Zwecke* wurde aus dem Mönchsparadies am Polarkreis ein experimentelles Konzentrationslager. Anfangs wurden die Gefangenen, darunter viele Intellektuelle und andere hochgebildete Leute, alle *Gegner* der neuen bolschewistischen Macht, weitgehend sich selbst überlassen. Die vielen Priester, alten Monarchisten ebenso wie neuere Bürgerliche und dann auch ehemalige Mitrevolutionäre oder diejenigen, die zwar die Revolution wollten, aber nicht das massenmordende Regime erst Lenins und dann Stalins, sorgten für eine einmalige intellektuelle Atmosphäre. Es gab Zeitungen und Theater, experimentelle Gärten und sogar wissenschaftliche Abhandlungen wurden geschrieben und – draußen – veröffentlicht.

Doch bald wurde hier auf den *Solowkis* alles ausprobiert, was später den Gulag ausmachte und auf ebenso meisterhafte wie schreckliche Weise von *Alexander Solschenizyn* oder *Warlam Schalamow* beschrieben wurde. Wie der Osteuropahistoriker Karl Schlögel schreibt (dessen Russlandbücher allen ans Herz gelegt seien, die weiterlesen wollen), demonstrierten hier die Schergen des sowjetischen Geheimdienstes (damals, in den 1930er-Jahren hieß er *GPU*, oder *Politische Hauptverwaltung*, hatte später aber viele andere Namen, von denen *KGB* oder *Komitee für Staatssicherheit* nur der heute noch bekannteste ist, aber immer den gleichen Ungeist), wie man mit ausgesuchten Foltern »innerhalb kürzester Zeit aus selbstbewussten Bürgern und im Untergrund erprobten Revolutionären menschliche Wracks macht«. Die *Solowki* wurden so zum Versuchslabor unter Realbedingungen. Alles, was hier ausprobiert wurde, um aus den Gefangenen Arbeitssklaven zu machen und in möglichst kurzer Zeit möglichst viel herauszupressen, wurde später im Maßstab des ganzen großen Landes in seinen bald zu Tausenden zählenden Lagern angewandt.

1939 war dann auf den *Solowki* Schluss damit. Die Inseln lagen zu nahe an der finnisch-sowjetischen Grenze, und zwischen den beiden Ländern tobte der *Winterkrieg*. Eine Kriegsmarineschule zog in das Kloster ein. Nach dem Krieg wurden die Spuren des Konzentrationslagers zu tilgen versucht. Wie im ganzen Land legte sich auch über die *Solowki* bald eine Art lähmender Stillstand. Dann kam die Perestroika unter *Gorbatschow,* und alles geriet wieder in Bewegung. Aktivisten begannen damit, Massengräber zu suchen (und zu finden). Sie stellten Kreuze auf und richteten ein Museum ein, das die Geschichte des Todeslagers zeigte. Touristen kamen auf die Inseln und Abenteurer und Mönche.

Erst lebten sie einigermaßen friedlich nebeneinander. Aber bald begann der Streit darüber, welche Geschichte dieses einmaligen, so abgelegenen Orts erinnert werden sollte. Die Aktivisten meinten, vor allem die der Schreckensherrschaft und das Martyrium aller Gefangenen. Die Mönche und die sich bald mit dem Staat zusammentuende Kirche dagegen wollten die Leiden der christlichen Märtyrer in den Vordergrund stellen. Ende der 2010er-Jahre hatte die Kirche gewonnen. Kloster und Museum gingen in ihre Jurisdiktion über.

Was bleibt ist aber die Schönheit der Inseln. Wenn man sich morgens mit dem Schiff aus Westen kommend der Hauptinsel nähert, taucht langsam und wie unwirklich das weiße Kloster am Horizont auf, eine monumentale Festungsanlage mit massigen Rundtürmen an den Ecken. Es wirkt wie ein Paradies, so schön. Aber wie so oft in Russland, verbirgt sich hinter der Schönheit auch eine schreckliche Geschichte.

106. Grund

Weil es Gefängnisse in Klostern gibt

Ziemlich genau 500 Kilometer nördlich von Moskau, also selbst nach russischen Maßstäben ziemlich weit im Norden, liegt der kleine See *Nowosero*. Nun gibt es dort im weiten und leeren Norden viele Seen. Aber *Nowosero* ist besonders, worauf schon der Name hinweist. Er setzt sich aus den Worten *nowyj* für neu und *osero* für See zusammen, *Neusee* also. Zudem ist er eigentlich kein See, sondern ein Teich, heute würde man vielleicht sagen ein Stausee. Obwohl auch das nicht ganz richtig ist. An dieser Stelle war einst ein kleiner See, der zu einem großen See aufgestaut wurde.

Das kam so: Im Jahr 1517 sah der Überlieferung nach ein Mönch namens *Kirill* über dem See eine »Feuersäule«. *Kirill* nahm das als Gottesbotschaft und gründete auf einer künstlichen Insel im See, die er *Ognennom*, »die Feurige«, nannte, ein Kloster. Es war kein bedeutendes Kloster, und nur wenige Mönche dienten dort. Aber mit der Zeit nahm es die gesamte Insel ein, eine weiße Backsteinmauer drum herum und drei Kirchen in seinem Inneren. Da der *Nowosero* nicht sehr tief ist und die Insel nicht weit vom Ufer steht, wurde sie, über eine weitere Insel, durch einen etwa 100 Meter langen Steg mit dem Ufer verbunden. Bis heute regelt ein ausgefeiltes Schleusensystem den Pegel des Sees, damit die Eichenpfähle, auf denen Insel und Kloster ruhen, immer im Wasser sind und nicht zu faulen beginnen.

Seine Sternstunde erlebte das Kloster 1721, als Zar *Peter der Große* zusammen mit seiner Frau *Jekaterina* und großem Gefolge zu Besuch kam und, wie die Klosterchronik berichtet, ein »reiches Geldguthaben« und »edle Fliesen für den Kirchenboden« hinterließ. Inzwischen wurde das Kloster nach seinem Gründer *Kirill-Nowoserskij-Kloster* genannt, der in den Rang eines Heiligen aufgenommen worden war. So lebten die Mönche in der Einsamkeit durch die Jahrhunderte dahin, bis 1917 die Bolschewisten an die Macht kamen.

Sofort verjagten sie die Mönche. Zu gut, also zu abgelegen war dieser Ort. Dazu befestigt und leicht zu bewachen. Die Bolschewisten machten sogleich ein Gefängnis daraus für ihre Feinde, die sie *Volksfeinde* nannten. Erst nach dem Tode Stalins 1953 wurden die letzten politischen Gefangenen entlassen, und aus dem Kloster, das Teil des *Gulags* gewesen war, wurde nun ein ganz normales Gefängnis.

Ganz so normal war dieses Klostergefängnis dann aber auch wieder nicht. In den kommenden Jahrzehnten lebten hier Häftlinge mit Behinderungen. Zu sowjetischer Berühmtheit gelangte das Gefängnis dann 1973. Der sowjetische Regisseur und Schauspieler *Wassili Schukschin* ließ hier seinen Film *Kalina Krasnaja* beginnen, den jeder in Russland kennt. Der Held des Films, den *Schukschin* selbst spielte, ist ein Berufsverbrecher, der seine Zeit im Gefängnis abgesessen hat, bald entlassen wird, dem Verbrechertum entsagen und künftig ein »ganz normales Leben« führen will. Gleich am Anfang läuft er minutenlang über den langen Steg, und im Hintergrund sind die weißen Mauern des Klosters zu sehen. Das ist eine Schlüsselszene. Sie deutet seinen langen, nicht nur äußeren, sondern auch inneren Weg in die Freiheit an. Ein Mensch verlässt das Klostergefängnis ins Leben, mit Hoffnung, aber auch der Last seiner Geschichte und mit dem Wunsch, es besser zu machen. Es gelingt ihm nicht. Für sowjetische Verhältnisses ungewöhnlich, endet der Film damit, dass die Verbrecherwelt den Helden buchstäblich nicht loslässt. Seine Kumpane bringen ihn am Ende lieber um.

Die nächste Wendung in der Geschichte des Inselklosters kam 1997. *Präsident Jelzin* hatte kurz zuvor aufgrund der Mitgliedschaft Russlands im Europarat ein Moratorium für die Todesstrafe erklärt. Alle bereits zum Tode verurteilten Verbrecher wurden von ihm zu lebenslanger Haft begnadigt. Im russischen Gefängnissystem, das vor allem aus Straflagern besteht, gab es aber keinen Platz für diese besonders gefährlichen Verbrecher, alles mehrfache und besonders grausame Mörder oder Wiederholungstäter. Daraufhin wurde das Klostergefängnis umgebaut, und rund 150 Lebenslängliche wurden hierher- und in Zweierzellen untergebracht. So leben nun Mörder in den ehemaligen Mönchszellen. Bis heute ist es eines von sieben russischen Gefängnissen für zu lebenslanger Haft Verurteilte.

In ganz Russland hat die Kirche vom Staat inzwischen viele in der Sowjetunion zweckentfremdete Kirchen und Klöster zurückerhalten. Nicht so das *Kirill-Nowoserskij-Kloster*. Von Zeit zu Zeit kommen aber Priester und halten in einer der Kirchen auf dem Gefängnisgelände Gottesdienst. Im Büro des Direktors hängt ein Dankesschreiben des örtlichen Bischofs. Immerhin bleiben die Klostergebäude, die Kirchen und Mauern auch durch die Fremdnutzung erhalten. Und Kirchen denken ja langfristiger als Staaten.

Kapitel 11

Masse und Mensch

107. Grund

Weil man für alles und jedes eine Bescheinigung braucht

Eine der ersten Lektionen, die ich in Russland gelernt habe, ist, immer meinen Ausweis dabeizuhaben. Man braucht ihn ständig. Fast alle öffentlichen Gebäude haben eine *Ochrana*, eine Bewachung. Mitunter beschleicht einen das Gefühl, ohne Ausweis ist der Mensch kein Mensch. Ja, es ist nicht einmal klar, ob er überhaupt existiert. Das gilt selbst für hoch- und höchstgestellte Personen.

Das ist jedes Mal vor Wahlen gut zu sehen. Alle Menschen, die erklären, kandidieren zu wollen, müssen sich erst einmal registrieren lassen. Das gilt auch für Amtsinhaber, wie zum Beispiel den Präsidenten. Wenn sie dann von der zuständigen Wahlkommission als Kandidaten registriert sind, bekommen sie einen Ausweis überreicht. Das ist ein durchaus feierlicher Moment, wenn der frisch gekürte Kandidat und amtierende Präsident ein kleines, etwa 5 mal 10 Zentimeter großes, außen leicht gepolstertes und meist rotes Klappmäppchen in die unzähligen Kameras hält. Nun ist es amtlich, können es alle sehen. Dieser Mann ist tatsächlich Kandidat, bestätigt mit Unterschrift und Stempel. Und selbstverständlich steckt das kostbare Stück in einer Klarsichthülle. Nichts soll ihm passieren können.

Wie gesagt, auch ich, der früher nie einen Ausweis bei sich hatte (und in Deutschland auch weiter nicht hat), traue mich, wie eigentlich alle Einheimischen, ohne meinen deutschen Pass mit der russischen Aufenthaltserlaubnis nicht aus dem Haus. Nicht zum Einkaufen in den Laden gegenüber und schon gar nicht bei weiteren Ausflügen in die Stadt hinein. Ja mehr noch. Erzählungen, ich sei in Deutschland in der Regel ohne Pass unterwegs, treffen oft einen gewissen Unglauben. Zu wichtig ist er hier in Russland. Ohne Pass geht gar nichts. Kein Bankgeschäft, kein Kaufvertrag, kein Flug- oder Bahnticketkauf.

In viele Gebäude kommt man nicht hinein, ohne seinen Pass vorzuzeigen. Oft ist noch ein zusätzliches Dokument vonnöten, der *Propusk*, was man wahrscheinlich mit Passierschein gut ins Deutsche übersetzen kann. Viele öffentliche Gebäude (Behörden, Universitäten, Krankenhäuser und andere) haben ein eigenes Büro zur Ausstellung dieser Passierscheine. Man muss sie bei den Menschen, die man besuchen will, vorbestellen und meist an einer Theke, früher öfter an einem kleinen Fenster, abholen. Erst dann wird man eingelassen, von einem der Millionen Wachmänner, die es im Land gibt. Manchmal lässt mich der Verdacht nicht los, dieses Wachleutewesen sei eigentlich keine Frage der Sicherheit, sondern ein riesiges Arbeitsbeschaffungsprogramm, und dass Russland auch deshalb eine vergleichsweise geringe Arbeitslosenquote hat. Aber wahrscheinlich irre ich mich da.

108. Grund

Weil die Moskauer Metro mehr als eine U-Bahn ist

Ohne seine Untergrundbahn, seine *Metro* wäre Moskau aufgeschmissen. Und zwar total. Die Stadt erstickt so schon am Verkehr. Wenn tief unten in der Erde irgendetwas nicht läuft, dann folgt oben schnell der Kollaps. Das Schöne für die Moskauer ist aber, dass es fast immer läuft. Während es in Berlin Volkssport ist, sich über die Berliner Verkehrsgesellschaft aufzuregen (oder, mehr noch, sie zu verspotten), ist den Moskauern ihre Metro heilig. Sie lassen nichts auf sie kommen. Und sie haben recht. Wenig in der 15-Millionen-Stadt funktioniert so gut und so reibungslos.

Der volle Name der Moskauer Metro ist übrigens immer noch *Moskauer Wladimir Iljitsch Lenin Metropolitain*, und er prangt über dem Eingang jeder der inzwischen weit über 200 Stationen. Noch ein paar Zahlen zum Beeindrucken: Die erste Linie der Moskauer

Metro wurde am 15. Mai 1935 eröffnet. Inzwischen sind also jedes Jahr mindestens zwei Stationen hinzugekommen. Und die Metro wächst weiter. Bald soll sie bis ins Moskauer Umland reichen. Fast zweieinhalb Milliarden Passagiere transportiert sie jedes Jahr. Das sind rund 7 Millionen Tag für Tag. Die Metro ist zudem eine der tiefsten Untergrundbahnen der Welt. Die Station *Siegespark* liegt 84 Meter unter der Erdoberfläche. Bis zu acht Waggons passen auf die bis zu 280 Meter langen Bahnsteige. Auf der Ringbahn, die in rund 35 Minuten einmal um die Innenstadt fährt und fast alle der neun Moskauer Bahnhöfe bedient, fahren sie in der Hauptverkehrszeit (die von etwa sieben Uhr morgens bis neun Uhr abends dauert) fast im Minutentakt.

Für die Passagiere ist das sehr bequem. Wer mit der Moskauer Metro unterwegs ist, braucht keinen Fahrplan. Und tatsächlich gibt es auch keinen, denn der nächste Zug kommt immer gleich. Das Einzige, was man wissen muss, ist, dass die Metro um halb sechs Uhr morgens aufmacht und man bis um ein Uhr in der Nacht den letzten Umsteigezug erreicht haben muss. Nur ausnahmsweise, an Silvester, Weihnachten und Ostern (wegen der Nachtgottesdienste) fährt die Metro auch nachts.

Erst dieses enge Intervall macht es überhaupt möglich, so riesige Menschenmengen zu transportieren. Mitunter kommt es mir so vor, als handele es sich nicht um ein ganz normales U-Bahn-System, sondern um eine überdimensionierte Menschenpumpe. Ein Zug prescht mit großer Geschwindigkeit in die lange Station, hält an, die Türen öffnen sich, und er spuckt seine Passagiere aus, nun wird der Bahnsteig leergesaugt, die Türen schließen sich ohne Pardon, fast krachend, und es geht weiter. Es wirkt fast wie ein Wunder, dass so wenig passiert.

Doch die Moskauer Metro ist nicht nur ein Transportsystem, das die Stadt, wie der Blutkreislauf des Menschen, überhaupt erst am Leben hält. Sie ist auch ein Kunstwerk. Das gilt zumindest für viele der älteren Stationen im und um das Stadtzentrum. Mit Stuck, Marmor, Säulen. Lüstern und Skulpturen ähneln viele eher Palastsälen als U-Bahn-Stationen. Das gilt auch für einige der langen Übergänge unter der Erde, wie dem zwischen den Stationen *Teatralnaja* und *Ochotnaj Rjad* direkt am Kreml.

Meine Lieblingsstation ist *Majakowskaja* am *Triumphplatz* im Nordwesten der Moskauer Innenstadt. Mit ihren vielen, fast zarten Säulen ähnelt sie einer filigranen gotischen Kathedrale. In zahlreichen kleinen Kuppeln sind Mosaiken mit Szenen aus dem sowjetischen Leben von *Alexander Deineka* eingelassen. *Deineka* war einer der berühmtesten Maler der Sowjetunion. Zahlreiche seiner Werke sind in der *Tretjakow*-Galerie in Moskau ausgestellt. Zugegeben, es sind geschönte, idyllische Szenen, sehr im Stil des sozialistischen Realismus, also mehr Propaganda als wirkliches Leben. Aber sie sind trotzdem große Kunst.

Zum Schluss noch einmal zurück von den Höhen der Kunst hinunter in die Niederungen des Alltags. Das Benutzen der Moskauer Metro ist auch ein Lehrgang im Überleben in Moskau. Die Stadt ist voll, viel zu voll. Die Metrozüge kommen schnell hintereinander. Ohnehin scheinen es alle Moskauer immer eilig zu haben. Wer da nicht funktioniert, wird schon einmal grob angefasst. Wer auch nur ein wenig zögert, sich in die mitunter brechend vollen Metrowaggons zu quetschen, wird gnadenlos hinein- oder herausgestoßen.

Für Auswärtige, vor allem nicht russisch sprechende Ausländer, ist eine andere Angewohnheit gewöhnungsbedürftig. Steht man in der Nähe einer Tür (und die Waggons haben zum schnellen Ein- und Aussteigen viele Türen), wird man oft schon beim Anfahren gefragt: »Wy wychodite?«, »Steigen Sie aus?« Die Frage trägt die Befürchtung, wegen des Gedränges an der nächsten, ihrer Station nicht schnell genug rauszukommen. Auf die Frage muss man entweder zu erkennen geben, dass man auch auszusteigen gedenkt, oder Platz machen, damit der oder die Fragende sich vorbeischieben kann. Wer nicht reagiert, wird an der nächsten Station erbarmungslos herausgeschoben.

109. Grund

Weil der runde Stempel lebt!

Vor rund 20 Jahren, Ende der 1990er, hatte ich die Aufgabe, eine Vertretung der deutschen Heinrich-Böll-Stiftung in Russland aufzubauen. Das Erste und Wichtigste war natürlich, dieses Büro bei den russischen Behörden zu registrieren, um überhaupt legal im Land arbeiten zu können. In meiner Vorstellung sah ich viele mögliche Stolpersteine und Untiefen, warum es auf diesem Weg Probleme geben könnte. Immerhin hatte ich schon ein Jahrzehnt Erfahrung mit russischen Behörden hinter mir und wusste also, dass sie mitunter noch behördlicher sein können als die deutschen. Aber auf das größte Hindernis, das Büro der Heinrich-Böll-Stiftung registrieren zu lassen, war ich nicht gefasst: der fehlende Stempel. Oder besser noch: der fehlende runde Stempel.

Dabei hätte ich es wissen können. Das Stempelwesen war damals in Russland, und ist es in weiten Teilen noch immer, sehr lebendig. Immer und überall sind auf allen Bescheinigungen, Quittungen, Rechnungen, Überweisungsformularen, Verträgen, Bescheiden Stempel. Und der König aller Stempel ist ein runder. Jede Organisation, jede Rechtseinheit braucht einen. Die Heinrich-Böll-Stiftung in Berlin hatte keinen. Damit waren alle unsere schönen Registrierungsdokumente plötzlich nutzlos. Dabei hatten wir so eifrig gesammelt. Wir hatten das Protokoll der Gründungsversammlung übersetzt, notariell beglaubigt, beim Amtsgericht mit einer Apostille nach dem »Haager Abkommen von 1961 zur Befreiung ausländischer öffentlicher Urkunden von der Legalisation« versehen lassen.

Das Gleiche war mit der Stiftungssatzung geschehen, meinem Reisepass und noch einer ganzen Reihe anderer Dokumente. Und überall prangten wunderschöne runde Stempel neben, unter oder über den Unterschriften. Doch in einem Dokument fehlte er: dem

Bürogründungsantrag. Das ist ganz einfach erklärt. Der Antrag war kein öffentliches Dokument, sondern ein Schriftstück der Stiftung – und die hatte keinen Stempel. Warum auch. Sie hatte ihn nie gebraucht. Wobei ich jetzt nicht ganz die Wahrheit gesagt habe. Es gab schon einen Stempel, allerdings einen eckigen, der von der Poststelle zum Aufstempeln der Absenderadresse auf Briefe benutzt wurde, weil das einfacher und schneller geht, als sie von Hand draufzuschreiben. Wir versuchten es mit diesem Stempel. No way! Rund müsse der Stempel sein, beschied uns der zuständige russische Beamte. Was war der Ausweg? Ganz einfach und unverständlich, warum nicht schon vorher jemand darauf gekommen war. Die Heinrich-Böll-Stiftung beschaffte sich einen runden Stempel, und alles war in bester Ordnung. Die Filiale in Moskau wurde registriert und der runde Stempel gehütet, denn er sollte auch später bei formalen Kontakten mit russischen Behörden noch nützlich sein.

In russischen Organisationen und Firmen wird der runde Stempel wie ein Augapfel gehütet. Meist hat ihn die Buchhaltung und hält ihn im Safe unter Verschluss. Gott behüte, dass jemand etwas Irreguläres mit dem Stempel anstellt. Unterschriften, so scheint die Vorstellung zu sein, kann man leicht fälschen, und erst der richtige Stempel bestätigt ihre Echtheit. In letzter Zeit, mit dem Einzug von mehr und mehr elektronischen Verfahren auch in Russland, nimmt die Bedeutung des runden Stempels ab. Aber oft ist noch das Unbehagen von Menschen zu spüren, wenn dessen Sicherheit gewährendes und Echtheit bestätigendes Abbild auf einem Dokument fehlt.

110. Grund

Weil sogar Monostädte ganz verschieden sind

Es gibt in Russland mehr als 100 Städte, die sind anders als alle anderen, die sogenannten *Monostädte*. Sie werden so genannt, weil sie von einem oder maximal zwei großen Betrieben oder Fabriken abhängen. Mehr noch: Meist wurden sie um diese Fabriken herum erst gegründet und gebaut. Das berühmteste Beispiel ist *Magnitogorsk*, eine Stadt, die ab 1929 im *Südural* im Rahmen des ersten Fünfjahrplans in die freie Steppe gesetzt wurde. Oder genauer: Begonnen hat das alles nicht mit einer Stadt, sondern dem Plan, an einer großen Eisenerzlagerstätte ein riesiges Stahlkombinat hinzustellen. Anfangs lebten die Bauarbeiter in Erdlöchern und windigen Holzbaracken, und erst nach und nach entstand um das Kombinat herum binnen weniger Jahre auch die Stadt. 1939 hatte sie schon fast 150.000 Einwohner, und das Stahlwerk erzeugte ein Viertel allen sowjetischen Stahls.

Solche Städte wie *Magnitogorsk*, die überhaupt nur entstanden sind oder sich aus kleinen Siedlungen entwickelten, weil die sowjetische Planbehörde *Gosplan* entschied, an dieser Stelle eine große Fabrik zu bauen, gab es Hunderte in der Sowjetunion. Andere bekannte Beispiele sind *Togliatti* an der Wolga, wo Anfang der 1960er-Jahre eine ganz Fiatfabrik hingestellt wurde, die zuvor in Turin abgebaut worden war (weil veraltet) und nun den Beginn einer sowjetischen Massenproduktion für Kleinwagen darstellte. Bis heute kommen alle Ladas aus *Togliatti* (übrigens benannt nach dem italienischen Kommunistenführer).

Auch *Osjorsk* ist eine *Monostadt*, allerdings eine, die sehr lange hochgeheim war. Hier, am Osthang des Urals am Ufer einer Reihe von Seen, wurde 1945 unter dem Codewort »Basis Nr. 10« die erste sowjetische Atomfabrik zu bauen begonnen. Später bekam die Stadt den Codenamen *Tscheljabinsk-40* (eine Postfachadresse), nach einer nahe gelegenen Großstadt. Bis heute kommt ein großer Teil des russischen Atomwaffenurans und -plutoniums aus *Osjorsk*. Hier geschah auch der erste wirklich große Atomunfall, als im September 1957 bei einem Becken mit flüssigen radioaktiven Abfällen die Kühlung ausfiel und explodierte. Eine radioaktive Wolke, vergleichbar der knapp 30 Jahre später von Tschernobyl ausgehenden, zog mehrere Hundert Kilometer Richtung Nordosten und verseuchte ein Gebiet von fast 50.000 Quadratkilometern, das noch heute weitgehend unbewohnt ist.

Die Entstehung der *Monostädte* ist eng mit dem binnen nur weniger Jahrzehnte vorangetriebenen Umbau der Sowjetunion von einem Agrarland zu einem Industrieland verbunden. Auf diese Herkulesleistung, vergleichbar vielleicht nur mit dem Wirtschaftsboom in China in den vergangenen 30 Jahren, sind viele Menschen in Russland bis heute stolz. Tatsächlich war es der sowjetischen Führung damals gelungen, vor allem unter jungen Leuten echten Enthusiasmus zu entfachen. Viele ginge freiwillig in die meist menschenleeren Gegenden, weit von den europäischen Metropolen entfernt, um »den Sozialismus« aufzubauen«. Für viele junge Menschen war das auch eine Möglichkeit des Aufstiegs, vor allem aus dem armen und rückständigen Dorf in die Stadt.

Allerdings ist der Aufbau der *Monostädte* auch eng mit dem Zwangsarbeitssystem des Gulags verbunden. Fast überall, wo sie entstanden, finden sich (oder besser: fanden sich, denn von ihnen ist heute meist nichts mehr übrig) auch die Gefangenenlager, in die unter Stalin Millionen von Menschen gebracht wurden. Teilweise stand die Zahl der neuen Verhaftungen in direktem Zusammenhang mit dem Arbeitskräftebedarf auf den Baustellen. Ja, es gab, wie in *Osjorsk*, besondere Lager für Ingenieure und Wissenschaftler, sogenannte *Scharaschkas*. Die sowjetische Atombombe wurde nicht zuletzt von Gulaghäftlingen mitentwickelt. Die Industrialisierung der Sowjetunion hatte immer beide Seiten: echten Enthusiasmus und harten Zwang.

Noch heute gibt es in Russland 313 Städte, die offiziell als *Monostädte* anerkannt sind. Mit dem Ende der Sowjetunion und dem Zusammenbruch der zentral gesteuerten Planwirtschaft waren die wirtschaftlichen Probleme hier mit am größten. Viele der Fabriken, die diese Städte ja erst geschaffen haben, konnten ihre oft veralteten Produkte nicht mehr absetzen. Andere Arbeitsplätze gibt es aber in den Monostädten kaum (wenn man mal vom Dienstleistungs- und Einzelhandelssektor absieht, die aber ja auch nur florieren können, wenn es zahlungsfähige Kunden gibt). Ganze Städte wurden so auf einen Schlag arbeits- und einkommenslos.

Fast immer hing (und hängt oft noch heute) auch die gesamte Infrastruktur von der Fabrik oder dem Kombinat ab, angefangen von den Heizwerken über die Elektroversorgung bis zu Schulen, Kindergärten und Kultureinrichtungen inklusive Bibliothek, Theater und Konzertsaal. Hier musste später der Staat einspringen, der aber zumindest in den 1990er-Jahren selbst kaum Geld hatte. Das besserte sich erst in den 2000er-Jahren mit dem Wirtschaftsaufschwung. Aber immer noch bleibt in vielen der *Monostädte* die Frage aktuell, wie sie ihre Wirtschaft diversifizieren können.

In einigen der *Monostädte* ist das aber gar nicht das Ziel. Das sind vor allem diejenigen, die mit der russischen Atomindustrie zu tun haben. Sie werden aus strategischen Gründen ohnehin vom Staat unterhalten, der meist der wichtigste, oft sogar der einzige Auftraggeber des örtlichen Kombinats ist. Sie bilden eine besondere Gruppe innerhalb der *Monostädte*, weil sie zu den *geschlossenen Städten* gehören. *Osjorsk* ist eine von ihnen. Das Betreten dieser Städte ist nur mit besonderer Genehmigung erlaubt, die zu bekommen äußerst schwierig ist. Selbst nahe Verwandte von Einwohnern müssen ein langwieriges Antragsverfahren durchlaufen, wenn sie ihre Kinder, Eltern, Schwestern oder Brüder dort besuchen wollen. Und die Zahl der Genehmigungen pro Jahr ist begrenzt.

Das sowjetische Erbe der *Monostädte* ist für das heutige Russland schwierig. Eine schnelle, vor allem aber eine einigermaßen menschliche und bezahlbare Lösung gibt es nicht. Wahrscheinlich wird es nur langsam, Schritt für Schritt gehen, die *Monostädte* wirtschaftlich auf eine breitere Basis zu stellen. Einige, die schon seit Jahren schrumpfen, weil die Menschen mangels Perspektive wegziehen, werden wohl mit der Zeit als Städte verschwinden, zumal es ohnehin die Tendenz gibt, aus kleineren Städten in die großen Ballungsräume zu ziehen. Was mitunter bleibt, ist die oft stolze Erinnerung an den Aufbau, an eine Pionierzeit, in der viele Menschen glaubten, an einer lichten und besseren Zukunft mitzubauen.

111. Grund

Weil das Verhältnis von Macht und Mensch kompliziert und einfach zugleich ist

Nicht nur umgangssprachlich, sondern auch in Zeitungskommentaren, Redebeiträgen im Fernsehen und mitunter sogar in wissenschaftlichen Publikationen wird in Russland häufig nicht vom Staat oder der Regierung gesprochen, sondern von *Wlast*, was im Deutschen schlicht *Macht* heißt, in diesem Fall aber meist mit dem Wort *Staatsmacht* übersetzt wird.

Diese doppelte Übersetzung deutet auch schon die Ambivalenz des Begriffs an und damit seine Bedeutung für das Verständnis und das Verhältnis von Staat und Menschen in Russland. *Wlast* meint den Staat in seiner Gesamtheit, also der als Staat und für ihn Handelnden. Dieser Staat (und die ihn repräsentierenden *Tschinowniki*, also diejenigen, die einen Rang (*Tschin*) haben, man könnte auch sagen, die »Staatsdiener«) ist in der bewussten wie der unbewussten Vorstellung der meisten Menschen in Russland ein Subjekt eigenen Rechts. Der Staat ist also nicht nur ein funktionelles und nützliches Institut zur Bündelung von Bürgerinteressen, sondern, im Positiven wie im Negativen, viel mehr.

Deshalb hielte ich es auch für viel angemessener, nicht das im Deutschen ein wenig künstlich wirkende *Staatsmacht* zu verwenden, sondern besser den hierzulande schon etwas angestaubten und meist nur historisch gebrauchten Begriff der *Obrigkeit*. Diese *Obrigkeit* ist den Menschen gegenüber nur eingeschränkt rechenschaftspflichtig. Umgekehrt haben die Menschen dieser *Obrigkeit* gegenüber Verpflichtungen, die weit über das hinausgehen, was Gesetze ihnen vorschreiben. Das Verhältnis ist also in einem außerrechtlichen Sinn ein moralisches.

Das Gegenstück zu *wlast* ist das Volk, im Russischen *narod* genannt. Auch dieses Volk wird im Gegensatzpaar zu *wlast* zu einer Art Person. Je nachdem, ist *narod* dann in dieser Vorstellung entweder eine amorphe, dumme Masse, die sich von der Obrigkeit für dumm verkaufen lässt, oder es sind gute, womöglich auch listige Leute, die im Gegensatz zum korrupten und gierigen Staat stehen. Aber wer behauptet, das Land sei ganz anders als seine Herrschaft, perpetuiert die alte, oben wie unten immer wieder wie ein Schutzpanzer vor sich hergetragene Spaltung des Landes in Oben und Unten. Die Behauptung, diese beiden hätten nichts miteinander gemein, ist seit Jahrhunderten einer der wichtigsten Bausteine autoritärer Herrschaft in Russland. *Wlast* ist dieser Sichtweise nach entweder heilig oder verbrecherisch, *narod* dumm-naiv oder unverdorben gut. Beides ist selbstverständlich falsch. Weder ist das Volk grundsätzlich gut, noch der Staat unverbesserlich schlecht. Das eine wie das andere besteht aus Menschen, mit all ihren Vorzügen und all ihren Schwächen wie in allen anderen Ländern auch.

Allerdings ist die Erfahrung vieler Menschen in Russland mit ihrem Staat nicht unbedingt gut. Man kann sich auf ihn, vor allem in der Not, nicht wirklich verlassen. Im Ergebnis hoffen zwar viele auf den Staat, dass er das öffentliche Leben einigermaßen organisiert (worauf auch sonst?), aber das Vertrauen, dass das auch gut klappt, ist eher gering. Deshalb ziehen die meisten Menschen es vor, mit dem Staat möglichst nur da in Berührung zu kommen, wo es sich nicht vermeiden lässt (in modernen Gesellschaften ist das, zu ihrem Leidwesen, ziemlich oft). Diese Situation, auf den Staat in vielem angewiesen zu sein, sich aber nicht verlassen zu können, hat zu einem oft gespaltenen Verhältnis geführt: Einerseits ist der Staat Hoffnung auf eine bessere Zukunft (wenn schon keine bessere Gegenwart), auf der anderen Seite versucht man aber an dieser Zukunft wo immer möglich ohne diesen Staat oder gar an ihm vorbei zu bauen. Das ist kompliziert und anstrengend und prägt in vielem den russischen Alltag.

JENS SIEGERT, 1960 in Westdeutschland geboren, lebt und arbeitet seit 1993 in Moskau. Erst hat er über das Land als Radiokorrespondent berichtet, dann, ab 1999, das Moskauer Büro der grünen Heinrich-Böll-Stiftung geleitet. Das Schreiben hat er nicht aufgegeben. In seinem Russlandblog (http://russland.boellblog.org) und den »Notizen aus Moskau« in den Russlandanalysen begleitet er das Land freundschaftlich-kritisch. Die tiefsten Einblicke verdankt er seiner russischen Frau und vielen guten Freunden.

Jens Siegert
111 GRÜNDE, RUSSLAND ZU LIEBEN
Eine Liebeserklärung an das schönste Land der Welt

ISBN 978-3-942665-49-0
© Schwarzkopf & Schwarzkopf Media GmbH, Berlin 2018
Zweite Auflage Februar 2019
Vermittelt durch die Literaturagentur Brinkmann, München | Alle Rechte vorbehalten.
Dieses Werk ist urheberrechtlich geschützt. Jede Verwendung, die über den Rahmen des Zitatrechtes bei korrekter und vollständiger Quellenangabe hinausgeht, ist honorarpflichtig und bedarf der schriftlichen Genehmigung des Verlages.

BILDNACHWEIS

Coverfotos: Titelbild: © Jens Siegert; Bildleiste von oben nach unten: © Jens Siegert; © goinykdepositphotos.com; © jordano/depositphotos.com; © Raikin Dmitriy/depositphotos.com; © Iakov Kalinin/depositphotos.com; © Vladitto/fotolia.com; © rc6260/depositphotos.com | **Fotos im Textteil:** S.11: © PublicDomainPictures/Pixabay | S. 27: Foto Arsenij Roginskij © Jens Siegert privat | S. 53: © kopachinsky/depositphotos.de | S. 83: © doroshin/depositphotos.de | S. 109: © cherniyvg/depositphotos.de | S. 137: © kamski/depositphotos.de | S. 173: © Belyaev71/depositphotos.de | S. 193: © Jens Siegert privat | S. 217: © Gattus/depositphotos.de | S.253: © Observer/depositphotos.de | S. 267: © danr13/depositphotos.de | **Bildteil 1:** www.de.depositphotos.com: S. 1: © Elf+11 | S. 2 unten: © vvoenenyy | S. 2 oben: © VLADJ55 | S. 3 oben: © scaliger | S. 3 unten: © Leonid_Andronov | S. 6/7: © muha04 | S. 10: © PhotoSVETpoetrY | S. 11 oben: © paanna | S. 11 unten links: © scaliger | S. 13 oben: © redtc | S. 13 unten: © elenarostunova | S. 14 oben: © blinow61 | S. 14 unten: © Mizina | S. 15 oben: © Levranii | S. 15 unten: © kot2626 | S. 16: © YuliyaKirayonakBO | **www.stock.adobe.com:** S. 4 oben: © Igor Gorshkov | **Privatarchiv Jens Siegert:** S. 4 unten links und rechts | S. 5 alle | S. 8 alle | S. 9 alle | S. 11 unten rechts | S. 12 alle | **Bildteil 2:** www.de.depositphotos.com: S. 1: © grigvovan | S. 2 oben: © babenkodenis | S. 2 unten: © scaliger | S. 4 unten: © sachkov | S. 6/7: © Leonid_Andronov | S. 10 oben links: © lorenzograph | S. 10 oben rechts: © timolina | S. 10 unten: © Maria-Lapina | S. 11 oben rechts: © natkin_zu | S. 11 unten: © evgenyiL | S. 12 unten links: © avtor_hell | S. 14 oben: © Grigorenko | S. 14 unten: © Paha_L | S. 15: © Slavikboxerr | **www.stock.adobe.com:** S. 3: © aphonua | S. 4 oben: © sikaraha | S. 11 oben links: © missypita | **Privatarchiv Jens Siegert:** S. 5 alle, S. 8 alle, S. 9 alle, S. 12 oben und unten rechts, S. 13 alle, S. 16

VERLAG
Schwarzkopf & Schwarzkopf Media GmbH
Kastanienallee 32, 10435 Berlin
Telefon: 030 – 44 33 63 00 | Fax: 030 – 44 33 63 044

INTERNET | E-MAIL
www.schwarzkopf-schwarzkopf.de
www.facebook.com/schwarzkopfverlag
info@schwarzkopf-schwarzkopf.de